Fair handeln

Studien und Berichte

Fair handeln

Georg Grundei

Fair handeln

ÖGB VERLAG

Impressum:
Alle Angaben in diesem Band sind vom Autor und vom Verlag sorgfältig erwogen und geprüft, dennoch kann eine Garantie nicht übernommen werden. Eine Haftung des Autors bzw. des Verlages und seiner Beauftragten für Personen-, Sach- und Vermögensschäden ist ausgeschlossen.

Verlag des Österreichischen Gewerkschaftsbundes GmbH
Johann-Böhm-Platz 1
1020 Wien
Tel. Nr. 01/662 32 96-0
Fax Nr. 01/662 32 96-39793
E-Mail: office@oegbverlag.at
Web: www.oegbverlag.at

Lektorat: Birgit Janischevski
Umschlaggestaltung: Thomas Jarmer
ISBN 978-3-99046-136-5
Medieninhaber: Verlag des ÖGB GmbH, Wien

Hersteller: Verlag des ÖGB GmbH, Wien
Verlags- und Herstellungsort: Wien
Printed in Austria

Inhaltsverzeichnis

Vorwort

Der Handel ist in allen Volkswirtschaften dieser Welt ein bedeutender Wirtschaftszweig, so auch in Österreich. Aktuell (2015) arbeiten rund eine halbe Million Menschen unselbständig in Handelsbetrieben und leisten jedes Jahr einen gewaltigen Beitrag zur Wertschöpfung.

Seit der Antike hat der Handel einen festen Platz im wirtschaftlichen und kulturellen Leben in der jeweiligen Gesellschaft. Die Geschäftsstraßen prägen die Erscheinungsbilder der Städte, reiche Händler waren oft Auftraggeber von Kulturbauten, man denke nur an die alten Handelsstädte der Hanse. Kreuzungspunkte von Handelsstraßen versprachen seit jeher den Städten Wohlstand und Reichtum. Nicht zuletzt waren es die Händler und ihre politischen Interessen, welche Länder verbanden und zur Entdeckung neuer Routen und Kontinente führten. Hicr seien nur die Seidenstraße bzw. der Gewürzhandel genannt – letzterer war die Triebfeder zur Entdeckung Amerikas, galt es doch eine neue Route nach Indien zu finden.

Es gibt kein Land ohne Handelsstrukturen. Weltweit bilden die Handelsbeschäftigten wohl die größte Arbeitnehmer_innengruppe, die auf allen Kontinenten vertreten ist.

Man möchte meinen, dass die Beschäftigten im Handel von den wirtschaftlichen Erfolgen ihrer Branche profitieren, dem ist aber nicht immer so. Obwohl der kaufmännische Beruf eine gute Ausbildung erfordert und den Arbeitnehmer_innenn oftmals große Unternehmenswerte anvertraut werden, sind die Arbeitsbedingungen und die Bezahlung nicht immer gerecht.

Es ist daher kein Zufall, dass bereits in der Monarchie die Handlungsgehilfen Verbesserungen ihrer Arbeitssituation forderten und sich relativ früh gewerkschaftlich organisierten. Seit 1892, dem Gründungsjahr des kaufmännischen Zentralvereines – der ersten Angestelltengewerkschaft – steht die Etablierung einer gewerkschaftlichen Kultur im Handel und damit die Organisierung der Verkäuferinnen und Verkäufer auf der Tagesordnung der Arbeiterbewegung.

Vor dem Hintergrund, dass der Handelskollektivvertrag mittlerweile der größte Flächenkollektivvertrag in Österreich ist, bekommt die gewerkschaftliche Organisierungsarbeit im Handel eine besondere Bedeutung. Sie ist der zentrale Schlüssel zu einer erfolgreichen Gewerkschaftspolitik für die Beschäftigten im Handel.

Der Handel hat sich seit Beginn der Industrialisierung grundlegend gewandelt und mit dem Internethandel stehen wir an der Schwelle einer weiteren Entwicklung, wenn nicht gar einer Revolution im Handelsbereich. Der Handel ist vielfältig organisiert, von der kleinen Trafik mit einer Angestellten bis hin zum großen Handelskonzern mit mehreren Vertriebslinien und tausenden Filialen, von einer Handelsvertreterstruktur bis zu den Einkaufszentren auf der Wiese. Hier ergibt sich ein Paradoxon: Trotz teilweise enormer Größe von Unternehmen bleiben die meisten Geschäfte und Filialen doch kleine Welten, in denen sich das Leben abspielt. Die Vernetzung dieser kleinen Welten ist sicher eine zentrale Herausforderung. Gleichzeitig sind die Beschäftigten und ihre Arbeitsplätze „öffentlich“. Jeder von uns kann in ein Geschäft gehen und Handelsangestellte bei der Arbeit treffen, sie auf die Gewerkschaft ansprechen und über ihre Rechte informieren. Das ist insofern gewerkschaftlich gesehen ein sehr großer Vorzug dieser Branche.

Die Besonderheiten und die Vielfalt des Handels bergen zugleich große Chancen, sie eröffnen die Möglichkeit zum Experimentieren. Für das spielerische Ausloten von Organisierungsformen und Formen der Durchsetzung gewerkschaftlicher Forderungen ist der Handel mE geradezu geschaffen.

Was es dazu braucht ist der feste Wille, es zu tun, kreative Köpfe und engagierte Menschen, die Spass daran haben, neue Ideen auszuprobieren und in die Realität umzusetzen. Der nachhaltige Mitgliederzuwachs in den letzten Jahren im Bereich des Handels zeigt, was möglich sein kann.

Die vorliegende Arbeit beschäftigt sich mit den soziokulturellen Besonderheiten des filialisierten Handels und den damit verbundenen Wirkungen und Möglichkeiten für die gewerkschaftliche Arbeit in diesem Bereich. Der Inhalt ist zweifelsohne ein weiterer wichtiger Beitrag für unseren Weg, im Handel Zentren gewerkschaftlicher Arbeit zu etablieren, um gute Arbeitsbedingungen und faire Entlohnung für hunderttausende Menschen, vor allem Frauen, erfolgreich und effizient durchzusetzen.

Manfred Wolf
Stv. Geschäftsbereichsleiter der GPA-djp
Bundesweit verantwortlicher Sekretär
für den Wirtschaftsbereich 12 – Handel

1. Vorwort

Die Gewerkschaftsbewegung sieht sich 2012 weltweit mit harten Auseinandersetzungen konfrontiert. Diese Situation ist nichts Neues, ist sie doch aus einer Protestbewegung gegen untragbare Arbeits- und Gesellschaftsbedingungen hervorgegangen, die sich hauptsächlich im 19. Jahrhundert konstituiert hatte. Seither wurden bemerkenswerte Verbesserungen erreicht, doch so umfassend und schnell sich die Arbeitswelt verändert, so umfangreich sind die neuen Herausforderungen, denen sich eine vitale Interessenvertretung stellen muss. Gerade im Bereich des filialreichen, industriell organisierten Einzelhandels, wo rund zehn Prozent der unselbständig Erwerbstätigen in Österreich beschäftigt sind, zeichnet sich in den letzten Jahrzehnten eine schrittweise Verschlechterung der Arbeitsbedingungen ab.

Arbeit nimmt einen Großteil unserer Lebenszeit in Anspruch. Unsere Arbeitswelt(en) mitzubestimmen und zu gestalten sollte also jedem Einzelnen ein persönliches Anliegen sein. Leider wird der Großteil der Bevölkerung erfolgreich davon abgehalten, diesen Anspruch zu erheben. Meiner Ansicht nach sind es die ökonomischen Machtverhältnisse und die multimediale Dauerwerbung, die die Menschen in den Konsumwahn treiben, der in den Rang einer Ersatzreligion gehoben wird. Sind sie dann im Milieu der so genannten „konsumorientierten Basis“ (siehe Sinus Milieus in Österreich auf S. 186) angelangt, funktionieren sie für das kapitalistische System der heutigen Ausprägung am besten. Sie sind bereit alles zu leisten, sich fast alles gefallen zu lassen und stellen keine revolutionären Ansprüche, um ihren materiellen Status nicht zu gefährden.

Viele der Menschen, die für die nachfolgend beschriebene Initiative die Zielgruppe darstellen, nämlich die Beschäftigten im filialreichen Einzelhandel, sind diesem Milieu zuzuordnen. Sie arbeiten unter immer schwieriger werdenden Bedingungen und sind aufgrund diverser Parameter (siehe Kapitel 5.4.3) nicht in der Lage, ihre Arbeitssituation im Betrieb selbst zu verbessern. Dafür gibt es aber in Österreich auch die Institutionen der Arbeitnehmer_innenbewegung, die für die betriebliche Ebene zuständig sind, also Gewerkschaft und Betriebsrat.

Beide Institutionen haben in den letzten Jahren im Segment Handel an Durchsetzungskraft gewonnen. In vielen Beispielen hat sich allerdings gezeigt, dass zwischen Gesetz, Kollektivvertrag, Betriebsvereinbarungen, Konzernrichtlinien und der Realität in den Verkaufsgeschäften große Differenzen liegen.

Die offene Frage ist also: Wie gelingt es, die Durchsetzungskraft auf die Ebene der einzelnen Filialen zu bringen?

Den Angestellten auf der Verkaufsfläche, diesen wichtigsten Rädern des Systems Einzelhandel, ist dieses Projekt gewidmet, in welchem ein Versuch unternommen wurde, für diese Personen eine gewerkschaftliche Unterstützungsstruktur zu konstruieren.

1.1 Danksagung

Vorab möchte ich all den tausenden Arbeitnehmer_innen Respekt zollen, die sich mit Courage für die Arbeiter_innenbewegung eingesetzt haben und einsetzen, dabei ihr Leben und ihren Lebensstandard riskiert und leider viel zu oft verloren haben. Ohne sie gäbe es keine Institutionen wie die Gewerkschaften, Arbeiterkammern oder Parteien. Es waren und sind mutige Menschen, die sich für Demokratie und eine bessere Gesellschaft einsetzen.

In zweiter Linie möchte ich dem Staff des Lehrgangs, meinem Studienleiter Gerhard Gstöttner-Hofer und den Mitforscher_innen danken, deren Engagement die unverzichtbare praktische Grundlage für diese Arbeit bilden.

Zuletzt danke ich meiner Partnerin und Mitforscherin, die viel Geduld aufgebracht und in der schwierigen, angespannten Phase des Verfassens Ruhe und Gelassenheit bewahrt und vermittelt hat.

Ich begann diese Studie in der Erwartung, Wissen zu erwerben und zu produzieren, aber auch eine persönliche Entwicklung zu durchlaufen.

Dabei haben mir viele Leute sehr geholfen und mich kontinuierlich unterstützt, die ich hier nicht explizit erwähnen kann. All ihnen sei an dieser Stelle gedankt.

Möge es Momente in unseren Leben geben, wo keine Vergangenheit das Jetzige trübt und keine sorgenvolle Zukunft uns das Erleben dieses Augenblicks verwehrt. Auf dass wir einfach sein können, ohne zu wollen, ohne zu müssen, nur uns spüren in diesem Moment.
(Irischer Segenswunsch)

1.2 Erläuterung zum Aufbau

Aufgrund des zirkulären Charakters der Aktionsforschung habe ich eine Gliederung gewählt, welche aus der eigenen Perspektive zur Aktion führt. Die Aktionsforschung der französischen Tradition, welche unten noch ausführlicher beschrieben wird, basiert auf Erfahrungswissen, welches zu Tage gefördert und zur Lösung der Forschungsproblematik herangezogen wird. Mit sozialwissenschaftlichen Methoden werden dabei die Forschungsergebnisse gesichert. Durch Literatur wird der persönliche Fokus erweitert. Ich wählte eine Struktur, welche dementsprechend zuerst die Forschungsfragen aus der Autobiographie entwickelt, danach die autobiographische Erfahrungssammlung beleuchtet, die Forschungsfelder beschreibt und, nach einem Streifzug durch gewerkschaftliche Lösungsversuche, in den konkreten Forschungsprozess überleitet, der in die Ergebnisse und Schlussfolgerungen mündet.

2. Biographische Herleitung der Forschungsfragen/-themen

Die Schnelligkeit der modernen (Arbeits-)Gesellschaft verunmöglicht oft, innezuhalten und aus seinem Erfahrungswissen zu schöpfen. Oft greifen wir auf dieses lediglich in Form des Bauchgefühls bei Entscheidungssituationen zurück.

In der Aktionsforschung hingegen wird diesem Erfahrungsschatz breiter Raum gegeben. So beschreibt Gunz: „*Aktionsforschung setzt neben der Erforschung der Materie die Bereitschaft voraus, aus dem Wissen aller Beteiligten zu schöpfen und die Beteiligten zu weiterem Nachdenken und Handeln anzuregen.*“ (Gunz in [Kannonier-Finster/Ziegler, 1998], 99) Im Unterschied zur klassischen Variante der quantitativen Sozialwissenschaft, wo ein linearer Prozess vordefiniert wird, indem vermutete Bedingungen und Zusammenhänge modellhaft „am Schreibtisch“ konstruiert werden und, ausgehend von theoretischen Wissensbeständen aus der Literatur, Hypothesen abgeleitet werden, die in operationalisierter Form an empirischen Zusammenhängen überprüft werden ([Flick, 2010], 123), ergibt sich die Theoriebildung in dieser Studie aufgrund der Auseinandersetzung mit dem Forschungsfeld/-gegenstand.

Die Recherche-Action (französisch für Aktionsforschung), in deren französischer Tradition diese Forschung betrieben wurde, basiert auf der Annahme, dass die Forscher_innen Expert_innenwissen in sich tragen, welches zu Tage gebracht werden soll.

Der erste Forschungsgegenstand in der Aktionsforschung im Rahmen des Projektstudiums ist die eigene Person, da der persönliche Bezug zum Forschungsfeld eine Grundbedingung darstellt.

2.1 Gewerkschaft der Privatangestellten (GPA)

Im September 2001 begann mein Dienstverhältnis in der neu gegründeten GPA Wien.
Meine Aufgabe bestand darin, Betriebsrät_innen, die klassischen gewerkschaftlichen Verbindungsglieder in die Betriebe, zu schulen, zu unterstützen, strategisch und operativ zu beraten und gegebenenfalls mit ihnen, aber auch für sie zu verhandeln. Weiters umfasste meine Position die Aufgabe, in einer Vielzahl von Projekten die Gewerkschaftsbewegung zu stärken und ihr dadurch die Möglichkeit zu geben, die Interessen der Mitglieder besser zu vertreten bzw. durchsetzen zu können.

Kampagnen und Aktionen, wie sie die GPA-djp unter meiner Projektleitung bei Veloce, Schlecker, KiK, aber auch IKEA durchführte, trugen durch das mediale Echo dazu bei, in vielen Wirkungsbereichen (oder, wie in der GPA-djp Struktur bezeichnet, Wirtschaftsbereichen) durchsetzungsfähiger zu werden.

2.1.1 Das Aktionsforschungsthema

Als größte Teilgewerkschaft innerhalb des Österreichischen Gewerkschaftsbundes ist die Gewerkschaft der Privatangestellten, Druck, Journalismus, Papier auch für rund eine halbe Million Angestellte im Wirtschaftsbereich Handel zuständig. Dieser, an Beschäftigten und damit potentiellen Gewerkschaftsmitgliedern, größte Bereich genießt auch aufgrund der öffentlichen Wahrnehmbarkeit hohe Priorität innerhalb der Organisation. Die Beschäftigten im Handel waren eigentlich auch die ersten Angestellten per definitionem. Wie man dem Angestelltengesetz im Abschnitt Geltungsbereich entnehmen kann, ist dieses Gesetz in erster Linie für Beschäftigte in Handelsunternehmen geschaffen worden. Der Zentralverband der kaufmännischen Angestellten ist in diesem Sinne auch der Ursprung der GPA. (Siehe auch Kapitel 5.3.1.5)

Der Arbeitsplatz von klassischen Angestellten im filialreichen Einzelhandel ist von Kundenkontakt, knapper Personaldecke, straffer

Hierarchie und teilweise unangenehmen Arbeitszeiten geprägt. Der Großteil der Beschäftigten sind Frauen in Teilzeitarbeitsverhältnissen. Der Kundenkontakt bedeutet einerseits eine gewisse Abwechslung und mitunter die Befriedigung, durch gute Beratung zu einem Verkauf beigetragen zu haben, andererseits produziert er aufgrund des geringen Personalstands eine Menge Stress (siehe Kapitel 5.4.4), was ich während meiner Schulzeit im Rahmen eines Arbeitsverhältnisses während der Sommerferien selbst erlebte.

2.1.1.1 Exkurs: Persönliche Erfahrung im Rahmen eines Dienstverhältnisses bei Merkur

Im Jahr 1995 sammelte ich erstmals persönliche Erfahrung in der Welt der Arbeitnehmer_innen im Einzelhandel. Ohne ausgeprägte positive oder negative Assoziationen mit dieser Branche trat ich im Juli 1995 einen Ferienjob im naheliegenden Merkurmarkt an.

Rasch stellte ich fest, dass mehr Personen am Gelingen des Tagewerks beteiligt waren, als man von „außen“ annahm. Allein in dem für keinen einsehbaren Bereich des Lagers, Tiefkühllagers und Lastenaufzugs waren ständig acht Arbeitnehmer_innen beschäftigt. Neu war auch die Erkenntnis, dass ein Supermarkt aus vielen kleinen Abteilungen besteht, die straff hierarchisch organisiert sind. Es gab ganz genau abgegrenzte Zuständigkeitsbereiche: Flaschen-, Obst-, Kosmetik-, Feinkost-, Milchabteilung, Kassenbereich und Backshop. Im Juli, zur Urlaubszeit, waren die Abteilungen ausgedünnt.

Ich kam in die Obstabteilung. Meine Einschätzung war: Obst und Gemüse, das kann keine schwere Arbeit werden. Äpfel oder Bananen sind ja keine schweren Gegenstände und die Abteilung war nicht groß. Tatsächlich entpuppte sich mein Arbeitsplatz regelmäßig als körperlich durchaus anstrengend. Die Beschäftigten der Obstabteilung waren für die Geschäftsöffnung mitverantwortlich. Das bedeutete für die Mannschaft ein erstes Zusammentreffen um 5:55 beim Lieferant_inneneingang. Die schweren Kisten voller Äpfel und Melonen mussten aus dem Kühlraum in die Abteilung transportiert werden, um sie dort zu präsentieren. Melonen waren zu schneiden, Bananen zu ordnen und auszusondern und die Orangensaftpressmaschine zu bedienen. Kaum war man mit einer Aufgabe fertig, musste man schon anderswo nachschlichten.

Zu Beginn war ich mit der Abteilungsleitungsstellvertreterin zu zweit. Sie war eine nette Person und erlaubte mir, wenn wirklich gerade nichts zu tun war, und das war meistens zwischen 10:30 und 11:30 der Fall, ein wenig nach den anderen Ferialangestellten in anderen Abteilungen zu sehen. Das Klima änderte sich schlagartig, als die eigentliche Abteilungsleiterin von ihrem Urlaub zurückkam. Es ging meiner damaligen Einschätzung nach plötzlich weniger um die zu erledigende Arbeit, als vielmehr darum, die Leute anzutreiben.

Besondere Aufregung entstand, wenn der Bezirksleiter auftauchte. Plötzlich war der gesamte Markt in Aufruhr und jede_r Leiter_in versuchte, seinen/ihren Zuständigkeitsbereich besonders gut darzustellen. Meine Vorgesetzte nahm diese Situation besonders mit. Wenn man nur einen Moment nicht das tat, was sie einem auftrug, wurde sofort mit der Kündigung gedroht. „Der junge Mann wird eh nächste Woche gestanzt" ist mir noch als beunruhigender Ausspruch in Erinnerung.

Danach half ich im Lastenaufzug aus. Dies war eine angenehmere, wenngleich nicht weniger anstrengende Arbeit. Meine Pause fiel teilweise mit jener der Kollegen im Lager zusammen; ich hatte also Zeit, mich mit den Mitarbeiter_innen auszutauschen.

Ich stellte fest, dass auf gleicher Hierarchiestufe eine durchaus freundliche und angenehme Atmosphäre herrschte. Man ging gemeinsam eine Zigarette rauchen, plauderte mit den direkten Mitarbeiter_innen über kürzlich Erlebtes oder lästerte über die Vorgesetzten. Es herrschte eine verbundene Stimmung, da jeder den Launen der, im Gegensatz zum Großteil der Beschäftigten, meist österreichischen Vorgesetzten ausgesetzt war. Dies verband die Gruppe jedenfalls.

Ich wurde dann tatsächlich strafversetzt. Man steckte mich für einige Zeit ohne geeignete Bekleidung in das Tiefkühllager, worauf ich nach zwei Tagen mit Fieber den ersten Krankenstand meines Lebens antreten durfte. Obgleich dies bereits gegen Ende des Monats war, unternahm die Betriebsleitung den Aufwand, mein Gehalt im Vergleich zu meinen Ferienjobkollegen zu kürzen.

Für mich ergaben sich damals folgende Schlüsse:

- Die Arbeit in einem Supermarkt ist großteils körperlich anstrengend.
- Unter Mitarbeiter_innen auf gleicher Hierarchiestufe herrscht Verbundenheit.
- Viele Vorgesetzte führen nach dem Motto „*Die sollen es nicht besser haben, als ich es hatte*“.
- Der Bezirksleiter ist eine enorme Autorität.
- Es lassen sich vier Hierarchieebenen im Leben eines Merkurmarktangestellten unterscheiden: die Abteilungsallroundkraft bzw. Verkäufer_in, der/die Abteilungsleiter_in, der/die Marktleiter_in, der/die Bezirksleiter_in.

2002 übernahm ich als GPA-Regionalsekretär (siehe Kapitel 5.7.1.1) den Wirtschaftsbereich Handel. Zu Beginn führte ich Interviews mit Bekannten aus der Branche und vertiefte meine Eindrücke bei jedem Geschäftsbesuch, bei jeder Betriebsratssitzung oder -konferenz.

Die Realität im Handel stellte sich für mich nun naturgemäß sehr viel differenzierter dar, als ich sie als Ferialangestellter erlebt hatte: Es war leider vermehrt festzustellen, dass sich der Arbeitsplatz der Verkäufer_innen im Einzelhandel zu einer Hilfskraft in der Regalbetreuung entwickelt hatte und keine Expertise mehr gefordert war. Eine Beratung durch die Verkäufer_innen war nicht mehr vonnöten – eine gute Massenwerbung sollte das erledigen und so war ein Schrumpfen an Fachausbildungsplätzen festzustellen.

Die knappe Personaldecke war Standard, denn man hatte scheinbar erkannt, dass mit Teilzeitbeschäftigten Kapazitätsspitzen ohne Mehr- bzw. Überstundenzuschlag abdeckbar waren. Bei Ausfällen von Angestellten oder in der Urlaubszeit oder während Sonderaktionen kam es notgedrungen zu Arbeitszeitgrenzüberschreitungen. Zeitdruck, Bossing, Krankenstände, Personalfluktuation waren die negativen Auswirkungen dieses Konzepts für die Beschäftigten.

Die Arbeitsbedingungen verschlechterten sich im Laufe der Jahre kontinuierlich. In vielen Ländern war die Sonntagsöffnung bereits selbstverständlich und zum Teil 24-stündige Öffnungszeiten die Regel. In unserer Konsumgesellschaft entwickelte sich Einkaufen zur wichtigsten Freizeitbeschäftigung. Alle Geschäfte sollten rund um die Uhr offen halten, die Arbeitsbedingungen der Angestellten interessierten die Menschen, zumindest Anfang des Jahrtausends, in Österreich wenig.

Der GPA-djp gelang es nicht, die hunderttausenden Beschäftigten etwa im Rahmen einer Konfliktsituation bei den Kollektivvertragsverhandlungen zu mobilisieren. Die jährliche und für viele einzige Gehaltserhöhung schien es nicht wert zu sein, der Gewerkschaft beizutreten oder gar persönlich etwas beizutragen. *„Kommunizieren wir unsere Erfolge und Aktivitäten zu wenig oder erreichen unsere Informationen unsere Zielgruppe nicht?"*, fragte ich mich oft.

An dieser Stelle muss auch erwähnt werden, dass es im Unterschied zu den meisten Branchen im Einzelhandel recht einfach ist, an die Beschäftigten heranzutreten. Man kann ihren Arbeitsplatz als Kunde besuchen, kann mit den Beschäftigten reden und sie über ihre Rechte aufklären.

Ich nahm stets an, dass persönlich erlebte Konflikte und mit Hilfe der Gewerkschaft positiv gelöste Auseinandersetzungen die Bereitschaft zum Gewerkschaftsbeitritt erhöhen würden, unter dem Motto „Ich gehe auf der Straße der Sieger ein paar Schritte mit, werde Mitglied in der Gewerkschaft und stärke dadurch meine Vertretung".

Ich war davon überzeugt, dass organisierte Beschäftigte eines Betriebes viele Möglichkeiten hätten, Druck auf das Unternehmen auszuüben, um die persönliche Arbeitsplatzsituation zu verbessern. **Da der Kern des Einzelhandels das Ladengeschäft vor Ort ist, und somit die im klassischen industriellen Sektor zu beobachtende Strategie, in billigere Produktionsländer abzuwandern, nicht zur Anwendung gebracht werden kann, nahm ich an, dass die geschlossene Front der Arbeitnehmer_innenschaft eines Handelsunternehmens durchsetzungsfähiger wäre, als in den meisten anderen Wirtschaftsbereichen.**

Ein weiterer hervorzuhebender Aspekt ist die **öffentliche Angreifbarkeit** von Handelsunternehmen, die wir im Zuge von Kampagnen im Rahmen von Betriebsratswahlen bei Schlecker und KiK zum Nutzen der Beschäftigten verwenden konnten. Durch offensive Medienarbeit und Einbindung von Meinungsmacher_innen in Unterstützer_innennetzwerke ist es uns in beiden Fällen gelungen, die Situation der Beschäftigten zu verbessern. Es gibt wohl keinen Bereich, wo das öffentliche Image des Unternehmens so wichtig ist wie im Handel. Der ständige Konkurrenzkampf, die Dauerwerbung und das Angebotsdumping führen dazu, dass jede Trübung des öffentlichen Bildes eines Unternehmens besonders ernst genommen wird.

Die beiden oben genannten Kampagnen führten nicht zu signifikant mehr Mitgliedern in den beiden Unternehmen. Ich schloss daraus, dass wir die Auseinandersetzung zu stark in einer Stellvertreter_innenrolle geführt hatten. **Würde man nicht für, sondern mit den Beschäftigten arbeiten, könnte man annehmen, dass mehr Menschen den Sinn in einer Mitgliedschaft erkannt hätten.**

Das Image und Selbstverständnis der Handelsangestellten, das ich im Rahmen der Kampagnen besser verstehen bzw. kennenlernte, hinterließ ebenfalls einen prägenden Eindruck. Vom Ferienjob bei Merkurmarkt bis zu den letzten Wirtschaftsbereichskonferenzen musste ich immer wieder feststellen, dass zwischen Angestellten in der Industrie, den Banken, den Versicherungen und dem filialreichen Einzelhandel wesentliche „Mentalitätsunterschiede“ bestehen. Das geringe Einkommen und die nicht vorhandene Fachausbildung führen dazu, dass sich viele als den Industrie- oder EDV-Angestellten nicht gleichwertig empfinden, weswegen ein Aufbegehren als nicht angebracht erscheint.

Einen weiteren starken Eindruck hinterließ die Kooperation mit der Clean-Clothes-Kampagne (CCK) im Rahmen meiner Aktivitäten im Bereich der Betriebsbetreuung von KiK Textilien und Non Food GmbH. NGOs wie die Clean-Clothes-Kampagne oder Siegel wie „FAIR TRADE“ erfreuen sich, auch aufgrund des Web 2.0 und dementsprechender Kommunikationsverbreiterung im Internet, großer Popularität und Akzeptanz. Viele Menschen wollen als bewusste Einkäufer_innen etwas Positives durch ihren Konsum bzw. ihr Konsumverhalten bewirken.

Leider betrafen diese Bemühungen bis zu diesem Zeitpunkt großteils den Bereich der Produktionsbedingungen und nicht die Arbeitsbedingungen in den Vertriebsländern. Meiner Meinung nach war es an der Zeit, über Bündnisse zum Wohle der Beschäftigten nachzudenken.

Kritisch musste ich zu Beginn der Forschung resümieren, dass es mir als zuständigem Gewerkschaftssekretär noch nicht gelungen war, eine flächendeckende Kommunikation mit den Beschäftigten herzustellen. Insbesondere Betriebe wie Schlecker und Lidl stellten diesbezüglich eine besondere Herausforderung dar, da ein Großteil der bekannten Probleme in diesen Unternehmen auftraten, die GPA-djp aber keinen befriedigenden Zugang zu den Beschäftigten finden konnte. Hier wollte ich einen Schlüssel finden.

3. Forschungsfragestellung

Im Zuge der Reflexion meiner Autobiographie erkannte ich also Schritt für Schritt, was mich im Rahmen meines beruflichen Aufgabengebietes wirklich bewegte.

In einer während der Anfangsphase der Forschung verfassten Abhandlung über den Problemkern merkte ich dazu Folgendes an:

> *„Meine eigene Betroffenheit ergibt sich daraus, dass ich mich mehr oder weniger tagtäglich mit den Problemen der Arbeitnehmer_innen beruflich beschäftige. Ich sehe es als meine Aufgabe, die Arbeits- und Lebenssituation der Beschäftigten zu verbessern. Ich möchte mit den Arbeitnehmer_innen des Handels in intensiver Interaktion Realitäten schaffen, wo ein würdevolles Arbeiten möglich ist, wo gewerkschaftspolitische Forderungen entwickelt und gemeinsam bei der richtigen Stelle im oder außerhalb des Betriebes umgesetzt werden."*

Es war die Ohnmacht, gegen die erlebte Ungerechtigkeit im Wirtschaftsbereich Handel nichts machen zu können. Ich erlebte Menschen, die bis zum psychischen und physischen Versagen gefordert wurden, und das bei einem sehr niedrigen Verdienst. Ich wollte den Menschen zu ihrem Recht verhelfen, unsere Standpunkte besser vermitteln und unsere Verhandlungsposition durch eine erhöhte Mitgliederanzahl stärken.

3.1 Inhaltlicher Forschungsrahmen – Metaforschungsfrage

Mein Forschungsziel war es, Erkenntnisse zu erlangen, die eine hilfreiche Grundlage für die Entwicklung einer den Anforderungen an die Gewerkschaftsbewegung im filialreichen Einzelhandel in Österreich entsprechenden Betreuungsstruktur darstellen.

Als wesentliche Elemente dieser Betreuungsstruktur waren die Themenfelder

- Motivation,
- Solidarität,
- Partizipation,
- Struktur und
- Mitgliederwerbung

zu verarbeiten.

4. Biographisch begründete Ausgangshypothesen

Mein nächster Schritt bestand darin, erste Lösungsansätze zu konstruieren. Ich analysierte einzelne Episoden meines Lebenslaufs, ließ Gespräche mit Kolleg_innen Revue passieren und erarbeitete Ausgangshypothesen, welche ich im Anschluss kurz darstelle:

Bewusste Konsument_innen können den Markt bewegen

Eine von wenigen ausgehende Initiative wurde zum gesellschaftlichen Trend.

Während bewusster/nachhaltiger Konsum von Lebensmitteln, wie er in meiner Familie praktiziert wurde, im Österreich der 1980er Jahre noch ein Exotenthema darstellte und auch zivilgesellschaftlich eher belächelt wurde, hatte die Marktpräsenz von Bio- und Fleischersatzprodukten 2009 bereits eine enorme Größe angenommen und wuchs weiter. Ebenfalls hatte sich neben der landschafts- und ressourcenschonenden Bio-Linie das FAIR-TRADE-Siegel etabliert, welche ich beide unterstützte.

Ich gewann also den Eindruck, dass das persönliche Konsumverhalten den Markt beeinflusst.

Daraus erstellte ich die These,

- dass es ein Potential an bewussten Konsument_innen geben muss,
- dass diese durch ihr Konsumverhalten und ihr Auftreten Einfluss auf die Konzernpolitik von Handelsbetrieben nehmen können und
- dass solidarische Konsument_innen einen gesellschaftlichen Trend für Mitmenschlichkeit im Alltag initiieren könnten.

FAIR HANDELN kann sich auf breiterer Basis als gesellschaftlicher Trend etablieren

Die modernen Kommunikationstechnologien (Facebook, Twitter, Blogs, also Kommunikationskanäle des WEB 2.0) können einen wesentlichen Beitrag zur Verbreitung gesellschaftlicher solidarischer Trends leisten, so war Twitter etwa wesentlich für die Vernetzung und den Informationsaustausch im Vorfeld und während des „arabischen Frühlings", wo alte Strukturen aufgebrochen wurden, vormals undenkbare Revolutionen stattfanden und schließlich Diktaturen gestürzt wurden.

Solidaritätsportale entstanden, etwa Avaaz.org: diese globale Bürger_inneninitiative ist nach eigenen Angaben

> *„ein weltweites Kampagnennetzwerk mit 14 Millionen Mitgliedern, das sich zum Ziel gesetzt hat, den Einfluss der Ansichten und Wertvorstellungen aller Menschen auf wichtige globale Entscheidungen durchzusetzen."*[1]

Auch ich bediente mich in einer Aktion, bei der es darum ging, für die Rechte der Beschäftigten bei IKEA einzutreten und einen Betriebsrat zu wählen, der modernen Kommunikationsmöglichkeiten des Internets, und es gelang innerhalb kürzester Zeit durch über 3800 solidarische Protestmeldungen das Management wieder an den Verhandlungstisch zu bewegen.

Es könnte ein solidarischer Trend entstehen, Handelsangestellten Wertschätzung und Respekt entgegenzubringen. „Sie liefern uns, was wir täglich brauchen und verdienen dafür Respekt", könnte das Motto lauten.

Ehrenamtliches Engagement könnte zur Überwindung der limitierten personellen Ressourcen der GPA-djp stärker genutzt werden

Persönlich erlebte ich ehrenamtliche Arbeit meistens als eine Quelle von Freude und Produktivität.

Als gut eingespieltes Team von Ehrenamtlichen waren wir z. B. als Aktion Kritischer Schülerinnen und Schüler Wien bei den Wahlkämpfen zur Landesschüler_innenvertretung erfolgreicher als die punktuell mit wesentlich mehr Mittel unterstützte Schülerunion. In der Gewerk-

1 Siehe: http://www.avaaz.org/de/highlights?footer am 10. Juni 2012 um 18:30 Uhr

schaftsbewegung erlebe ich, dass lediglich ein geringer Teil der Mitglieder, nämlich die Betriebsrät_innen, und von diesen auch oft nur die Vorsitzenden, aktiv zur Mitarbeit eingeladen werden. Von diesen sind aufgrund der Gremienstruktur wiederum nur ein Teil in die gewerkschaftlichen Aktivitäten stark eingebunden, was den Überzeugungen einer Aktivist_innenstruktur wie der AKS Wien völlig zuwidergelaufen wäre.

Die Gruppe der ehrenamtlichen Aktivist_innen, abgesehen von den Betriebsrät_innen, war also meines Erachtens in der GPA-djp eine ungenutzte Ressource.

Bei früheren gewerkschaftlichen Aktionen griff ich diese Idee bereits auf. So war es nur durch die Einbindung von Funktionär_innen möglich, alle rund 1000 Filialen des Betriebes Anton Schlecker AG an einem einzigen Tag, im Rahmen einer gewerkschaftlichen Druckaktion, zu besuchen.

Angelehnt an dieses Konzept etablierten wir danach ein Unterstützer_innennetzwerk beim Konflikt mit dem Textildiskonter KiK. Ich konnte feststellen, dass die Empörung über die Ungerechtigkeit bei vielen Funktionär_innen so groß war, dass sie ein Jahr lang ihre Zeitplanung soweit adaptierten, dass sie zumindest einmal pro Monat eine Filiale besuchten und als gewerkschaftliche Vertrauensleute Kontakt zu Beschäftigten gehalten haben. Festzustellen war auch, dass manche der von hauptamtlicher Seite (siehe Kapitel 5.7.1) der GPA „verpflichteten“ Funktionär_innen angesichts des Desinteresses gewisser Beschäftigter resignierten. Daraus leitete ich ab, dass die Motivation für Aktivist_innen nicht durch ihre Funktion, sondern durch ihre Überzeugung gegeben sein müsste. Eine Verpflichtung würde in einem ehrenamtlich getragenen Unterstützer_innennetzwerk nicht das gewünschte Ergebnis bringen. Eine ausführliche Erörterung über meine Motive zur Nutzung einer Aktivist_innenstruktur folgt in Kapitel 5.6.

Zusammenfassend entwickelte ich also die These, dass **interessierte, bewusste Konsument_innen, Gewerkschaftsmitglieder und möglicherweise ehemalige und aktive Gewerkschaftsfunktionär_innen bzw. Betriebsrät_innen beim regelmäßigen Einkaufen die Lebensumstände der Handelsangestellten verbessern könnten.**

4.1 Konkrete Forschungsfragestellungen

Motivation/Solidarität:

- Was motiviert jemanden, sich ehrenamtlich zu engagieren?
- Wird die Unterstützer_innenstruktur als solche identifiziert bzw. was braucht es dafür?
- Kann ein Vertrauensverhältnis aufgebaut werden? Wenn ja, wann bzw. wie lange dauert dies und was ist dabei förderlich?
- Führt diese Betätigung zu einer stärkeren Identifikation mit der Gewerkschaftsbewegung?

Partizipation:

- Wie viel Partizipation innerhalb des Projekts/der Organisation wird gewünscht?
- Welche Rahmenbedingungen sind notwendig, um sich in der Rolle des Ansprechpartners/der Ansprechpartnerin wohl zu fühlen?

Struktur:

- Wann ist eine geeignete Zeit, um mit den Angestellten im Geschäft zu kommunizieren?
- Wie wird das Angebot angenommen? Welche Personen werden als Ansprechpartner_innen eher akzeptiert? (Männer, Frauen, alt, jung,...)
- Welche Kommunikationskanäle werden von den Beschäftigten in den Filialen wahrgenommen?
- Wie muss innerhalb des Unterstützer_innennetzwerks kommuniziert werden?

Mitgliederwerbung:

- Würde es den Unterstützer_innen gelingen, das Themenfeld Mitgliederwerbung anzusprechen?

5. Recherche-action – chronologische Darstellung

Der Weg, dieser Herausforderung mit ehrenamtlichen Mitstreitern zu begegnen, konfrontiert mich als Sozialforscher mit dem Umstand, dass sich innerhalb einer zu kreierenden Forschungsgruppe, welche, um möglichst viele Schlüsse ziehen zu können, heterogen gestaltet sein muss, eine Diversifikation von Lebenswelten ergäbe, welche „eine klassische deduktive Methodologie – die Fragestellung und Hypothesen aus theoretischen Modellen ableitet und an der Empirie überprüft“ ([Flick, 2010], 23) – nicht in der nötigen Differenziertheit erfassen würde.

Es galt also in einem stärkeren Maße induktiv vorzugehen: Statt von einer Theorie und ihrer Überprüfung auszugehen, erfordert die Annäherung an die zu untersuchenden Zusammenhänge „sensibilisierende Konzepte, in die – entgegen einem verbreiteten Missverständnis – durchaus theoretisches Vorwissen fließt. Damit werden Theorien aus empirischen Untersuchungen heraus entwickelt und Wissen und Handeln als lokales Wissen und Handeln untersucht.“ (Geertz 1983a in [Flick, 2010], 23).

5.1 Hermeneutische Einleitung zum „Forschungsdesign"

Prinzipiell beschreibt das Stichwort „Forschungsdesign“ in der Sozialforschung eine vorab festgelegte Anordnung der Anwendungen von Methoden der Sozialforschung. Es skizziert den festgelegten Weg von der Forschungsfrage bis zu den Schlussfolgerungen. ([Flick, 2010], 173)

Aufgrund der phänomenologischen Definition der Aktionsforschung als zyklische Forschung, welche sich im Rahmen des Forschungsprozesses weiterentwickelt, kann in diesem Abschnitt lediglich ein Grundkonzept dargestellt werden, welches sich im Laufe der Zeit veränderte.

5.1.1 Exkurs: Aktionsforschung

Gunz beschreibt Aktionsforschung in einem Beitrag als „den Sozialwissenschaften zugehörig“, sie

> *„unterscheidet sich aber in einigen Nuancen von der herkömmlichen Sozialforschung. Im Gegensatz zu anderen sozialwissenschaftlichen Schulen ist Aktionsforschung der Beteiligung und Aktivierung der zu Beforschenden in den Ablauf der Forschung verpflichtet. Indem Aktionsforschung darum bemüht ist, mit den Betroffenen zusammenzuarbeiten, ist sie bürgernah. Indem sie Bürgernähe sucht, teilt Aktionsforschung dasselbe Schicksal wie alle Bemühungen um mehr Demokratie: Sie beschreibt einen mühsamen, aber nicht ganz erfolglosen Weg, wie die Geschichte zeigt. Aktionsforschung ist eine ständig fortschreitende, von herkömmlichen Methoden sich emanzipierende Sozialforschung: Sie ist keiner der gängigen Sozialforschungsschulen direkt zuordenbar. Sie ist qualitativ, weil sie sich den Standards asymmetrischer Methoden entzieht (im Sinne einer Ablehnung hierarchisch strukturierter Untersuchungsmodelle). Sie ist quantitativ, weil sie sich beispielsweise aller Strukturdaten bedient und problemlösend verwendet. Sie ist aber beides nicht im klassischen Sinne, weil sie auf der Basis rivalisierender Forschungsstränge zu einer Synthese drängt, aus der etwas vollkommen Neues entsteht: Eine neue Qualität von Forschung.“*
> (Gunz in [Kannonier-Finster/Ziegler,1998], 94)

5.2 Anordnung/Setting des Aktionsforschungsprojekts

Angetreten mit dem Vorsatz, ein Projekt auf den Weg zu bringen, welches so in der österreichischen Gewerkschaftsgeschichte noch nicht durchgeführt worden war, und beruflich damit betraut, die gewerkschaftliche Betreuung im Handel in Wien zu organisieren, startete ich eine Reise der Erforschung von wissenschaftlichen Methoden, Mitmenschen und mir selbst bzw. meiner Vergangenheit.

Nachdem ich mich mit dem Wesen der Aktionsforschung vertraut gemacht hatte, definierte ich folgende Ressourcen, welche es in der richtigen Reihenfolge zu nutzen galt.

- Persönliche Erfahrungen
- Erfahrungen von Expert_innen
- wissenschaftliche Expertisen
- Wissen über die Methodologie der Sozialforschung
- Unterstützer_innen/Mitforscher_innen

5.3 Gewerkschaft im Handel

Die Aufgabe, sich der Arbeitsbedingungen der Handelsangestellten anzunehmen beziehungsweise die Branche gewerkschaftlich zu betreuen, steht in einer Tradition vieler Generationen von Gewerkschafter_innen in Österreich, vor allem der heutigen GPA-djp.

Daher folgt im Anschluss eine umfassende Darstellung des Forschungsfeldes des filialreichen Einzelhandels, um einen präzisen Eindruck der Schwierigkeiten und Herangehensweisen der Beschäftigten und deren freiwilliger Interessenvertretung zu gewinnen.

Die an den Beginn gestellte Darlegung historisch relevanter Sequenzen leitet über in eine Darstellung der Positionen der GPA-djp und schließt mit einem Überblick über gewerkschaftliche Strategien ab.

5.3.1 Historische Entwicklungen

Die folgende historische Abhandlung basiert im Wesentlichen auf dem Standardwerk der Österreichischen Gewerkschaftsgeschichte „Die Österreichische Gewerkschaftsbewegung von den Anfängen bis 1999“ ([Klenner/Pellar, 1999]) und der Arbeiterkammerpublikation „Geschichte der Österreichischen Gewerkschaftsbewegung bis 1945“ ([Autengruber, 2010]).

5.3.1.1 Zünfte und Bruderschaften

Die selbstständigen Handwerker des Mittelalters organisierten sich etwa ab der Jahrtausendwende in Zünften (von althochdeutsch zumft „zu ziemen"). Das Verhältnis zwischen Meistern und Gesellen war anfangs patriarchalisch. Die Meister sorgten für ihre Gesellen, und diese fühlten sich der Familie des Meisters zugehörig, in der sie ihre geregelten Pflichten und Rechte hatten. Damit war sichergestellt, dass nicht allzuviel Konkurrenz innerhalb einer Stadt entstand.

Im 13. und 14. Jahrhundert hatten die Zünfte die Macht in den Städten übernommen. In den freien Reichsstädten galten häufig Zunftverfassungen, welche die Angelegenheiten der Stadt regelten.

„Das ländliche Handwerk dagegen, eng verbunden mit dem Bauerntum, kannte so gut wie keine zünftische Organisation. Im Kampf gegen die zünftisch beherrschten Städte und die frühen Kapitalisten entstanden allerdings auch auf dem Land in manchen Gegenden Europas Organisationen, in denen Meister und Gesellen eine gemeinsame Front bildeten, sie waren ja beide gleichermaßen bedrängt und abhängig." ([Autengruber, 2010], 6)

5.3.1.2 Bruderschaften – Interessenverbände der Gesellen

Aufgrund der Macht und des Einflusses der Zünfte löste sich das solidarische Verhältnis zwischen Gesellen und Meistern und so bildeten die Gesellen zur Wahrung eines gewissen Einflusses bzw. zur Durchsetzung ihrer Interessen Gesellenvereinigungen, sogenannte Bruderschaften. Sie konzentrierten ihre Organisationsarbeit auf Gesellenherbergen. Diese hatten bei den traditionellen Wanderungen (Walz) eine hohe Bedeutung und stellten erste ungestörte Kommunikationsplattformen dar. Es wurden dort z. B. die Tarife, der Streiktaler und auch eine eventuelle Arbeitsniederlegung beschlossen.

Diese Vorboten gewerkschaftlicher Organisation waren freilich in ihrer Wirkung stark eingeschränkt. Einerseits spaltete die Gemeinschaft die Möglichkeit des Aufstiegs zum Meister, und andererseits war die Kommunikation mit Bruderschaften anderer Städte äußerst umständlich.

Aufgrund der Limitierung der Meisterstellen entstand letztlich aber eine neue Klasse der abhängigen gewerblichen Facharbeiter. Die Klasse der Gesellen sah sich verglichen zu den Dienstboten und Manufakturarbeiter_innen als etwas Besseres. Ein gemeinsames Empfinden als unselbständig Erwerbstätige war im damaligen Gesellschaftszustand mangels Arbeiter_innenbildungsstrukturen und Kommunikationsmöglichkeiten nicht ausgebildet.

Wo ein Klassenunterschied spürbar wurde, bildeten sich Organisationsstrukturen zur Wahrnehmung von Aufgaben einer Interessenvertretung. Knappen, Zimmerleute, Eisenarbeiter, Bergleute organisierten sich; letzteren gelang es bereits im 14. Jahrhundert, einen Kündigungsschutz vor gewissen Feiertagen, einheitliche, vertraglich vereinbarte Lohnfestsetzungen und Kontrollinstanzen zur Überwachung von deren Umsetzung zu erwirken.

Der sich entwickelnde Kapitalismus produzierte in den folgenden Jahrhunderten immer wieder teilweise sogar länderübergreifende Arbeitskämpfe, welche auch militärisch niedergeschlagen wurden. Im frühen 18. Jahrhundert wurden die Bruderschaften schließlich durch das Handwerkspatent von 1731/32 und das Koalitionsverbot praktisch aufgelöst. ([Klenner/Pellar, 1999], 37)

5.3.1.3 Die Hanse – Vorboten der Macht heutiger Handelskonzerne

Ein Beispiel für den enormen Einfluss von Handelsunternehmen in Europa ist die Institution der HANSE. Diese Vereinigung von niederdeutschen Kaufleuten erlangte zwischen dem 12. und 17. Jahrhundert eine Macht, welche den Kaufleuten die Gunst der Adelshäuser sicherte. Obgleich sie einem niederen Stand angehörten, mussten sich die Herrscher ihren Bedingungen fügen, da Kriege und Machterhalt vom Geld der Kaufleute abhängig waren. Von Belgien bis Russland war der Austausch von Waren auf dem Wasserweg unter ihrer Kontrolle. Sie bestimmten die Politik, da sie den Vertriebsweg monopolistisch dominierten.

5.3.1.4 Die Entdeckung der Solidarität

Durch die österreichisch-ungarische Monarchie gefördert, bildeten sich im 19. Jahrhundert Manufakturen aus, wo die kapitalistischen Unternehmer tausende Arbeitskräfte in einem arbeitsteiligen Produktionsbetrieb unter zum Großteil menschenverachtenden Bedingungen beschäftigten. Sie nutzten dabei die Freiheit vom Zunftzwang und das Arbeitskräfteangebot aufgrund der Arbeitsmigrationsbewegungen in Ballungszentren aus.

Endgültig bildete sich die moderne Form des Kapitalismus mit der industriellen Revolution aus. Die Dampfmaschinen nahmen vielen ihre angestammte Arbeit weg und erhöhten den Takt für die übrigen. Die gerade arbeitslos gewordenen Menschen bettelten um Arbeit vor den Fabriken und verschärften damit den Druck auf die Arbeiter und die Arbeitsbedingungen in den Fabriken.

„Die Folge waren eine Senkung der Löhne und Verlängerung der Arbeitszeit. Bis zu 16 Stunden täglich wurden in den ersten Fabriken gearbeitet. Die Löhne hatten einen derartigen Tiefstand erreicht, dass dem Fabrikarbeiter oder Tagelöhner nichts anderes übrig blieb, als neben seiner Frau auch seine Kinder in der Fabrik arbeiten zu lassen." ([Autengruber, 2010], 13)

Die ersten tatsächlichen Vorläufer der modernen Gewerkschaftsorganisation stellten Solidarinstitutionen wie Unterstützungsvereine und Fabrikskassen dar. Darunter findet sich auch das „Versorgungsinstitut der Handlungsdiener" (1795), welches in diesem Sinn den Ursprung der institutionellen Interessenvertretung der Angestellten im Handel darstellt.

Eine eindrucksvolle Beschreibung der damaligen Situation liefert Zenker in seiner Analyse über die Wiener Revolution 1848.

> *„Es giebt wohl keinen eclatanteren Beweis für die Trostlosigkeit der vormärzlichen Zustände als die Thatsache, dass trotz dieser Begünstigung des humanitären Vereinswesens von oben in Wien – auf diesem classischen Boden der Privatwohlthätigkeit – bis 1818 kaum 30 humanitäre Vereine erstanden.*

34) Ein im Jahre 1817 unter dem Protectorate des Kaisers und unter persönlicher Führung des Kanzlers stehender „Verein zur Unterstützung der Nothleidenden Wiens" war schon nach wenigen Wochen genöthigt, seine Thätigkeit einzustellen. Es giebt eben Verhältnisse, welche so verfahren sind, dass sie jede evolutionäre und charitative Besserung ausschliessen, und solcherart waren die Zustände des Vormärz. Im Jahre 1847, als die Noth am höchsten war, erstanden die humanitären Vereine in etwas grösserer Zahl, wie der „Wiener Kreuzerverein zur Unterstützung der Gewerbsleute", welcher arbeitslosen, bedürftigen Personen ohne Unterschied des Geschlechtes und der Confession durch Anschaffung von Arbeitsmaterialien und Werkzeugen, Zuwendung von Darlehen Hilfe leistete. Im gleichen Jahre wurde in Folge der abnormen Nothlage der „Allgemeine Wiener Hilfsverein" (jetzt: Wiener Hilfs- und Sparverein) gegründet, welcher sogenannte Rumfordsuppe, Brot, Salz, Erdäpfel, Mehl u. dgl. an Arme verabreichte.[…] Auf dem Principe der Gegenseitigkeit und Selbsthilfe begründete Associationen kannten die Gewerbetreibenden Wiens nicht, obwohl die genossenschaftliche Idee in England zu jener Zeit bereits grosse Triumphe feierte. […] Aber nicht bloss die Erwerbs- und Wirtschaftsorganisation, auch die Kampf- und Widerstandsassociation war den arbeitenden Classen in Oesterreich terra incognita, und wir treffen in dem ganzen weiten Reiche keine Spur einer gewerkschaftlichen Organisation zu einer Zeit, wo in England der Trade-Unionismus bereits mehrere grosse Revolutionen durchgemacht und mächtige Triumphe errungen hatte. Aber selbst an Vereinen zur gegenseitigen Unterstützung besassen die Arbeiter nur wenig. In Wien bestand das „Versorgungsinstitut der Handlungsdiener" seit 1795 als einziger derartiger Verein […] Die Verhältnisse am Beginne des Jahrhunderts waren einer Coalition der Arbeiter – wäre es auch nur zu einem so harmlosen Zwecke, wie die Gründung einer Krankencasse gewesen – entschieden ungünstig. Ein Versuch, den im Jahre 1885 ein Gehilfe (nachmals Druckereibesitzer) Johann Friedrich machte, im Vereine mit seinem Principale Mausberger einen Krankenverein zu gründen, wurde von der Regierung zurückgewiesen, da – wie hochdieselbe meinte – keine Notwendigkeit für einen solchen Verein vorliege." ([Zenker, 1897], 86 ff)

Am 13. März 1848 forderte das Bürgertum in Wien eine demokratische Verfassung und die Proletarier in den Vororten unterstützten diesen Kampf um eine Konstitution, aber sie verlangten auch soziale Reformen. Darauf ergaben sich neue Freiheiten wie die Möglichkeit zur Gründung von Vereinen, um mit den Arbeitgebern bessere Löhne und Arbeitsbedingungen zu verhandeln.

Ende Oktober 1848 standen die Arbeiter allerdings nur mehr mit einer Minderheit von Student_innen und linkem Bürgertum zur Verteidigung der Revolution. Sie unterlagen, und schließlich wurde der allgemeine Arbeiterverein aufgelöst und auch der im Juli 1848 zusammengetretene Reichstag wurde im März 1849 gewaltsam aufgelöst. ([Klenner/Pellar, 1999], 60)

Während Karl Marx (1818–1883) 1864 in London die „Internationale Arbeiterassoziation“ gründete, wendete sich in Deutschland und Österreich die überwiegende Mehrheit den Ideen von Ferdinand Lassalle zu, welcher im Gegensatz zu Marx’ revolutionären Ideen an die

- Selbsthilfe der Arbeiterschaft glaubte,
- die Kraft auf die Organisierung der Arbeiterschaft konzentrieren wollte
- sowie den Kampf um das allgemeine, gleiche, direkte Wahlrecht
- und soziale Gesetzgebung.
- Außerdem sollten Produktivgenossenschaften mit staatlichen Vorzugskrediten kanalisiert werden.

Die neo-absolutistische Habsburgermonarchie erlitt derweilen außenpolitische Niederlagen und etablierte 1867 nach dem Ausgleich mit Ungarn die Doppelmonarchie. Das Staatsgrundgesetz von 1867 machte aus einer absoluten Monarchie eine – mit Einschränkungen – konstitutionelle Monarchie. Für die Entwicklung der Arbeiter_innenbewegung war diesbezüglich der Artikel 12, welcher Versammlungs- und Vereinsfreiheit garantiert, relevant. ([Autengruber, 2010], 23 ff)

Das Vereinsrecht ermöglichte der Bewegung schließlich, in Bildungsvereinen die Basis für institutionelle organisierte Interessenvertretung zu legen. Das Gründen von Gewerkschaften war allerdings aufgrund von § 77 Gewerbeordnung noch untersagt.

Gebührenfrei nach § 7 des Bundesgesetzes vom 29. Juli 1924, B. G. Bl. Nr. 282.

Nr. 63

Ausweiskarte

für das Mitglied des Nationalrates

Herrn Karl Pick

Eigenhändige Unterschrift des Inhabers:

Karl Pick

Ich bestätige, daß der Inhaber diese Ausweiskarte eigenhändig unterfertigt hat.

Wien, am 26. November 1930

Unterschrift des Ausstellers:

Abbildung 1–3: Karl Pick 1867–1938

5.3.1.5 Karl Pick und die erste Angestelltengewerkschaft

Der Zentralverein der kaufmännischen Angestellten wurde als erste Angestelltengewerkschaft im Rahmen der österreichischen Arbeiterbewegung im Jahre 1892 gegründet. Damals hieß er „Verein der kaufmännischen Angestellten". Drei Jahre später, im Jahre 1895, trat Karl Pick an die Spitze der Organisation. Er war bemüht, den Angestellten ihre wirkliche Lage, ihre Bedeutung im Wirtschaftsprozess und ihre Stellung in der Gesellschaft zu vermitteln und damit seiner Meinung nach utopische Hoffnungen und Illusionen aus der Welt zu schaffen. Diese ernüchternde Erkenntnis war für ihn eine Notwendigkeit, um den Angestellten zu einem Zusammenschluss ihrer Kräfte in einer einheitlichen gewerkschaftlichen Organisation zu verhelfen. Karl Pick sah seine Hauptaufgabe in der Bildung der Angestellten im oben angeführten Sinne. Als Mittel dafür erkannte er die gewerkschaftliche Aktion. Das hieß für ihn, mutige Ausnützung aller sich bietenden Möglichkeiten und Situationen; in Verhandlungen und Konferenzen, aber auch in Kundgebungen, Massenversammlungen und Demonstrationen. Selbst das schärfste den arbeitenden Menschen zur Verfügung stehende Kampfmittel des Streiks wurde angewendet. ([Ackermann, 1969], 18 ff)

Nachstehend werden einige gewerkschaftliche Auseinandersetzungen und Errungenschaften der anfänglichen Gewerkschaftsbewegung der Angestellten im Handel dargestellt. Interessant ist dabei die Aktualität der Themenfelder. Knapp 110 Jahre später befindet sich die GPA-djp erneut in massiven Auseinandersetzungen in den gleichen Bereichen.

Der Kampf um den freien Sonntag

Das erste große Ziel war ein arbeitsfreier Tag – eine volle Sonntagsruhe. Zehn Jahre wurde dafür gekämpft. Es sollte den Angestellten ermöglicht werden, gemeinsam die freie Natur, die Kunstsammlungen, die Museen, die Kulturstätten aller Art in Anspruch zu nehmen. 1903 gelang es schließlich, organisiert und mobilisiert durch die Tatkraft von Karl Pick und seinen Mitstreiter_innen, die volle Sonntagsruhe zu erwirken. ([Ackermann, 1969], 39)

Ladenöffnungszeiten

In zweiter Linie ging es um eine Eindämmung der Öffnungszeiten. Es war ein wichtiger Schritt für die Angestelltenbildung, die Ladenöffnungszeiten zu reduzieren und eine Schließung zunächst um 19:00 und dann um 18:00 Uhr zu erwirken. Die Angestellten sollten diese freie Zeit zur Weiterbildung und damit als Basis für Emanzipation nutzen. Erste Erfolge gelangen 1908, aber erst im Jahr 1918 wurde über Antrag des Zentralvereins der kaufmännischen Angestellten in Wien die Sechs-Uhr-Geschäftssperre eingeführt. (Aktuelles dazu in Kapitel 5.4.3.8)

Handlungshilfengesetz

Im Jahr 1898 wurde Karl Pick zum Obmann des Gehilfenausschusses des Gremiums der Wiener Kaufmannschaft gewählt. Vier Jahre später gelang es schließlich, auch die Krankenkasse durch die auf der Liste Karl Pick und Kollegen gewählten Vertreter_innen der freien Angestelltengewerkschaft zu übernehmen. Unter Mitwirkung des Zentralvereins der kaufmännischen Angestellten wurde auf Basis eines von der Sozialdemokratie ausgearbeiteten Gesetzesentwurfs das Handlungshilfengesetz 1910 beschlossen. Es beinhaltete längere Kündigungsfristen, das Recht auf Urlaub und auf Gehaltszahlung während der ersten Wochen der Krankheit und andere Schutzbestimmungen.

Als neugewählter Obmann der Krankenkasse der Angestellten erwirkte Pick Verbesserungen der Kassenleistungen und eine großzügige Ausweitung ihrer Tätigkeit auf dem Bereich des Spitalwesens sowie der Genesungs- und Erholungsheime.

Kollektivvertrag

Im Jahr 1916 schloss der von Karl Pick geleitete Gehilfenausschuss mit den im Gremium der Wiener Kaufmannschaft vereinigten Unternehmern, noch vor Schaffung des Kollektivvertragsgesetzes, einen Kollektivvertrag ab, der die ersten geregelten Löhne im Angestelltenbereich fixierte.

Eine weitere wichtige soziale Initiative, welche bis heute Wirkung zeigt und nach wie vor ein wichtiges Betätigungsfeld der Arbeitnehmerbewegung darstellt, ist der Mieterschutz. Der Zentralverein und Gehilfenausschuss beantragte im Jahr 1916 den gesetzlichen Schutz der Mieter, welcher dann auch im Jahr 1917 erlassen wurde.

Angestelltengesetz

Schließlich ist Karl Picks Name untrennbar mit der Entstehung des Angestelltengesetzes 1921 verbunden. ([GPA, 1982], 37) Er wirkte als Nationalrat und prominentes Mitglied der Arbeiterkammer auch an der Gesetzgebung dieses wichtigsten Grundbausteines des Individualvertragsrechtes mit. So kam es dadurch erstmals zur gesetzlichen Regelung der im Handel weit verbreiteten Provisionszahlungen.

5.3.1.6 Entwicklungen im Handel in der ersten Republik

Den Anspruch, die Entwicklung der Gewerkschaften in Österreich in der Zwischenkriegszeit zu beschreiben, kann ich aufgrund der erforderlichen Quantität nicht erheben. Aus einem Interview mit dem langjährigen leitenden Sekretär Erich Reichelt der GPA-Sektion Handel, Verkehr, Vereine, Fremdenverkehr erhielt ich aber wichtige Einblicke in diese Zeit, die für die spätere Entwicklung der Lebensmitteleinzelhandelsstruktur und der GPA relevant waren.

Der Lebensmitteleinzelhandel war de facto von drei Marktteilnehmern dominiert.

Konsumgenossenschaften

Um der Preisspirale zu entgehen, gründeten 1856 Textilarbeiter in Teesdorf die erste österreichische Konsumgenossenschaft. Nach britischem Vorbild wollte man durch den gemeinsamen Einkauf die Marktposition und damit auch den Endverbraucherpreis aus Sicht der Konsument_innen verbessern. Über ganz Österreich hinweg entstanden hunderte Konsumgenossenschaften, die in späterer Folge unter maßgeblicher Mitwirkung der Sozialdemokratischen Arbeiterpartei (SDAP) und unter Bündelung der finanziellen Kräfte der Arbeitnehmer_innenbewegung durch die Gründung des *Kreditverbands der österreichischen Arbeitervereinigungen* (Vorläufer der 1923 gegründeten Arbeiterbank und heutigen BAWAG PSK) stabilisiert wurden. Die Wichtigkeit von Konsumgenossenschaften wurde so hoch eingeschätzt, dass sie neben der Gewerkschaft und Partei als drittes gleichwertiges Kampfmittel der Sozialdemokraten angesehen wurden. Die Konsumgenossenschaften bildeten 1905 eine Großeinkaufsgesellschaft österreichischer Consumvereine, kurz GöC. Genossenschaftsmitglieder kamen in den Genuss von Aktionen und erhielten am Ende des Jahres eine prozentuale Refundierung. Als Teil der sozialdemokratischen Ideologie wurde in beinahe jedem neu errichteten sozialen Wohnbau eine Konsumfiliale installiert. Aus Übernahmen von Textilhandelsbetrieben entstanden die großen Warenhäuser, welche teilweise noch existieren bzw. vom Namen her bekannt sind (Stafa, Steffl, Gerngross, etc). Durch eine dementsprechende ideologische Anbindung waren die Angestellten immer stark organisiert und bildeten das Rückgrat des Zentralvereins der kaufmännischen Angestellten, des Vorläufers der GPA.

Julius Meinl

Julius Meinl war eine bürgerliche Einzelhandelskette, welche sich aus einer Kaffeerösterei entwickelt hatte. Seit Mitte des 19. Jahrhunderts, genauer ab Eröffnung des ersten Handelsgeschäftes 1862 am Wiener Fleischmarkt, wuchs dieses Unternehmen, sodass es 1939 europaweit 1000 Filialen zählte. Die Klientel von Meinl war die bürgerliche Schicht. Dieses patriarchal geführte Unternehmen war zwar traditionell gewerkschaftlich schlecht organisiert, zeichnete sich allerdings in den wirtschaftlich schlechten Zeiten durch sichere Arbeitsplätze aus.

KMU-Struktur des Lebensmitteleinzel- und Gemischtwarenhandels (vulgo „Greißler")

Als Greißler bezeichnet man selbstständige Kaufleute, die bis in die frühen 1990er Jahre eine wichtige Rolle in der Nahversorgung der Menschen spielten. Sie waren auf ihre Klientel spezialisiert und zeichneten sich unter anderem dadurch aus, dass sie den Stammkund_innen, auch wenn das Geld während des Monats ausging, ein längeres Zahlungsziel einräumten. Greißler bezogen ihre Waren unter anderem von der ADEG Genossenschaft, waren aber als Einzelhandelsgeschäft selbstständig.

Gewerkschaftsmitglieder wurden durch den (Handels-)Gehilfenausschuss ([GPA, 1982], 417), über Bildungs- und Rechtschutzaktivitäten gewonnen.

Bis während des Austrofaschismus die freien Gewerkschaften verboten wurden, konzentrierte sich die Gewerkschaftsbewegung auf die Umsetzung ihrer Forderungen im Rahmen von Gesetzen durch ihren politischen Arm, die SDAP, sowie, wenn es zur Durchsetzung erforderlich war oder auch im Zuge von Gehaltsverhandlungen, auf die unterstützende Organisation von Demonstrationen und Streiks.

Errungenschaften dieser Zeit waren ein Gesetz zur Mindestruhe, zum Ladenschluss und zur Sonntagsruhe. ([GPA, 1982], 37)

Die demokratielosen Zeiten des Austrofaschismus und des Nationalsozialistischen Terrors verbrachten viele freie Gewerkschafter_innen im Gefängnis. Zu viele starben dort oder wurden ermordet, so auch Karl Pick. Er wurde 1938 wegen seiner jüdischen Abstammung am Gang des kaufmännischen Spitals, welches er selbst mitgegründet hatte, nach einem Hüftbruch seinem Schicksal überlassen und starb am 3. August.

Viele Handelsgewerkschafter waren aber auch im Widerstand aktiv. Als Beispiel sei hier der spätere leitende Sekretär Otto Skritek erwähnt, der wegen seiner politischen Aktivitäten ins KZ Dachau gebracht wurde, dieses aber überlebte.

5.3.1.7 Entwicklungen im Handel in der zweiten Republik

Um über die relevanten gewerkschaftlichen Entwicklungen für die Handelsangestellten in der zweiten Republik Erkenntnisse zu gewinnen, führte ich Experteninterviews mit:

- Felix Hinterwirth: langjähriger Betriebsratsvorsitzender von Quelle und Bundesausschussvorsitzender des Wirtschaftsbereichs Handel (Interview Hinterwirth 22. September 2011)
- Manfred Wolf: Bundeswirtschaftsbereichssekretär für Handel in der GPA-djp (Interview Wolf 25. September 2011)
- Erich Reichelt: vormals leitender Sekretär der Sektion Handel in der GPA (Interview Reichelt 5. Juni 2012)

Eine vollständige Auflistung und Würdigung der gesellschaftlichen Veränderungen, welche dem Österreichischen Gewerkschaftsbund (ÖGB) und seinen Gewerkschaften zu verdanken sind, ist weder quantitativ noch qualitativ in dieser Arbeit leistbar. Trotzdem möchte ich an dieser Stelle erläutern, dass die Gründung des ÖGB als branchenübergreifende Gesamtgewerkschaft mit der fachlichen Unterteilung nach dem Industriegruppenprinzip und einer Angestelltengewerkschaft ein Resultat aus den bitteren Erfahrungen einer zerstrittenen und geteilten Arbeiterbewegung war. Die Idee von Richtungsgewerkschaften, also solchen, wo die politische Einstellung die verbindende Klammer darstellt, wurde verworfen. Man wollte sich nie wieder trennen lassen und schuf stattdessen Fraktionen innerhalb der Organisation. ([GPA, 1982], 21 f)

Die 1945 neu gegründete Gewerkschaft der Angestellten in der Privatwirtschaft wurde in sechs Sektionen organisiert. Die Sektion Handel, Transport, Vereine, Verkehr und Fremdenverkehr war für die Angestellten im Einzelhandel zuständig.

Innerhalb dieser Sektion bildete sich eine Fachgruppenstruktur heraus, welche sich an der früheren Struktur des Zentralvereins der kaufmännischen Angestellten orientierte.

Auch auf betrieblicher Ebene zeichneten sich ab 1945 enorme Entwicklungen ab. Die damals großen Einheiten sind den heute unter 30-Jährigen kaum mehr bekannt. Heute dominieren drei Konzerne, nämlich REWE Group, SPAR und HOFER KG den Lebensmitteleinzelhandel, die teilweise aus früheren Strukturen hervorgegangen sind.

Konsumgenossenschaften

Die unter der Marke Konsum bekannten Konsumgenossenschaften waren bis in die 1960er Jahre österreichweit im Einzelhandel durch Struktur und Tradition die dominierende Größe und bis zu ihrem Untergang aus gewerkschaftlicher Sicht der entscheidende Machtblock. In der gesamten Unternehmensgruppe war die Gewerkschaftsmitgliedschaft obligatorisch und wurde von den Betriebsrät_innen ab dem Beginn eines neuen Dienstverhältnisses konsequent eingefordert. Diese Geschlossenheit ermöglichte es, viele Regelungen aus dem Unternehmen heraus durch den Kollektivvertrag für die Branche zu entwickeln.

Wirtschaftliche Probleme entstanden unter anderem, weil die einzelnen Genossenschaften teilweise gegeneinander gewirtschaftet hatten und gewisse Entwicklungen falsch eingeschätzt wurden. Die Konsumgenossenschaften agierten im Sinne der ideologischen Gründungsidee der Selbstversorgung der Arbeitnehmer_innen. In ihren Produktionsbetrieben arbeiteten ausschließlich gelernte und korrekt entlohnte Arbeitnehmer_innen. Im intensivierten Wettbewerb der 1970er und vor allem 1980er Jahre führte das zu einer immer schlechteren Marktposition.

Das Eintreten neuer Marktteilnehmer im Lebensmittelhandel führte zu einem Verdrängungs-, ja geradezu Vernichtungswettbewerb, welcher sich nachhaltig und zumeist negativ auf die Beschäftigten und deren Arbeitsbedingungen auswirkte.

„In der Sektion Handel der GPA wurde damals normal gerechnet mit 20 Prozent bis 22 Prozent Personalaufwand vom Umsatz. Bei den Warenhäusern war es immer ein wenig mehr. Plötzlich hatte der Hofer acht Prozent, der Konsum 15 Prozent. Der Generaldirektor vom Konsum sagte: wir reden erst weiter, wenn dieser Wert erreicht ist.“

Er versuchte dieser Entwicklung mit einer Steuer auf unterdurchschnittliche Personalkosten beizukommen und stellte diese vergeblich im Parlament vor.

„Dann war der Hofer schon bei drei Prozent Personalkosten vom Umsatz. Eh klar. Keine Leut, Logistik … einschlichten.“

Das wirkte sich durch die „Professionalisierung“ der Personalwirtschaft, wie zB der kapazitätsorientierten Verwendung/Verwertung der Arbeitskraft, in Form von hohen Teilzeit- und Geringfügigenquoten, in erster Linie auf die soziale Situation der Beschäftigten aus. Der soziale Abstieg der Beschäftigten und die Entwicklung zum Niedriglohnniveau hatten ursächlich mit dem vernichtenden Wettbewerb zu tun, meinte Reichelt zu diesem Thema. (Interview Reichelt 5. Juni 2012, 1:35:41)

Schließlich wurde 1995 ein Ausgleich erzielt, bei welchem 17.000 Beschäftigte, großteils Gewerkschaftsmitglieder, samt ihren Betriebsteilen an andere Marktteilnehmer_innen verkauft wurden. Dies stellte einen enormen Schock für die damalige GPA Sektion Handel dar, dessen Auswirkungen noch beschrieben werden.

Julius Meinl

Die Einzelhandelskette Julius Meinl blieb in der zweiten Republik ihrer Linie treu. Es war das Geschäft für die bürgerliche Schicht. Zu dieser Gruppe gehörten bis 1999 auch die Geschäfte von Gebrüder Kunz, welche bereits 1931 als eigene Tochterfirma geführt wurden, und die in den 1980er Jahren übernommenen PAM PAM Hypermärkte. Meinl war aus Sicht der damaligen Sektionsleitung in der GPA zwar keine Bastion der Gewerkschaftsbewegung, aber aufgrund der Anzahl der Arbeitnehmer_innen immer in der Fachgruppe repräsentiert. Ein gewerkschaftlich interessantes Instrument im Meinl Konzern war die Institution des Clubs der Filialleiter. Dieser wurde von der Familie Meinl gefördert, bot exklusive Informationen, hatte ein elitäres Flair und war deswegen eine Pflichtkommunikationsveranstaltung für jeden Filialleiter. Dieses Instrument wurde vom Betriebsratsvorsitzenden Anfang der 1980er Jahre genutzt, um den gewerkschaftlichen Organisationsgrad innerhalb kurzer Zeit von zehn Prozent auf 75 Prozent zu heben. Ich werde noch auf diese Institution zurückkommen. Meinl stieg im April 2000 allerdings endgültig aus dem Lebensmitteleinzelhandel in Österreich aus, was erneut hunderte Filialen und tausende Arbeitnehmer_innen zu den verbleibenden Anbietern brachte.

Da sich sowohl die Funktionär_innen als auch viele Hauptamtliche des ÖGB aus diesen beiden Unternehmensgruppen rekrutierten und ein Großteil der Mitglieder und damit auch die gewerkschaftliche Organisationsmacht auf den Konsumgenossenschaften aufgebaut war, stellte der Verkauf bzw. Niedergang dieser beiden Unternehmen einen kaum begreifbaren Schlag für die Gewerkschaftsbewegung dieser Branche dar. Ein guter Teil der erkämpften Regelungen im Kollektivvertrag für Angestellte im Handel basiert auf Auseinandersetzungen zwischen Arbeitgeber- und Arbeitnehmervertreter_innen dieser Unternehmen.

Viele der Beschäftigten bei den Konsumgenossenschaften dachten, dass die Sozialdemokratische Partei und die Gewerkschaft Eigentümer der Gruppe waren. Sie waren enttäuscht, genauso wie die Angestellten von Meinl, welche unter den Beschäftigten im Einzelhandel immer ein elitäres Image pflegten. Der plötzliche Verkauf durch den Patriarchen stürzte viele in eine große Identitätskrise.

Diese Entwicklungen wurden von anderen Marktteilnehmer_innen mitverursacht. Sie profitierten von diesen Verschiebungen und dominieren heute diesen Markt.

5.3.1.8 Die wichtigsten filialreichen Einzelhändler für die Produkte des täglichen Bedarfs in Österreich in der Gegenwart

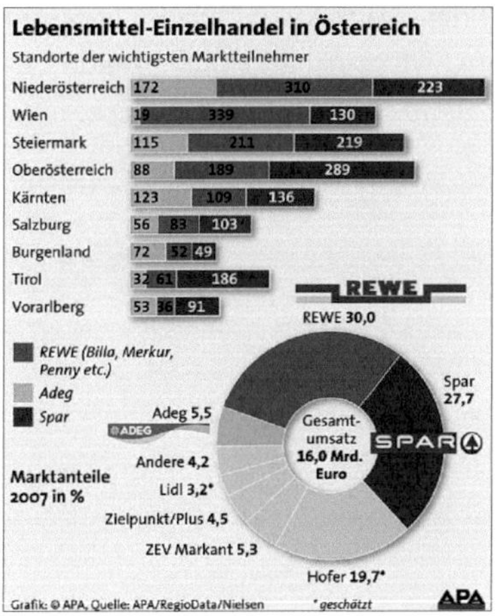

Abbildung 4: Lebensmittel-Einzelhandel in Österreich.
Quelle: APA 2007 entnommen aus http://derstandard.at/3387725?seite=2 am 23. April 2012

REWE Group

Während die beiden großen Anbieter (s. o.) mit Flächen und Konzepten experimentierten, begann Karl Wlaschek mit dem Aufbau seiner BILLA-Gruppe. Er übertrug dabei das Diskontkonzept von einer Parfümerie auf eine Supermarktkette, engagierte fähige Menschen von Meinl und Konsum und begann konsequent Marktanteile zu gewinnen. Diese in Gewerkschaftskreisen als „junge Wilde" bezeichneten Akteure reduzierten die Eigenständigkeit der Filialen und das Gehalt der Angestellten, vereinheitlichten das Filialkonzept und veränderten z. B. traditionelle Distributionsstrukturen, indem sie ohne Zwischenlager ihre Filialen mit knapp besetzten Transportfahrzeugen selbst belieferten.

Sie dezentralisierten, während Konsum ein riesiges zentrales Distributionszentrum im 22. Wiener Gemeindebezirk baute.

Unter anderem durch geschickte Verkaufsflächenakquisition, aber auch durch Pionierleistungen in der Supermarktbewerbung erlangte die Gruppe 1978 bereits eine Marktmacht, mit welcher sie z. B. Jacobs Kaffee zu einer 25 Jahre Sonderkaffeeedition in einer Spezialverpackung zu Spezialpreisen, durch zeitweilige Auslistung, also durch Verkaufsboykott, zwangen.

Im Zuge der Konsuminsolvenz übernahm die BML Vermögensverwaltungs AG („BILLA-Gruppe") einen Teil der ehemaligen Konsumgeschäfte und 1996 verkaufte Wlaschek den Konzern, welcher zu diesem Zeitpunkt vor allem aus BILLA, BIPA, Merkurmarkt und Mondo bestand, um 1,1 Milliarden Euro an den deutschen REWE Konzern.

Heute gehören zur REWE Gruppe in Österreich folgende Handelsfirmen:

- BILLA
- MERKURMARKT
- PENNY MARKT
- BIPA
- ADEG
- AGM

Aktuelle Handelspartner:

- Sutterlüty
- JET

Hier eine Selbstdarstellung des Unternehmens:

„REWE International AG, Lebensader Österreichs

Die REWE International AG ist mit insgesamt rund 2.500 Filialen ihrer Handelsfirmen BILLA, MERKUR, PENNY, BIPA und ADEG in Österreich Marktführer im Lebensmittel- und Drogeriefachhandel und mit rund 41.200 Mitarbeiterinnen und Mitarbeitern einer der größten Arbeitgeber Österreichs und einer der bedeutendsten Anbieter für Lehrstellen.

Das Unternehmen ist Teil der deutschen REWE Group, die einer der führenden Handels- und Touristikkonzerne Europas ist. Am österrei-

chischen Markt ist das Unternehmen auch mit zahlreichen Eigenmarken wie beispielsweise Ja! Natürlich, CHEF Menü, clever, Quality First, Wegenstein und MY vertreten. Auch am österreichischen Touristik-Markt ist REWE International AG aktiv: mit ITS BILLA Reisen, JAHN REISEN, MERKUR Ihr Urlaub und PENNY PACK'N'GO.

Zentrale für Italien und die Märkte in CEE
Vom Geschäftssitz der REWE International AG in Wiener Neudorf bei Wien aus wird jedoch nicht nur das gesamte Vollsortiment-Geschäft in Österreich gesteuert, sondern auch das Supermarktsegment der REWE Group in Italien und in sieben zentral- und osteuropäischen Ländern: in Bulgarien, Kroatien, Rumänien, Russland, der Slowakei, der Tschechischen Republik und in der Ukraine.
Im In- und Ausland beschäftigt die REWE International AG insgesamt rund 78.000 Personen und führt etwa 3.700 Filialen.
*Alle Zahlen aus Geschäftsjahr 2013"[2]

2005 gab es eine massive öffentliche Auseinandersetzung aufgrund der Arbeitsbedingungen bei BILLA. Als Reaktion darauf entwickelte sich eine neue Kooperation zwischen der GPA(-djp) und REWE, woraufhin eine Taskforce, also ein durch Arbeitgeber- und Arbeitnehmervertreter_innen besetzter arbeitsrechtlicher Ausschuss, installiert wurde, eine Mitarbeiterin mit der Werbung von Gewerkschaftsmitgliedern betraut wurde und eine intensivere Zusammenarbeit mit dem Betriebsrat entstand.

SPAR

entwickelte sich aus einem quasi Franchise-System für eigenständige Kaufleute zu einem der zwei dominanten Konzerne im Lebensmitteleinzelhandel. Die Gruppe übernahm Geschäfte von MEINL mit der heutigen Bezeichnung Gourmet Spar, wandelte die Meinl Ausbildungsaka-

2 Siehe unter https://www.rewe-group.at/Unternehmen/Ueber_uns/Ueber_Uns/rg_Content.aspx am 3. Oktober 2014 um 18:00 Uhr

demie in die SPAR Akademie um und formte große Konsumfilialen zu INTERSPAR Märkten. Heute umfasst die Gruppe:

- SPAR
- Gourmet SPAR
- EUROSPAR
- INTERSPAR
- MAXIMARKT
- Hervis

Mit 1.500 Niederlassungen erzielt dieses österreichische Familienunternehmen einen Marktanteil von 28,4 Prozent. Aus gewerkschaftlicher Sicht wurden seit 2009 kontinuierlich vorhandene Fehleinstufungen bearbeitet und seit 2010 ist eine Person damit beauftragt, Gewerkschaftswerbung durchzuführen.

ZIP Warenhandel AG

ZIP, den Konsument_innen bekannt als Zielpunkt, wurde als LÖWA Warenhandel GmbH von Walter Löwe und Jenö Eisenberger gegründet, an die deutsche Tengelmann-Gruppe verkauft und ab Mitte der 1990er Jahre in Zielpunkt umgebaut.

2012 gehörte das Unternehmen nach einem Management Buyout einer Investorengruppe um den Vorstandsvorsitzenden Satek. Er stellte den in Ostösterreich drittgrößten Lebensmitteleinzelhandelsfilialbetrieb mit Feinkostabteilung (in Kooperation mit Schirnhofer GmbH) dar und wird an dieser Stelle vor allem deswegen erwähnt, weil Ende 2011 eine Zerschlagung im Raum stand, welche zu einer weiteren Konzentration des Marktes geführt hätte.

2013 wurde ZIP schließlich von der Pfeiffer Handelsgruppe gekauft, zu welcher unter anderem auch Unimarkt gehört.

Eine intensivere Kooperation mit dem Betriebsrat und der Unternehmensleitung hat sich aus gewerkschaftlicher Sicht erst 2007 eingestellt. Damals wechselte die Betriebsratsbesetzung und so konnten lang bekannte, arbeitsrechtliche Missstände in Angriff genommen werden.

HOFER KG

Die deutsche ALDI Süd Gruppe übernahm im Jahr 1962 die von Helmut Hofer gegründete Filialkette HOFER und baute diese zum ersten Diskonter am österreichischen Markt auf. Das Konzept, Artikel zu günstigsten Preisen in den Filialen auf Paletten zu präsentieren, war gänzlich neu. Zuerst von der Konkurrenz belächelt, gewann das Unternehmen kontinuierlichen Marktanteil und eignete sich durch intensive und erfolgreiche Marketingmaßnahmen ein ausgezeichnetes Image an.

Starke Betriebsrät_innen erwirkten außerdem ein heute überdurchschnittliches Gehalt bei den Beschäftigten auf der Verkaufsfläche.

Dm drogerie markt GmbH

1976 in Österreich gegründet, ist DM neben BIPA einer der zwei großen Anbieter am Drogerieartikelmarkt. 5.572 Mitarbeiter_innen werden in 370 Filialen von einem aktiven Betriebsrat und zwei Gewerkschaften betreut, da DM auch Friseur- und Kosmetikdienstleistungen anbietet. Das Unternehmen kooperiert aufgrund der Entstehungsgeschichte traditionell mit dem SPAR Konzern.

Die veränderte Situation in der Branche stellte für die GPA Sektion Handel eine große Herausforderung dar. Parallel veränderten sich aber auch die Rahmenbedingungen für die gesamte Gewerkschaft der Privatangestellten, denn man beschloss als Reaktion auf einen kontinuierlichen Mitgliederverlust eine komplette Reorganisation.

5.3.1.9 Umstrukturierung der GPA im Zuge der OE-Reform 2000

Im Zuge der Organisationsentwicklungsreform der GPA im Jahr 2000 wurde eine gänzlich neue Struktur entwickelt. Anstelle von bisher sechs Fachsektionen, welche die Politik der GPA maßgeblich bestimmten, traten nun vier Geschäftsbereiche. Einer dieser ist der Geschäftsbereich Interessenvertretung. Er bildet seit 2000 die zentrale Einheit für die Verhandlung der rund 170 Kollektivverträge im Angestelltenbereich. Die bisherigen Sektionen und Fachgruppen wurden zu insgesamt derzeit 26 Wirtschaftsbereichen zusammengefasst.

Verantworteten bislang die Sektionen und deren Fachgruppen fast autonom die Kollektivvertrags- und Branchenpolitik, wurden nun, durch die Zusammenfassung dieser in einen gemeinsamen Bereich, erstmalig in der GPA allgemein verbindliche Standards für die Kollektivvertragsprozesse gestaltet. Rückwirkend betrachtet führte dies zu einer Stärkung der Kollektivvertragspolitik auch im Bereich des Handels. Von Anfang an war der Kollektivvertrag im Handel ein Leitkollektivvertrag für die gesamte Dienstleistungsbranche. Durch rascheren Informationsaustausch und flexibler Zusammenarbeit zwischen den Wirtschaftsbereichen konnte die Gesamtstrategie über die Branchen hinweg besser durchgesetzt werden. Anfangs gab es im Bereich der Handelsfunktionär_innen großes Misstrauen, ob die zentralen Anliegen wie Öffnungszeitenpolitik oder der arbeitsfreie Sonntag auch weiterhin mit Nachdruck durch die neuen Strukturen verfolgt werden würden. Es ist erfreulicherweise festzustellen, dass es durch die organisationspolitischen Änderungen in diesen zentralen, inhaltlichen Fragen zu keinem Bruch der Kontinuität kam.

Mit der Organisationsänderung war auch die Trennung der operativen Bereiche Mitgliederbetreuung/Betriebsratsarbeit einerseits und Kollektivvertragspolitik bzw. Branchenentwicklung andererseits verbunden. Während dies in der Altstruktur in einem durchgeführt wurde, kam es nun zur Aufteilung zwischen Geschäftsbereich Interessenvertretung und den Regionalgeschäftsstellen.

Im Handel gab es diesbezüglich auf haupt- und ehrenamtlicher Ebene große Akzeptanzprobleme. Die neue Struktur wurde zum Teil als „Entwertung“ erlebt. Man hegte große Skepsis gegenüber den damit verbundenen Chancen für eine verbesserte Organisationsarbeit. Mit fortschreitendem Generationswechsel verschwanden die Vorbehalte und es stellten sich zum Teil beachtliche Mitgliederzuwächse ein. Durch den Wegfall der zum Teil aufgeblähten Fachgruppenstruktur gingen zwar Funktionär_innen in einer Struktur der GPA verloren, diese blieben aber oftmals im Betriebsrat und waren somit wieder „klassische“ Betriebsfunktionär_innen bzw wurden durch andere Strukturelemente (Interessengemeinschaften, Betriebsrätearbeitsgemeinschaften) wieder an die Organisation angebunden.

Es dauerte dennoch bis Mitte des letzten Jahrzehnts, wieder gewerkschaftliche Schlagkraft zu entwickeln.

Die GPA errang im Zuge von Kampagnen wie z. B. im Rahmen von Betriebsratswahlen bei Schlecker und KiK wieder Respekt auf der Arbeitgeber_innenseite, was im Endeffekt zu einer neuen Form der Kooperation in den Betrieben REWE, Zielpunkt und SPAR führte. Heute führen eigens abgestellte Personen in diesen Betrieben die Mitgliederwerbung höchst erfolgreich durch.

Es gibt teilweise gut funktionierende regionale Wirtschaftsbereiche und einen vitalen Bundesausschuss, welcher vor allem in den letzten Jahren eine höhere Bereitschaft für Konflikte zeigte.

Das oben beschriebene Oligopol an Handelskonzernen ist gewerkschaftlich organisiert und die jeweiligen Betriebsratskörperschaften beteiligen sich im Rahmen von gewerkschaftlichen Aktionen.

Der zerfleischende Wettbewerb ist freilich weiterhin im Gange. Ich werde noch darstellen, dass die Situation der Beschäftigten aufgrund dieses Umstandes keine Besserung erfahren hat.

Erich Reichelt meint diesbezüglich, dass das Angebot in den Geschäften überdimensioniert ist. *„Das bieten zu können, geht nur am Buckel der Beschäftigten, sonst wären die Geschäfte alle konkursreif.“* (Interview Reichelt 5. Juni 2012 1:37:20)

5.3.1.10 Zusammenfassende Schlüsse aus den dargestellten Entwicklungen

- Die Handelsangestellten sind von jeher ein fixer, wichtiger Bestandteil der Österreichischen Gewerkschaftsbewegung.
- Ihre Arbeitsbedingungen und der Aufbau von Organisationsmacht in diesem Bereich stellten die GPA-djp und alle Vorgängerorganisationen vor große Herausforderungen.
- Die Konzentration der Unternehmen im filialreichen Einzelhandel ist einerseits eine Gefahr aufgrund der Marktmacht, andererseits bietet die große Abdeckung durch Betriebsratskörperschaften einen bereits etablierten Zugang zu den Beschäftigten.
- Die früheren hohen Organisationsgrade wurden durch konsequente Werbeaktivitäten der Betriebsräte bewirkt.

- Die GPA-djp räumt den Aktivitäten im Handel heute hohe Priorität ein.

5.3.2 Aktuelle interessenpolitische Positionen der Organisation

Wie dem historischen Querschnitt zu entnehmen ist, war das **Thema Arbeitszeit** immer das zentrale Element bei den Verhandlungen zwischen den Sozialpartner_innen.

Die ausgedehnten Öffnungszeiten und die damit verbundenen langen, das Sozialleben belastenden Arbeitszeiten stellten ein verbindendes Themenfeld dar, wo erfolgreich mobilisiert und Erfolge verzeichnet wurden. Dieses Themenfeld ist, wenn man von den reinen Gehaltsverhandlungen absieht, nach wie vor dominant.

Konkret wird, nachdem die **Öffnungszeiten** in den letzten Jahrzehnten wieder auf Montag bis Freitag 21:00 Uhr und Samstag 18:00 Uhr ausgedehnt wurden, darüber verhandelt, wie die damit verbundenen **Zuschläge** vereinheitlicht werden können. Die Arbeitgeberseite verbindet dies mit dem Wunsch nach Reduktion der Zuschläge.

Die Möglichkeit, die Mitarbeiter_innen nur jeden zweiten **Samstagnachmittag** zu beschäftigen, wird von der Arbeitgeberseite als zu einschränkend abgelehnt. Von Seiten der GPA-djp wird z. B. das Modell einer verpflichtenden Vier-Tage-Woche mit erhöhtem Urlaubsanspruch wieder in die Debatte eingeführt, ein Modell, welches in den 1970er Jahren bereits diskutiert wurde.

Der Verfassungsgerichtshof beschäftigte sich in der Sommer-Session 2012 mit der Frage der **Sonntagsöffnung**. Der Einkaufscenterbetreiber Richard Lugner hatte die erkämpfte gesetzliche Regelung als verfassungswidrig angefochten, da er die Freiheit der Gewerbetreibenden über Gebühr eingeschränkt sah. Die Klage wurde vom Verfassungsgerichtshof abgewiesen. In Salzburg wurde die Sonntagsöffnung für einen großen SPAR-Supermarkt im Bahnhofsgelände von der Landesregierung erlaubt. Die Verordnung über die Öffnungszeiten für bestimmte Verkaufsstellen am Salzburger Hauptbahnhof wurde am 30. Mai 2012 unterzeichnet.

Abbildung 5–6: Aktionen im Handel

Beides beweist, dass die **Konfliktfelder im Handel** eine **hohe Kontinuität** aufweisen, wie auch den Arbeitsschwerpunkten der GPA-djp für das Jahr 2012 zu entnehmen ist:

- *„Maßnahmen zur Mitgliedergewinnung*
- *Arbeitsfreier Sonntag*
- *Weiterentwicklung Handels-KV*
- *Fortsetzung der Task Forces (arbeitsrechtliche Ausschüsse in Unternehmen)*
- *Arbeitnehmerschutz und Betriebliche Gesundheitsförderung*
- *Verbesserung der betrieblichen Durchsetzungsfähigkeit“ ([GPA-djp, 2012])*

Neue Initiativen wurden in den letzten Jahren von den Regionalgeschäftsstellen der GPA-djp im Bereich der **gesundheitlichen Rahmenbedingungen** eingeleitet. Wissenschaftliche Erhebungen über den Arbeitnehmer_innenschutz (siehe Kapitel 5.4.4) und neue partizipative Meinungsfindungsprozesse (siehe Kapitel 5.5.2) bei der Erstellung einer Kollektivvertragsforderung für betriebliche Gesundheitsförderung wurden entlang dieses Themenkomplexes durchgeführt.

Arbeitsrechtliche Task Forces, also sozialpartnerschaftlich zusammengesetzte Problemlösungsgruppen für Schwerpunktbetriebe und damit verbundene Organisierungsbemühungen für einen Betriebsrat und Mitglieder sind Modelle, welche seit 2005 forciert werden. Sie sollen aus Sicht der GPA-djp neben der raschen und unbürokratischen Behebung von arbeitsrechtlichen Missständen dazu dienen, eine sozialpartnerschaftliche Dialogebene in diesen Betrieben zu etablieren. Über diesen Zugang erhofft man, Potentiale besser ausschöpfen zu können.

Abschließend kann ich nach zehn Jahren Beobachtung feststellen, dass die GPA-djp aus meiner Sicht in diesem Segment einen schwierigen Kurs zwischen sozialpartnerschaftlicher Tradition, aktiven Protesten mit Öffentlichkeitswirkung, wechselnden Verhandlungspartnern und großen Unsicherheiten bei der Mobilisierungsfähigkeit beschreitet.

Der Zusammenbruch der gewerkschaftlichen Bastionen der Konsumgenossenschaften und Kaufhäuser ist nach wie vor insofern nicht überwunden, als man die Eskalation ab einem gewissen Zeitpunkt der Kollektivvertragsverhandlungen scheut, nämlich dann wenn es darum geht, die Aktionsfläche des eigenen Betriebes zu betreten. Dies fußt auf mangelndem Selbstvertrauen und dem Mangel eines unbedingten Willens der maßgeblichen Betriebsräte. Allerdings gibt es positive Ansätze wie die Aktionstage im Zuge der Gehaltsrunde 2012, wo an einem bestimmten Tag in rund 160 Betrieben des Handels Informationsversammlungen abgehalten wurden.

5.3.3 Der Kollektivvertrag

Ein Mittel der Gewerkschaften, die Arbeitsbedingungen in einer Branche zu regeln, ist das Instrument eines verbindlichen Vertrages, welcher für die gesamte Branche abgeschlossen wird. In Österreich legitimiert das Arbeitsverfassungsgesetz die Gewerkschaft bzw. Arbeiterkammer einerseits, und die Wirtschaftskammer bzw. kollektivvertragsfähige Arbeitgebervereinigungen andererseits, solche Kollektivverträge abzuschließen. Das Gesetz sieht vor, dass er vor allem *„[…] die gegenseitigen aus dem Arbeitsverhältnis entspringenden Rechte und Pflichten der Arbeitgeber und der Arbeitnehmer [und] […] sonstige Angelegenheiten, deren Regelung durch Gesetz dem Kollektivvertrag übertragen wird*“, regelt.[3] Vorab muss ich feststellen, dass im gewerkschaftlichen Sprachgebrauch international unterschiedliche Sektoren der Wirtschaft als Handel zusammengefasst werden.

So stellt sich in Österreich die Situation so dar, dass aufgrund von Ausgliederungen bzw. der Verlagerung von Produktionseinheiten in Länder mit billigeren oder unregulierten Lohn- und Arbeitsbedingungen immer mehr Betriebe, welche früher der Industrie zuzurechnen waren, plötzlich in den Geltungsbereich des Kollektivvertrages für Angestellte im Handel fallen.

3 § 2 ArbVG [Abfrage: Bundeskanzleramt Rechtsinformationssystem http://www.ris.bka.gv.at/ (Einzelabfrage http://tiny.cc/vvcihw am 25. Juni 2012 um 11:45 Uhr)]

Dies deckt schon einen großen Unterschied zwischen Österreich und dem Rest der Welt auf, nämlich das Kollektivvertragssystem und die damit verbundenen Traditionen.

Es besteht in Österreich ein überdurchschnittlich hoher kollektivvertraglicher Abdeckungsgrad des Arbeitsmarktes der unselbstständig Erwerbstätigen von 98 bis 99 Prozent.[4] Das bedeutet, dass für so gut wie jede/n unselbstständige Erwerbstätige/n neben den Gesetzen ein Vertrag gilt, welcher für die Branche wenigstens Arbeitszeiten, Überstunden, Gehaltsansätze und die Sonderzahlungen für Urlaub und Weihnachten regelt.

Die Qualität dieses Kollektivvertrags hängt vom Verhandlungsgeschick, Organisationsgrad, Aktionismus der Sekretäre, Funktionär_innen und Mitglieder, Tradition und der wirtschaftlichen Entwicklung der Branche ab.

Der Kollektivvertrag für Angestellte im Handel zeichnet sich dadurch aus, dass er Entwicklungen bei der Ausweitung von Ladenöffnungszeiten in einer hohen Qualität begleitet hat. So gibt es zum Beispiel die Regelung, dass für geleistete Normalarbeitszeit, also reguläre Arbeitszeit im Rahmen des Arbeitsvertrages, prinzipiell ab 18:30 für eine geleistete Stunde 42 Minuten Zeitbonus auf ein Zeitkonto gesammelt werden. Ab 20:00 Uhr bekommt der/die Angestellte sogar für eine geleistete Arbeitsstunde eine ganze Stunde Zeitausgleich. Für Samstagsarbeit, welche ab 13:00 Uhr mit einem Zeitzuschlag von 50 Prozent zusätzlich vergütet wird, gilt, dass der Mitarbeiter prinzipiell nur jeden zweiten Samstag zur Arbeit herangezogen werden darf.

Es ist generell in Österreich üblich und wird auch nicht in Frage gestellt, dass jeder Angestellte zwei Sonderzahlungen erhält. Nach fünf Jahren Betriebszugehörigkeit wird die Kündigungsfrist verlängert und alle Vordienstzeiten als Angestellte/r werden auf das Gehaltsschema, welches sich durch ein fast durchgängiges Biennal-, also Zweijahressprungsystem, bis zum 18. Berufsjahr charakterisiert, angerechnet.

4 EIRO 2007 unter http://www.eurofound.europa.eu/eiro/country/austria_1.htm, am 14. August 2012 um 1:30 Uhr

Der Kollektivvertrag regelt weiters die wöchentliche Normalarbeitszeit von 38,5 Stunden, Entlohnung bei Messen, Dienstreisen, Freizeit bei besonderen Anlässen, Anrechnung von Karenzzeiten u. v. m.

Wenn man einen Vergleich mit allen ca. 860 Kollektivverträgen Österreichs vornimmt, kann man durchaus von einem qualitativ hochwertigeren Vertragswerk sprechen. Man darf allerdings nicht außer Acht lassen, dass die Gehaltsansätze selbst sehr niedrig angesiedelt sind, nach jeder Gehaltsrunde lediglich diese erhöht werden und zusätzlich vereinbart wird, dass allfällige Überzahlungen aufrecht erhalten werden müssen. Tritt also die oben beschriebene Situation ein, dass ein Beschäftigter aufgrund von Ausgliederung bzw. Umstrukturierung aus dem Geltungsbereich des Kollektivvertrages der Industrie in den Geltungsbereich des Kollektivvertrags für Angestellte im Handel gerät, so ist dies immer mit einer Verschlechterung im Bereich der Gehaltsentwicklung verbunden. Die Gehaltsansätze in der Industrie sind traditionellerweise höher. Dies hat vor allem mit zwei Phänomenen zu tun. Einerseits findet man andere Betriebsstrukturen mit höheren gewerkschaftlichen Organisationsgraden, andererseits haben der Einfluss der verstaatlichten Industrie, ergänzt mit einer gewerkschaftlichen Taktik der Globalrunde dazu geführt, dass alle Branchen, welche der Industrie zuzurechnen sind, von einem einheitlichen Mantelvertrag profitiert haben. Die Betriebsstruktur von Industriebetrieben konzentriert eine größere Anzahl von Mitarbeiter_innen auf einen Standort. Damit ist es einfacher für Betriebsratsmitglieder, gewerkschaftliche Vertrauensleute oder Gewerkschaftssekretäre, mit Mitarbeiter_innen effizient Kontakt zu halten. Es ist leichter eine Versammlung zu organisieren und gewählte Vertreter_innen haben einfacheren Zugang zu den Kolleg_innen. Daraus ergibt sich in entscheidenden Bereichen, wie der Metallindustrie, ein hoher Grad von gewerkschaftlich organisierten Arbeitnehmer_innen. Diese stellen ein ernstzunehmendes Drohpotential der Gewerkschaft im Konfliktfall gegenüber den Arbeitgebern oder dem politischem Establishment dar. Die Industriebetriebe verfolgten bis 2001 die Strategie, stets nur gemeinsam einen Abschluss zu tätigen. Eine Drohung, zu gewerkschaftlichen Kampfmaßnahmen zu greifen, blieb also so lange aufrecht, bis auch z. B. die schlechter organisierte Lederindustrie einen

Abschluss getätigt hatte. Diese „Globalrundenstrategie“ bescherte den Angestellten der Industrie ein relativ hohes Gehaltsniveau und entwickeltes Rahmenrecht.

Wird nun die Produktion geschlossen und der Kollektivvertrag gewechselt, bekommt der/die Angestellte zwar weiterhin das gleiche Gehalt, aber die Grundlage für die Entgeltfindung, wie Überstundenteiler, Erhöhung des Gehalts mit einem einheitlichen Prozentsatz oder die Spesenaufwandsersätze können verändert werden. Dies kann im Fall des Kollektivvertragwechsels in den Handel dazu führen, dass Angestellte für Jahre lediglich Erhöhungen erfahren, welche sich unterhalb der Inflationsrate befinden.

In anderen Bereichen, wo weder starke Betriebsratsstrukturen noch eine Tradition vorhanden sind, sichern Kollektivverträge de facto lediglich die Sonderzahlungen ab. Gegenüber diesen stellt der Kollektivvertrag für Handelsangestellte ein Hochqualitätsprodukt dar.

Viele Angestellte im Einzelhandel sehen den Zusammenhang zwischen der Gehaltsentwicklung und den Kollektivvertragsabschlüssen und erkennen damit die Abhängigkeit von einer starken Gewerkschaft. Sie verstehen die Gewerkschaft auch oft als Rechtsschutzversicherung und sind gelegentlich bereit, diese in Anspruch zu nehmen. Viele resignieren allerdings auch, wenn es um betriebliche Konflikte geht. Sie sehen ihre Umstände als unveränderlich und fühlen sich machtlos gegenüber dem Arbeitgeber.

Teile der Angestellten im Großhandel und in Betrieben, welche aus dem Geltungsbereich eines Kollektivvertrages mit höheren Gehaltsansätzen in den Geltungsbereich des Kollektivvertrags für Angestellte im Handel überstellt werden, sehen wiederum keine große Verbindung zu den jährlichen Gehaltsverhandlungen. Die individuellen Gehälter werden zwar um den Euro-Betrag, um welchen die Mindestgehaltsansätze erhöht werden, angehoben, aber dies führt regelmäßig dazu, dass bei vielen, wie oben beschrieben, nicht einmal die Inflationsrate abgedeckt ist.

Vor allem für Betriebsräte, aber auch für Mitglieder ist das gewerkschaftliche Drohpotential bei betrieblichen Konflikten entscheidend. Auseinandersetzungen wie bei KiK (siehe 5.6.1.1), Schlecker (siehe

5.5.3) und BILLA haben dazu beigetragen, das Profil der Gewerkschaft zu schärfen. In vielen betrieblichen Auseinandersetzungen ist es momentan ausreichend, die Drohung auszusprechen, dass man die Gewerkschaft mit der Untersuchung der Ursache der Unstimmigkeit beauftragen werde, um seine Ansprüche erfolgreich geltend zu machen.

5.4 Das Forschungsfeld: filialreicher Einzelhandel

Im folgenden Abschnitt wird das konkrete Forschungsfeld und damit auch eines meiner beruflichen Wirkungsfelder, nämlich der filialreiche Einzelhandel detailliert beschrieben. Ich stütze mich dabei auf persönliche Erlebnisse und Eindrücke aus zehn Jahren gewerkschaftlicher Betreuungs- und Interessenvertretungsarbeit sowie auf Statistiken, Studien u.a. aus Österreich, aber auch aus Deutschland, da beide Länder sowohl von der gewerkschaftlichen Tradition als auch von der Struktur des Einzelhandels ähnlich sind und wesentliche Marktteilnehmer in Österreich deutsche Konzerne sind.

5.4.1 Statistische Betrachtungen zum Forschungsgebiet des filialreichen Einzelhandels

Wie aus den Erläuterungen im historischen (siehe Kapitel 5.3.1.7) und strukturtheoretischen (siehe Kapitel 5.4.2) Teil hervorgeht, hat sich die Erscheinungsform des Einzelhandels immer wieder stark gewandelt. Eine Momentaufnahme bietet die Studie der KMU Forschung aus dem Jahr 2010 über die strukturelle Beschaffenheit des Wirtschaftsbereichs. Im Anschluss folgen nun zuerst grundlegende Koordinaten der vorliegenden Forschungsarbeit, die helfen, das Anwendungsgebiet für mögliche Strategien abzustecken. Daran schließen statistische Erhebungen und Folgerungen der Arbeiterkammer, welche sich regelmäßig mit quantitativen Nachforschungen in der Arbeitswelt Handel auseinandersetzt. Da diese Arbeit sich schwerpunktmäßig mit dem filialreichen Einzelhandel beschäftigt, sollen vorab grundlegende Begriffe bestimmt werden.

5.4.1.1 Definitionen:

- *„Der **Filialisierungsgrad** ist der Anteil der Einzelhandelsfilialen an den gesamten Einzelhandelsgeschäften. Der **Filialflächenanteil** gibt den Anteil der Verkaufsfläche der filialisierten Geschäfte an der gesamten Verkaufsfläche im stationären Einzelhandel wieder.“*
- *„**Filialisten** sind Unternehmen, die mindestens eine weitere Verkaufsstelle (Filiale) an einer von der Zentrale verschiedenen Adresse betreiben. Franchisegeber und Zentralen von Kooperationen und Verbundgruppen gelten nicht als Filialisten.“*

([KMU Forschung Austria, 2010], 7)

5.4.1.2 Geschäfte in Österreich

Im ersten Quartal 2010 entfielen von rund 50.900 Geschäften in Österreich insgesamt 45.400 auf den Einzelhandel. Die größte Gruppe innerhalb dieses Segments mit 5.800 Verkaufsstellen stellt der Einzelhandel mit Lebensmitteln dar. Der Einzelhandel mit kosmetischen Erzeugnissen rangiert auf Platz 3 mit 2.800 Geschäften. ([KMU Forschung Austria, 2010], 11)

5.4.1.3 Verkaufsflächen in Österreich

Eine Analyse der Verkaufsfläche der Geschäfte im Zeitvergleich seit 2004 zeigt, „[…] dass bei sinkender Anzahl der Geschäfte die Verkaufsfläche zwar nicht übermäßig stark, aber dennoch kontinuierlich zunimmt.“ Von 2004 mit 15.540.000 Quadratmetern auf 16.020.000 Quadratmetern im ersten Quartal 2010, wobei 14.120.000 Quadratmetern auf die Einzelhandelsgeschäfte entfallen. „Diese gegenläufige Entwicklung der Geschäftsanzahl versus Verkaufsflächen macht deutlich, dass das Verkaufsflächenwachstum auf den Ausbau bestehender und insbesondere auf die Neueröffnung größerer (zumeist filialisierter) Geschäfte zurückzuführen ist. Kleine (zumeist nicht-filialisierte) Geschäfte scheiden hingegen zunehmend vom Markt aus." ([KMU Forschung Austria, 2010], 12) „Die **Zahl der Geschäfte** ist weiterhin **rückläufig**, wobei bei differenzierter Betrachtung die Zahl der Filialen weiter steigt und jene der nicht-filialisierten Geschäfte weiter abnimmt. Dies führt zu steigenden Konzentrationstendenzen, die insbesondere im Einzelhandel mit kosmetischen Erzeugnissen und im Einzelhandel mit Lebensmitteln bereits sehr weit fortgeschritten sind." ([KMU Forschung Austria, 2010], 21)

5.4.1.4 Konzentration stationärer Einzelhandelsgeschäfte

Den gesamten Einzelhandel betrachtend wurde festgestellt, dass der Filialisierungsgrad zwischen 2004 und 2008 von 31,5 Prozent auf 36,9 Prozent gestiegen ist. Damit einher ging eine Erweiterung der Verkaufsfläche dieser „Filialisten" von 51,6 Prozent auf 61,9 Prozent gemessen an der Gesamtverkaufsfläche in Österreich. Der Lebensmitteleinzelhandel ist dabei mit rund 67 Prozent Filialisierungsgrad und 86 Prozent des Filialflächenanteils hinter dem Einzelhandel mit kosmetischen Erzeugnissen mit 82 Prozent Filialisierungsgrad und 93 Prozent Verkaufsflächenanteil weit über dem Schnitt. ([KMU Forschung Austria, 2010], 18 f) Wenn man diese Entwicklung den Beschäftigtenzahlen gegenüberstellt, ist festzustellen, dass 2007 im Einzelhandel mit Waren verschiedener Art in Verkaufsräumen (EH m. W. versch. Art) 51,2 Prozent der Beschäftigten in Betrieben mit einer Betriebsgröße von 500 und mehr Beschäftigten arbeiten und in Apotheken, Facheinzelhandel mit medizinischen und orthopädischen Artikeln (Fach-EH m. Med., orthop. Artikel) immerhin 20,2 Prozent in dieser Größenklasse. ([AK Wien, 2009], 17)

5.4.1.5 Brutto-Quadratmeterumsätze

Im Jahr 2009 ergab sich auf diesen Flächen ein durchschnittlicher Brutto-Jahresumsatz von rund 4.070,00 Euro pro Quadratmeter Verkaufsfläche.

In den für dieses Forschungsprojekt relevanten Sektoren lag der Wert im Lebensmittel-Einzelhandel mit 5.940,00 Euro pro Quadratmeter klar über dem Branchenschnitt und im Einzelhandel mit kosmetischen Erzeugnissen mit 3.650,00 Euro leicht darunter. ([KMU Forschung Austria, 2010], 16)

5.4.2 Unternehmensregime

Wie in der historischen Abhandlung bereits angedeutet, dominieren im österreichischen Einzelhandel die Unternehmensnetzwerke. De facto beherrschen drei Anbieter den österreichischen Markt. Um diese Situation gebührend einschätzen zu können, folgt nun eine einleitende theoretische und ausführlichere exemplarische Analyse dieses Themenfeldes.

5.4.2.1 Theoretische Begriffsherleitung: Unternehmensnetzwerke

In Unternehmensnetzwerken sind rechtlich selbstständige Unternehmungen, die jedoch zumeist wirtschaftlich abhängig sind, eher kooperativ als wettbewerblich und relativ stabil, eingebunden. Die ökonomischen Aktivitäten dieser Betriebe werden „unternehmensübergreifend integriert und differenziert, um damit eine unter Gewinnerzielungsgesichtspunkten optimale Verteilung der Funktionen bzw. Strukturierung der Wertschöpfungskette zu erreichen.“ ([Wirth, 1994], 15)

„Zu diesem Zweck werden Make-or-Buy (also selber produzieren oder kaufen und integrieren) Überlegungen angestellt, wobei im Fall von Buy (also kaufen) die Produktion des Gutes bzw. der Dienstleistung eng koordiniert wird. Eine spezielle Ausprägung von Unternehmungsnetzwerken stellen strategische Netzwerke dar.“ (J. Sydow, 1992, strategische Netzwerke. Evolution und Organisation, 74 ff in [Wirth, 1994], 15). In diesen werden die strategisch relevanten Entscheidungen von einer oder mehreren zentralen Unternehmungen getroffen. Diese/s entscheidet/-en z. B. wer die Funktion der primären Wertschöpfungsaktivität ausführt. ([Wirth, 1994], 15)

5.4.2.2 Praktisches Beispiel: das strategische Unternehmensnetzwerk REWE

Ich habe diesen Einstieg gewählt, weil sich diese Struktur im österreichischen Einzelhandel häufig wiederfindet, was ich am Beispiel REWE im Anschluss illustriere.

Dieser deutsche Konzern deckt mittlerweile mit seinen Unternehmen BILLA, BIPA, Merkur, ADEG, Sutterlüty und Tante Emma eine breite Palette des Einzelhandels ab. (Siehe auch bei REWE auf S. 48)

Die einzelnen Unternehmen in Österreich werden zentral gesteuert, bleiben aber eigene organisatorische Einheiten. Eigene Geschäftsführer, eigene Buchhaltung, eigene Ziele, eigene Geschäftsphilosophien, ja sogar eigene Organisationsstrukturen und -entwicklungen sind Teil dieses Konzepts.

Gesamt hat der Konzern in Österreich rund 40.000 Beschäftigte in 2.500 Filialen mit ca. 7,5 Milliarden Euro Umsatz. REWE besitzt mit Spar und Hofer gemeinsam knapp 80 Prozent Marktanteil. (Siehe Kapitel 5.3.1.8)

Aufgrund der Konzentration des Marktes kam der Verdacht von Preisabsprachen auf, woraufhin im Februar 2012 Razzien von der Bundeswettbewerbsbehörde in der Konzernzentrale durchgeführt wurden.

REWE bzw. BILLA trifft immer wieder Make-or-Buy-Entscheidungen. Aus dem vormals reinen Wiederverkäufer ist mittlerweile ein Konzern gewachsen, der drei verschiedene Kundensegmente – nämlich das Preiseinstiegsniveau mit CLEVER, das Mittelsegment mit einer günstigen Leistungsmarke „BILLA“ und den Premiumbereich mit JA!natürlich – mit Eigenmarkenprodukten abdeckt. ([Hensel, 2012], 3) Die Eigenmarken werden teils in eigenen Produktionsbetrieben, teils von den Produzenten der übrigen Markenartikel hergestellt.

Letztendlich hat das strategische Unternehmensnetzwerk durch die mehrheitliche Auslagerung der Produktion das wirtschaftliche Risiko massiv delegiert. Sollte sich ein Produkt nicht verkaufen, wird über Aktionen, welche sich auch auf den Anschaffungspreis auswirken, versucht, das Produkt besser zu positionieren und nachhaltige Nachfrage zu wecken. Schlägt dies fehl, wird die Produktion eingestellt, was letztendlich von den Produktionsbetrieben abzuwickeln ist. Das bedeutet, dass allfällige neue Produktionsmittel, aber auch Entwicklungskosten zu Lasten der Produktionsbetriebe fallen und das Personal von ihnen abgebaut werden muss. Ermöglicht wird diese mächtige Position durch die Abhängigkeit der Produktionsbetriebe von der Listung und Positionierung ihrer Markenprodukte in den Verkaufsstellen des Konzerns.

Versuche der Produktionsbetriebe, sich den Konditionen des Konzerns nicht zu unterwerfen, waren nicht erfolgreich, was sich bereits 1997 abzeichnete, wo Spar und Meinl die Anhebung des Anteils an Eigenmarken von 25 Prozent auf 50 Prozent bis 2000, begleitet von einer Werbeschlacht, in welcher die finanzschwächeren Produktionsbetriebe unterliegen würden, ankündigten.[5] Dies deckt sich mit persönlichen Erfahrungen beim Süßwarenproduzenten Walter Niemetz Gmbh & CO KG, welcher letztendlich immer die Rahmenbedingungen und Konditionen von den Wiederverkäufern diktiert bekam.

Wenn man die Branche Einzelhandel betrachtet und auf dieser Makroebene die Strukturen analysiert, darf man meines Erachtens die andere Seite des Marktes, nämlich die Verbraucher_innen, nicht außer Acht lassen. Um also eine Einschätzung der aktuellen Lage und zukünftigen Entwicklungen anstellen zu können, folgt nun ein Exkurs über die Entwicklungen im Bereich der Verbraucher_innen.

5.4.2.3 Exkurs: Gewandeltes Verbraucherverhalten

Längerfristig betrachtet kann man feststellen, dass die gestiegene Mobilität, die Ausweitung des Individualverkehrs, letztlich auch der gestiegene Wohlstand und das stärkere Preisbewusstsein dazu geführt haben, dass ab den späten 1960er Jahren in Europa eine Ausweitung großflächiger Betriebsformen um sich gegriffen hat. ([Wirth, 1994], 39)

5 Siehe Wirtschaftsblatt am 25. Jänner 2013 unter http://wirtschaftsblatt.at/archiv/unternehmen/937006/print.do

In Österreich haben die großen Anbieter im Laufe der Zeit mit verschiedenen Geschäftsmodellen versucht, unterschiedliche Kundensegmente anzusprechen. Hier sind zu nennen:

- der filialreiche Einzelhandel (z. B. Meinl, Konsum, BILLA, Hofer, etc.), der nach und nach selbstständige Kaufleute verdrängte
- große Kaufhäuser (z. B. Herzmansky, Staffa, Gerngross), die sich zu Einkaufszentren gewandelt haben und
- Supermärkte (Interspar, Merkurmarkt, etc.) mit einer breiten Produktpalette von Lebensmitteln bis Textilien und Diskontschienen.

Gleichzeitig entwickelte sich ein hybrider Käufertyp, der seine Grundnahrungsmittel und Waren des täglichen Gebrauchs im Diskonter bzw. im regulären Selbstbedienungseinzelhandel kauft, und nur vereinzelt hochwertige Güter im Fachgeschäft erwirbt, welches mittlerweile auch großteils im Franchise-System organisiert ist. ([KMU Forschung Austria, 2009], 22, 25)

Eine sich immer stärker etablierende Konsumvariante ist der Einkauf im Internet, welcher über Systeme wie Geizhals oder neuerdings über Gutschein-Anreizsysteme wie Groupon in Erscheinung tritt. Der Lebensmittel- und Drogerieeinzelhandel, meist mit nachgelagertem Auslieferungsservice, hat Versuche in diese Richtung unternommen. Konkret hatte zB die Anton Schlecker GmbH ihre Mitarbeiter_innen dazu verpflichtet, Kunden zum Kauf auf der Online-Plattform zu animieren.

Bis jetzt ist allerdings bei den Produkten des täglichen Bedarfs kein nennenswerter Trend in diese Vertriebsschiene festzustellen. Lediglich ältere Personen bzw. Menschen mit Mobilitätseinschränkungen nehmen dieses Angebot im urbanen Bereich in Anspruch, da einerseits die Preise höher sind und andererseits der klassische „Einkauf“ für viele Pensionist_innen eine willkommene Abwechslung und Aufgabe darstellt, welche oft die einzige Interaktion mit anderen Menschen ermöglicht.

Trends im Konsumverhalten sind grundsätzlich langfristige Tendenzen, welche einen größeren Teil der Bevölkerung früher oder später, direkt oder indirekt betreffen. Um langfristige Prognosen zu erstellen, ist es wichtig, sowohl nachfrage- als auch angebotsseitig zu analysieren und damit Trend-Sets zu entwickeln.

- *„Nachfrageseitig lassen sich einerseits sozioökonomische Trends (z. B. Verschiebung der Altersstruktur, Zunahme der Singlehaushalte, etc.) identifizieren, andererseits herrschen auf der Nachfrageseite auch spezifische Konsumententrends vor, die aus veränderten Motiven, Einstellungen und Verhaltensweisen hervorgehen (z. B. Convenience, Erlebnisorientierung, etc.).*
- *Auf der Angebotsseite zeigen sich sowohl konjunkturelle und strukturelle Entwicklungen als auch Veränderungen im Wettbewerbsumfeld, die vom Handel ganz bewusst gesetzt werden (z. B. Handelsmarkenstrategie, Verschwimmung von Branchengrenzen, „Aldisierung" des Handels, etc.)"*
  ([KMU Forschung Austria, 2009], 5)

In der bereits mehrfach zitierten Studie der KMU Forschung Austria aus dem Jahr 2009, die im Auftrag der Wirtschaftskammer Niederösterreich durchgeführt wurde, konnten dabei folgende Entwicklungen im Verbraucher_innenverhalten ausgemacht werden:

- „Weniger ist Mehr": Sparsamkeit wird nicht mehr als kleinbürgerlich, sondern als chic angesehen. Die Konsument_innen, welche zunehmend als Wechselkäufer in Erscheinung treten, sind mit Preisaktionen zu gewinnen und der Anbieter kann sich durch stärkere Qualitäts- und Serviceorientierung positionieren.
- „Bequem & Smart" umfasst die Einsparung von Zeit und Anstrengung („Convenience"). Dies äußert sich in einem steigenden Bedarf nach zusätzlichen Service- und Beratungsleistungen, aber auch in erweiterten Dienstleistungsangeboten und Öffnungszeiten.
- „Bewährtes bewahren" resultiert in einer verstärkten Nachfrage an Sicherheit und Vertrauen und damit in einem erhöhten Qualitätsbewusstsein beim Kauf von Lebensmitteln.
- „Nachhaltig Leben": Von Bio bis Fair Trade sind Trends abzulesen, die auf Regionalität, Frische, Authentizität und soziale Verantwortung abzielen. Diese Entwicklung soll trotz der schlechteren wirtschaftlichen Lage andauern und ist, so die Empfehlung der Expert_innen, durch bewusstseinsbildende Maßnahmen zu forcieren.

- „Zu sich finden" ist ein Trend, der sich mit dem Schlagwort „Wellness" in den Produktanpreisungen wiederfindet. Im Lebensmitteleinzelhandel wird dieses Themenfeld durch den Begriff „functional food" ergänzt. Es sind Produkte, die die Gesundheit und das Wohlbefinden durch spezielle, meist in der Produktion erzeugte Eigenschaften unterstützen. Im Drogerieeinzelhandel findet man diesbezüglich beispielsweise bei dm Drogeriemarkt GmbH die „Gesunde Pause", eine Nische im Ladengeschäft, wo gesunde Lebensmittel zum Verzehr persönlich angeboten und zubereitet werden.
- „Mehr Erleben": Konsument_innen fordern in Zeiten ausgeprägter Individualisierung individuelle Problemlösungen und Bedürfnisbefriedigung, sie erwarten eine bevorzugte Behandlung, individuelles Service und wollen sich von der Masse abheben.

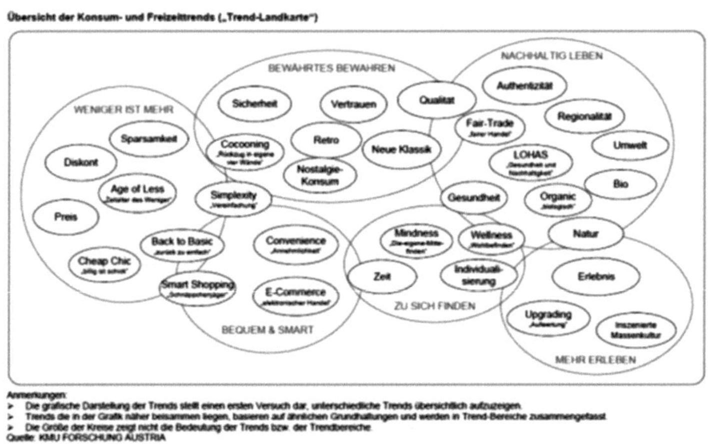

Abbildung 7: Übersicht der Konsum- und Freizeittrends ([KMU Forschung Austria, 2009],8)

All diese Entwicklungen bedürfen eines massiven Personalaufwandes, was sowohl die Anzahl, die Arbeitsstunden und auch die Qualifizierung der Mitarbeiter_innen anbelangt. Leider sind in weiten Teilen des Lebensmitteleinzelhandels diese Trends zwar erkannt, der Schluss, der

Entwicklung durch Investitionen und Anstrengungen auf dem Personalsektor zu begegnen, ist jedoch noch nicht gezogen worden.

Nach diesen Makrobeobachtungen folgen nun detaillierte Beschreibungen über den gewerkschaftlichen Aktionsbereich: den Arbeitsplatz im filialreichen Einzelhandel.

Ich beginne mit einer demographischen Darstellung der Zielgruppe des Forschungsprojekts, nämlich den Angestellten.

5.4.3 Lebensraum Arbeitsplatz im filialreichen Einzelhandel

Um ein Bild dieser Zielgruppe zu zeichnen, bediene ich mich, neben Branchenanalysen der Arbeiterkammer und persönlichen Erfahrungen, des Arbeitsklimaindexes. Seit Juni 1997 gibt es diesen Maßstab für den wirtschaftlichen und sozialen Wandel aus der Sicht der Arbeitnehmer_innen. Die hier herangezogene Sonderauswertung ist ein gemeinsames Produkt der Arbeiterkammer Oberösterreich und der beiden Sozialforschungsinstitute IFES (Institut für empirische Sozialforschung) und SORA (Institute for Social Research and Analysis) und vergleicht Einzelhandelsbeschäftigte mit der Gesamtabfrage aus zwei Zeitperioden, nämlich 1998 bis 2000 und 2005 bis 2008.

Die Aussagen beruhen auf Befragungen von Stichproben unselbstständig erwerbstätiger Personen in ganz Österreich, wovon acht Prozent im Einzelhandel beschäftigt sind, nämlich gemäß der Branchenanalyse der Arbeiterkammer 2011 340.005, wenn man die Beschäftigten in Tankstellen hinzuzählt. ([AK Wien, 2011], 14)

5.4.3.1 Geschlechterverteilung

Im Unterschied zur durchschnittlichen Aufteilung in einem Verhältnis von 55 Prozent zu 45 Prozent Männer zu Frauen im gesamten Bereich der unselbstständigen Erwerbstätigkeit liegt der Wert im Einzelhandel bei 22 Prozent zu 78 Prozent. ([Arbeitsklimaindex 2009], 2) Wenn man die beiden Beobachtungszeiträume (1998 bis 2000 und 2005 bis 2008) des Arbeitsklimaindexes vergleicht, ist herauszustreichen, dass sich der

Anteil der weiblichen Beschäftigten sogar um vier Prozent erhöht hat. Eine Erhebung der AK OÖ mit der GPA-djp OÖ im Rahmen einer Gesundheitsstudie ergab **im Verkauf ein Verhältnis von 13,4 Prozent zu 86,6 Prozent**. ([Affenzeller, 2009], 15)

5.4.3.2 Alter

38 Prozent der Beschäftigten sind unter 30 Jahre, wohingegen lediglich 21 Prozent über 45 Jahre alt sind.

Die Gesamterhebung weist einen um 14 Prozent niedrigeren Anteil an Beschäftigten bis 29 Jahre und doch um zehn Prozent mehr Beschäftigte über 45 Jahre auf. ([Arbeitsklimaindex 2009], 2)

5.4.3.3 Schulbildung

Arbeitnehmer_innen im Einzelhandel beenden die klassische Schullaufbahn tendenziell früher. Dies zeigt sich an einem 22 Prozent höheren Anteil an Menschen mit Pflichtschulabsolvierung und Lehre. ([Arbeitsklimaindex 2009], 2) Bemerkenswert ist allerdings, dass die Anzahl der Arbeitnehmer_innen mit Pflichtschule als höchstem Abschluss sowie auch die Anzahl der Hilfsarbeiterjobs merklich gesunken ist. ([Arbeitsklimaindex 2009], 14)

5.4.3.4 Berufliche Stellung

Was die berufliche Stellung anbelangt, konnte man, durchaus mit erklärendem Verweis auf die oben beschriebene Struktur, feststellen, dass der Prozentsatz der **einfachen Angestellten** im Vergleich um 34 Prozent höher lag, nämlich bei **45 Prozent**. ([Arbeitsklimaindex 2009], 3)

Wenn man nun den Einzelhandel nach Männer- und Frauenspezifika durchleuchtet, ist festzustellen, dass doppelt so viele Männer, nämlich 20 Prozent im Vergleich zu zehn Prozent aller Frauen im Handel mit Matura bzw. Hochschulabschluss ein Arbeitsverhältnis beginnen, was Rückschlüsse auf die Geschlechterverteilung in den Führungspositionen zulässt. Dort finden sich nämlich 16 Prozent Männer im Vergleich zu sechs Prozent Frauen wieder. ([Arbeitsklimaindex 2009], 5)

5.4.3.5 Einkommen und Karrierechancen

- Das **Durchschnittseinkommen** wurde im Erhebungszeitraum 2005 bis 2008 von den Beschäftigten mit monatlich **980 Euro** angegeben. „Männer 1.330 Euro und Frauen lediglich 890 Euro, was auch mit deren hoher Teilzeitquote zusammenhängt. **Teilzeitbeschäftigte Frauen verdienen im Durchschnitt nur 770 Euro**. Damit gehört der Handel zu den Branchen mit niedrigen Löhnen in Österreich."([AK Wien, 2009], VII)
- **Die geringeren Einkommen im Handel** bedingen auch bei einem Drittel der Betriebe ab einer Betriebsgröße von 100 Beschäftigten bzw. bei 39 Prozent der dort Angestellten **größere Sorgen hinsichtlich ihrer Altersversorgung, und einen hohen Anteil an Beschäftigten, die angeben, mit ihrem Erwerbseinkommen nicht auszukommen**. 44 Prozent der Teilzeitbeschäftigten sind sogar auf finanzielle Kompensationen, also regelmäßige finanzielle Unterstützungen durch ihr Umfeld oder öffentliche Transferleistungen angewiesen. ([AK Wien, 2009], VII f)
- **Im Einzelhandel sehen die Arbeitskräfte nur unterdurchschnittliche Perspektiven einer Karriere im eigenen Betrieb.** Im Einzelhandel streben zwölf Prozent einen Aufstieg und fünf Prozent einen anderen Tätigkeitsbereich im derzeitigen Betrieb an. Die korrespondierenden Werte für die anderen Branchen betragen 17 und sechs Prozent. ([AK Wien, 2009], III)

5.4.3.6 Migrationshintergrund

Interessanterweise findet man in allen abgefragten Parametern des Arbeitsklimaindexes keine wesentlichen Unterschiede zwischen Mitarbeiter_innen mit und ohne Migrationshintergrund. Lediglich bei der Position der Führungskräfte gibt es einen wesentlichen Unterschied. Bei der Differenzierung der gesamten Arbeitnehmer_innengruppe in Hilfsarbeiter, Facharbeiter, einfache Angestellte, qualifizierte Angestellte und Führungskräfte ist markant, dass **13 Prozent der beschäftigten Österreicher_innen Führungskräfte sind, aber lediglich zwei**

Prozent der Arbeitnehmer_innen mit Migrationshintergrund. ([Arbeitsklimaindex 2009],12)

- Personen mit Migrationshintergrund haben im gleichen Ausmaß wie die Teilzeitbeschäftigten Sorge, dass ihr Arbeitsplatz nicht sicher sein könnte. 24 Prozent halten hier ihren Arbeitsplatz für unsicher oder sehr unsicher. Im Vergleich dazu sind es nur 15 Prozent der Migrant_innen in anderen Branchen, die um den Verlust ihres Arbeitsplatzes bangen.
- **Einzelhandelsbeschäftigte mit Migrationshintergrund stoßen rascher an eine gläserne Decke**, die ihnen einen Aufstieg verwehrt. Der Anteil der mit den Aufstiegsmöglichkeiten sehr Zufriedenen ist lediglich 17 Prozent im Vergleich zu 21 Prozent im Handel insgesamt, umgekehrt beläuft sich der Anteil der Unzufriedenen (Noten 4+5) auf 23 Prozent. ([AK Wien, 2009], VIII)

5.4.3.7 Teilzeit

Wie Wirth schon 1994 feststellte, war und ist das Regelarbeitsverhältnis in dieser Branche nicht die Vollzeitanstellung. Darum räume ich hier der Teilzeitvariante mit Augenmerk auf Einkommen und Prekariat entsprechend Platz ein.

Die Teilzeitbeschäftigungsquote im Verkauf lag bei der Erhebung der Arbeiterkammer Oberösterreich und der GPA-djp 2009 bei 54,5 Prozent. ([Affenzeller, 2009], 17)

53 Prozent der Frauen im Vergleich zu zwölf Prozent der Männer, gemessen an der Gesamtbeschäftigung im Einzelhandel, weisen darauf hin, dass die Filialleiter und -stellvertreter, Rayons-/Bezirksleiter und Verkaufsleiterpositionen, also die klassischen Vollzeitpositionen, im Verhältnis wesentlich öfter von Männern besetzt werden, wohingegen die Frauen in Teilzeitarbeitsverhältnissen die „einfachen Angestelltentätigkeiten“ verrichten. ([Arbeitsklimaindex 2009], 6, 9)

Noch krasser zeigt sich der geschlechtsspezifische Strukturunterschied bei genauerer Analyse des Segments Teilzeit. Dabei ergibt sich, dass innerhalb dieser Gruppe 94 Prozent Frauen sind. ([Arbeitsklimaindex 2009], 8)

Diese Koordinaten des Arbeitsklimaindexes beschreiben ein Bild, welches, um eine qualitative Einschätzung abgeben zu können, mit persönlichen Eindrücken zu kombinieren ist. Diesen ist voranzustellen, dass

- jeder Mensch durch seine Sozialisation, sein Umfeld und seine Lebensgeschichte unterschiedlich ist,
- jede Filiale einen Mikrokosmos darstellt, welcher sich aufgrund der Fluktuation von Arbeitnehmer_innen im ständigen Wandel befindet und
- bei einem derart personalintensiven Sektor zwischenmenschliche Beziehungen eine entscheidende Rolle spielen.

Meiner persönlichen Einschätzung nach begründet sich die oben angeführte Ungleichverteilung zwischen Männern und Frauen in den Kategorien Teilzeit, Führungspositionen, Länge der Dienstverhältnisse oft durch zusätzliche Aufgaben der Frau in zum Teil patriarchal ausgerichteten Familien- und Gesellschaftsstrukturen und der damit verbundenen Limitierung ihrer Arbeitszeit. Es hat aber auch mit der Personalpolitik des Unternehmens bzw. den damit beauftragten Rayons-/Bezirksleitern/-managern zu tun, denn es ist wissenschaftlich erwiesen, dass Teilzeitbeschäftigte einfache Arbeiten effizienter erledigen, wenn sich die Arbeitsabläufe flexibel gestalten lassen. ([Mazal, Buchebner-Ferstl, Dörfler, Haas, Niksova, 2011] 54, 84)

Um einen Eindruck über die Arbeitssituation zu bekommen, stelle ich nun die bei der 2009 fertiggestellten Studie von Ifes und Wifo erhobenen Motive und Wünsche sowie den Grad der Zufriedenheit der Teilzeitbeschäftigten im Handel zusammengefasst dar. ([AK Wien, 2009] VI ff)

- Bei den Frauen, die den Großteil der Teilzeitbeschäftigungen ausmachen, wünschten sich 2007 22.000 Teilzeitbeschäftigte eine Vollzeitbeschäftigung, aber nur 16.000 Vollzeitbeschäftigte eine Teilzeitbeschäftigung.
- Als Grund für die Teilzeitbeschäftigung werden sehr unterschiedliche Motive angegeben. Zwei Drittel begründen die Entscheidung mit ihren Lebensumständen. Der hohe Anteil von Teilzeitbeschäftigten, die sich längere Arbeitszeiten wünschen, deutet darauf hin,

dass diese Personen die Teilzeitbeschäftigung als eine vorübergehende Alternative gesehen haben. Ein Siebtel findet keine Vollzeitstelle. Der Anteil der unfreiwillig Teilzeitbeschäftigten ist vor allem unter den Frauen (12,4 Prozent) und den im Ausland geborenen Arbeitskräften (22,8 Prozent) hoch.

- Pro Person und Monat standen einem Haushalt mit einer (bzw. einem) Teilzeitbeschäftigten im Einzelhandel rund 1.487 Euro zur Verfügung. (Inklusive möglichem Partner_inneneinkommen und Unterstützungen.) Dies entspricht rund 83 Prozent des österreichischen Durchschnitts. „Insgesamt handelt es sich bei Personen, die im Handel teilzeitbeschäftigt sind, zum überwiegenden Teil nicht um Arbeitskräfte aus reichen Haushalten, die sich durch Teilzeit ein „Körberlgeld“ verdienen, sondern Großteils um Personen, die mit ihrem Haushaltseinkommen am unteren Ende der Einkommenspyramide liegen.“ ([AK Wien, 2009], VI f)
- Eine besondere Problematik stellen die Arbeitszeitlagen dar, die die Planung der Zeitressourcen im Hinblick auf familiäre Betreuungspflichten oft erschweren: „40 Prozent der Einzelhandelsbeschäftigten müssen häufig an Samstagen und sieben Prozent zumindest gelegentlich auch an Sonntagen arbeiten.“ ([AK Wien, 2009], VII)
- Damit einher geht eine steigende Unzufriedenheit über die Arbeitszeitregelungen. Lediglich 31 Prozent sind mit der Lage ihrer Arbeitszeit zufrieden. Dieser Wert war noch vor zehn Jahren um zehn Prozent höher.

5.4.3.8 Ladenöffnungszeiten

Maßgeblich für die gestiegene Zahl an Teilzeitjobs ist die Verlängerung der Ladenöffnungszeiten, schließt die Arbeiterkammer 2011. ([AK Wien, 2011], 14) Die Öffnungszeiten wurden in den letzten Jahrzehnten in drei Schritten 1997, 2003 und zuletzt 2008 kontinuierlich erweitert. War früher am Samstag um 12:00 Uhr bzw. an Wochentagen um 18:00 Uhr Ladenschluss, so ist das Gesetz nun insoweit gelockert, als 72 Stunden pro Woche insgesamt und von Montag bis Freitag bis 21:00 Uhr bzw. am Samstag bis 18:00 Uhr offen gehalten werden darf.

Ein Beispiel für die Auswirkungen für die Angestellten lieferte die Drogeriekette Schlecker, welche sich dadurch negativ auszeichnete, dass großteils ein/e Beschäftigte_r alleine den gesamten Filialbetrieb zu bewältigen hatte. Die 72 Stunden Wochenöffnungszeit wurden beispielsweise mit insgesamt 80 bezahlten Personalstunden abgedeckt. Wenn man dies im Kontext mit notwendigen und gesetzlichen Arbeitspausen (etwa Mahlzeiten, Gang zur Toilette) und der Arbeitsplatzsicherheit sieht, so ergibt sich eine aus gewerkschaftlicher Sicht alarmierende Situation.[6]

Die Verlängerung der Öffnungszeit bis 21:00 Uhr hat generell viele Schwierigkeiten mit sich gebracht. Nicht vorhandene Kinderbetreuung in den Abendstunden und die schlechteren öffentlichen Verkehrsmittelanbindungen führen oft zu dramatischen Veränderungen für die Beschäftigten. In manchen Fällen ging sogar die Lebensgemeinschaft aufgrund dieser Umstände in die Brüche, woraufhin es für die/den nunmehr potentielle/n Alleinerziehende/n umso schwieriger war, die Kinder zu versorgen. Wenn ein/e Mitarbeiter_in ausfällt oder aufgrund der Urlaubssaison oder bestimmter Sonderaktionen Not am Mann bzw. an der Frau ist, kommt es nach diesem Konzept notgedrungen zu Überschreitungen der Arbeitszeitgrenzen. (Siehe auch Kapitel 5.4.5)

5.4.3.9 Betriebszugehörigkeit

Was die Verweildauer im Unternehmen anbelangt, bestätigen die statistischen Erhebungen meine im Zuge der gewerkschaftlichen Beratung und Interventionen gewonnene Einschätzung einer **hohen Fluktuation**. **Arbeitsverhältnisse mit einer Dauer von maximal drei Jahren** sind im Einzelhandel um 14 Prozent häufiger, sie betreffen **43 Prozent** aller Arbeitnehmer_innen, während die Anzahl der Verträge mit einer Dauer von über 15 Jahren bei neun Prozent unter dem Schnitt liegen. ([Arbeitsklimaindex 2009], 3)

Die Betriebszugehörigkeit ist bei Männern im Durchschnitt länger: 15 Prozent der Männer im Vergleich zu sieben Prozent der Frauen erleben ein Arbeitsvertragsverhältnis, das länger als 15 Jahre andauert.

6 Siehe: www.gpa-djp.at/schlecker am 24. Mai 2012 um 18:00 Uhr

Ein extremeres Bild zeichnet sich ab, wenn man die **Arbeitskräftereallokation**, also die Gegenüberstellung von Abgängen und Zugängen, betrachtet. In dem für diese Studie relevanten Segment des Einzelhandels mit Waren verschiedener Art in Verkaufsräumen (Supermärkte) lag diese im Beobachtungszeitraum 2005 bis 2007 bei **99 Prozent** und bei Apotheken, Facheinzelhandel mit medizinischen, orthopädischen Artikeln (Drogeriemärkte) bei 88 Prozent. ([AK Wien, 2009], 32)

Dieser Wert wird zurückgeführt auf:

- den natürlichen Abgang z. B. durch Pension oder Karenzierung
- unternehmensinterne Umstrukturierungsprozesse
- unternehmensinterne Personalstrategie („hire and fire policies"). **„So können Unternehmen zum Beispiel bewusst auf eine Vorauswahl ihrer Mitarbeiter_innen verzichten und dafür ihre Personalauswahl über eine Strategie des Versuchs und Irrtums vornehmen. Dies wird vor allem dort der Fall sein, wo die Kosten einer falschen Personalwahl relativ zu den Kosten einer Vorauswahl gering sind."**
- temporäre Nachfrageschwankungen

([AK Wien, 2009], 29)

- Der hohe Umschlag von Arbeitskräften bewirkt eine hohe subjektive Unsicherheit der Arbeitskräfte im Einzelhandel. Nur 17 Prozent der Handelsbeschäftigten gegenüber 28 Prozent aller Beschäftigten halten ihren Arbeitsplatz für sehr sicher, umgekehrt halten 20 Prozent (gegenüber 13 Prozent in den anderen Branchen) ihren Arbeitsplatz für sehr oder eher unsicher. Dieser Anteil ist im Vergleichszeitraum um acht Prozent gestiegen.
- Insbesondere Teilzeitbeschäftigte, nämlich knapp ein Viertel, und Frauen generell, erachten sich als leicht austauschbar.
- Sie sehen auch nur geringe Chancen, wieder eine „annehmbare Arbeitsstelle" finden zu können. 59 Prozent der Teilzeitbeschäftigten glaubten, dass sie nur sehr oder eher schwer wieder eine adäquate Stelle finden könnten.

([AK Wien, 2009], III)

Fazit: Fast immer verfügbar, aber jederzeit ersetzbar

> *Jeder zehnte geht mit dem Gefühl zur Arbeit, jederzeit ersetzbar zu sein. Nur 17 Prozent der Einzelhandelsbeschäftigten hielten bis Sommer 2008 ihren Arbeitsplatz für sicher. In anderen Branchen waren es 28 Prozent. Seither ist das Gefühl, einen sicheren Arbeitsplatz zu haben, im Einzelhandel noch einmal um sieben Prozent zurückgegangen. Gleichzeitig müssen sie fast immer verfügbar sein. Gerade Teilzeitkräfte und geringfügig Beschäftigte werden nach Bedarf eingesetzt. 40 Prozent der Einzelhandelsbeschäftigten müssen regelmäßig an Samstagen arbeiten und im Vergleich zur ersten Untersuchung zwischen 1998 und 2000 ist die Zufriedenheit mit der Arbeitszeitlage um zehn Prozent gesunken. Die Ursache dürfte in den 2003 unter der schwarzblauen Regierung ausgeweiteten Ladenöffnungszeiten zu suchen sein. „Wir wissen aus unseren Beratungen: Selbst die Regelung „jeden zweiten Samstag frei" trifft oft in der Praxis nicht zu. Auch die Vorankündigungsfrist von 2 Wochen bei einer Änderung der Arbeitszeit ist nicht üblich. Bei Arbeitszeitänderungen wird keine Rücksicht auf die Vereinbarkeit mit der Kinderbetreuung genommen. Und das in einer Branche, in der besonders viele junge Eltern arbeiten. Jeden zweiten Samstag frei. Das muss gesichert werden, damit ein Privatleben neben dem Berufsleben möglich ist. Auch hier müssen die Rechte der Arbeitnehmer_innen auch in schwierigen Zeiten gelten,*

fordern AK und GPA-djp" ([Handel AK, 2010], 42) in der zur Vorbereitung der in Österreich von den Gewerkschaften und Arbeitgeberverbänden mehrheitlich jährlich vorgenommenen Kollektivvertragsverhandlungen erstellten Branchenanalyse.

Diese Analysen begründen ihre Schlüsse auf Grundlagendaten der Statistik Austria und der Sozialversicherungsträger, auf öffentlich zugängliche und durch Betriebsratskörperschaften zur Analyse beigebrachte Bilanzen und Reflexionen der freiwilligen Interessenvertretung, in diesem Fall der GPA-djp.

Teilzeit, Minijobs und Mehrarbeit „inklusive"

> *„Sehr viele Handelsbeschäftigte klagen über unkorrekte Abrechnungen von Mehrarbeit. Allein im Jahr 2008 kamen 5.600 im Handel Beschäftigte in die Arbeitsrechtsberatung der AK Wien. Eine der häufigsten Klagen: Mehrarbeit und Überstunden werden gar nicht oder nur zum Teil bezahlt. Viele Unternehmen versuchen sich am Mehrarbeitszuschlag und den Überstundenzuschlägen „vorbeizumogeln" und bringen damit die Arbeitnehmer_innen um Geld, das ihnen zusteht. So wird für die Mehrarbeit ein längerer Durchrechnungszeitraum herangezogen, als dies im Gesetz vorgesehen ist, oder es werden Verträge vorgelegt, bei denen Mehrarbeit „inklusive" ist."*
>
> ([Handel AK, 2010], 41)

Diesem Auszug ist ein weiteres latentes Charakteristikum des Einzelhandels zu entnehmen. **Gesetzliche Regelungen und Bestimmungen werden oft missachtet. Betriebskulturen und nicht Verträge bestimmen am Ende den Stundenlohn.** Wie oft hört man in der aufsuchenden gewerkschaftlichen Betreuungsarbeit den Satz: *„Ja! Wissen wir eh. Aber hätt ma' was Besseres gelernt, wär'n ma net im Handel"*, oder *„Des is im Handel so, und wird immer so bleiben"*, **dass Vor- und Abschlussarbeiten nicht bezahlt werden. Dafür bedarf es verstärkter Kontrolle, aber vor allem Aufklärung und Information. Der Betriebsrat und die Gewerkschaft können aufgrund ihres Einflusses dazu beitragen, dass diese Zustände zurückgedrängt werden. Sie müssen es allerdings erfahren, was leider oft nicht passiert.**

Die Kapitel Teilzeit und Beschäftigungsunterbrechung leiten einen Abschnitt ein, welcher sich mit den Problemen und Widrigkeiten am Arbeitsplatz filialreicher Einzelhandel beschäftigt. Ich werde dafür auf quantitative und qualitative Erhebungen zurückgreifen und sie mit erläuternden Exkursen ergänzen.

Der folgende Exkurs behandelt die negativen Auswirkungen von erlebtem bzw. ständig drohendem Arbeitsplatzverlust.

5.4.3.10 Exkurs: Einkommen, Arbeitsplatzsicherheit und Gesundheit

Wenn ich über das Themenfeld Arbeitsplatzangst nachdenke, erinnere ich mich an eine Beratungssituation aus meinem gewerkschaftlichen Arbeitsalltag.

„Im ersten Jahr der Arbeitslosigkeit schrieb ich noch viele Offerte, hab Zeitungsannoncen analysiert und versucht mich persönlich vorzustellen, war immer pünktlich bei allen Kursterminen des AMS. Heute hab ich keine Hoffnung mehr und mich mit der Arbeitslosigkeit abgefunden. Meine Frau hab ich im Zuge dieses Prozesses verloren … hab heute nur mehr meinen Hund."

Arbeitslosigkeit, Existenzangst und finanzielle Not schlagen sich auf die Gesundheit nieder. Das Leben am existenziellen oder/und psychischen Limit bedeutet für den Körper massiven chronischen Stress. Die Regeneration, das Abschalten ist kaum möglich, wenn man nicht weiß, wie man in den nächsten Wochen über die Runden kommt. Der Alltag füllt sich zusehends mit Zweifel und Angst um existenzielle Faktoren, wie Miete, Heizen oder Schulsachen für die Kinder.

Dieser Druck und die ständige Überforderung führen zu Disstress, welcher im chronischen Zustand das Herz-Kreislauf-System bzw. das Immunsystem schwächt und für Infektionskrankheiten anfällig macht. ([GPA-djp, 2007], 6)

Arme bzw. armutsgefährdete Menschen können sich den notwendigen Ausgleich vom Stress nicht leisten. Sie müssen sich darauf konzentrieren, ihre Familie und sich selbst mit dem Notwendigen zu versorgen und können keine Kurzurlaube oder gemütliche Abendessen in einem netten Restaurant mit Freunden genießen.

Unsicherheit am Arbeitsplatz kann zu Angst führen, diese wiederum zu Depressionen, die die Anfälligkeit für Erkrankungen des Herz-Kreislauf-Systems erhöhen.

Armutsexperte und Psychologe Martin Schenk:

„Prekär heißt nicht ‚unsicher', sondern aus der lateinischen Wurzel heraus: ‚auf Widerruf gewährt … auf Bitten erlangt' und dahinter

steckt schon das Abhängigkeitsverhältnis, das Unkontrollierbare und der geringere Freiheitsraum, den man in solchen Jobs hat." ([RK, 2012], 2)

Er ergänzt, dass kardiovaskuläre Probleme auf Jobs zurückgehen, die nicht nur bezüglich Arbeitsbelastung, sondern auch was den Freiheitsraum, die Selbstwirksamkeit und die Mitbestimmung betrifft, beschränkt sind und vor allem, wo Angst um den Arbeitsplatz herrscht. Er fand heraus, dass die Ausdehnung des Niedriglohnsektors zu einer Zunahme von Herz-Kreislauf-Erkrankungen führte. Bestätigt wird das durch die Nachforschungen der Statistik Austria, wo erhoben wurden, dass Diabetes, Bluthochdruck, Herzinfarkt, Schlaganfall, Alkoholismus, psychische Erkrankungen, Fettleibigkeit und einige Krebsarten in Österreich typische Niedriglohnkrankheiten sind bzw. verstärkt bei sozial Schwächeren auftreten. ([Statistik Austria, 2008], 7 ff)

Sozial Schwache sind nicht öfter chronisch krank als Besserverdienende, aber sie erhalten diese Diagnose in der Regel später. Wer körperliche Arbeit leistet, versucht sich selbst zu kurieren oder ignoriert gesundheitliche Probleme, solange es geht. Man geht erst dann zum Arzt, wenn es nicht mehr geht. Auch bei der Vorbildwirkung in der Familie ist zu beobachten, dass der Wissensstand über die Auswirkungen von ungesundem Leben bei ärmeren Schichten geringer ist. Wer in der Gegenwart strauchelt, denkt weniger darüber nach, wie sich sein Verhalten in 20 bis 30 Jahren auswirken kann. Dies „vererbt sich" im Zuge der familiären Sozialisation. (Siehe auch bei politischen Sozialisation in der Familie S. 193) Geringeres Einkommen führt aber auch dazu, billigere Lebensmittel zu kaufen. Fettes statt hochwertiges Fleisch, den Sandwich statt einem Laib Kürbiskernbrot. (Vgl. [Giddens, Fleck, Egger de Campo, 2009], 306 ff) Der britische Gesundheitswissenschaftler und Wirtschaftshistoriker Richard G. Wilkinson beschreibt in seinem Buch „Gleichheit ist Glück – Warum gerechte Gesellschaften für alle besser sind", dass Personen, die länger unter Stress gestanden haben, Nahrung tatsächlich anders aufnehmen, als Menschen mit einem ausgeglicheneren Lebensstil. Bei chronisch gestressten Menschen baut sich das Fett eher in der Körpermitte auf. Stress bedingt die Ausschüttung des Hormons Cortisol. Menschen mit mehr Fett um den Bauch weisen höhere Cortisolwerte auf und reagieren auf Stresstests mit deutlicher psychischer Instabilität. Sie sind besonders anfällig für Krankheiten, die aus Übergewicht entstehen. (Vgl. [Wilkinson, 2010], 31) Chronischer Stress, wie er gerade im Verkauf als Top-Belastungsfaktor erhoben wurde ([Affenzeller, 2009], 61), verstärkt durch unsichere Lebensumstände, führt dazu, dass viele Menschen ungesünder und mehr essen.

Abschließend ist noch auf die Bewegung einzugehen. Menschen, die den ganzen Tag manuell arbeiten, werden in der Freizeit kaum die Energie aufbringen können, ein ausgleichendes Herz-Kreislauf-Training zu absolvieren. Sie haben sich den ganzen Tag körperlich angestrengt, aber leider trägt diese meist einseitige Bewegung nicht zur Gesundheitsvorsorge bei. Oftmals wird in der Arbeit bei den kurzen Verschnaufpausen die Belohnung in Form einer Zigarette und die Energie durch Kaffee geholt, mit den dementsprechenden gesundheitlichen Langzeitauswirkungen.

In diesem Exkurs wurde skizziert, was Stress am und um den Arbeitsplatz bewirken kann und welche gesellschaftlichen Auswirkungen unsichere Arbeitsverhältnisse mit sich bringen. Gesundheit am Arbeitsplatz ist das Resultat vieler Einflüsse, welche überwiegend gestaltbar sind.

Die Unternehmen sind sogar gemäß § 18 Z. 1 Angestelltengesetz und dem Arbeitnehmerschutzgesetz aufgefordert, entsprechende Vorkehrungen zu treffen.

Das einzufordern und kontinuierlich voranzutreiben ist eine der Kernaufgaben der Gewerkschaftsbewegung.

Oft wird bei der oberflächlichen Betrachtung der Arbeitsplätze von Angestellten vergessen, dass gerade bei dieser Arbeitnehmer_innengruppe die Arbeitsbelastung steigt und vor allem im Handel körperliche Arbeit einen Hauptbestandteil des Arbeitsalltags darstellt. Im Anschluss folgt nun eine genauere Betrachtung der Wohlfühl- und Belastungsfaktoren am Arbeitsplatz: Verkauf im Einzelhandel.

5.4.4 Gesundheit und Arbeitnehmer_innenschutz im Handel

Im Rahmen eines Projekts der Gewerkschaft der Privatangestellten, Druck, Journalismus, Papier in Kooperation mit der Arbeiterkammer Oberösterreich im Februar 2009 wurde unter anderem das Segment des Verkaufs über die Arbeitsbedingungen mit speziellem Fokus auf den Arbeitnehmer_innenschutz befragt.

Diese Fragebögen wurden mehrheitlich (69,52 Prozent) von Beschäftigten im filialreichen Einzelhandel ausgefüllt und haben somit eine hohe Relevanz für die detaillierte Darstellung des Forschungsfeldes filialreicher Einzelhandel.

Grundsätzlich wurde festgestellt, dass die Beschäftigten ihrer Arbeitssituation und Arbeitsumgebung mehrheitlich positiv gegenüberstanden. Dies ist meines Erachtens eine wichtige Grundlage, um als Gewerkschaft, in welcher Form auch immer, in Aktion zu treten. **Ich habe die Erfahrung gemacht, dass sich Menschen, die mit ihrem Arbeitsplatz emotional abgeschlossen haben, nicht für Verbesserungen einsetzen.** Um nicht mehr enttäuscht zu werden, also aus psychologischem Selbstschutz, stellen sie keine Erwartungen mehr an den Job. Insofern kann man nach diesem Ergebnis davon ausgehen, dass die Beschäftigten mehrheitlich an einer Verbesserung ihrer Lage interessiert sind und eine Unterstützer_innenstruktur annehmen könnten.

Es stellt sich also die Frage, welche Einflüsse für die Angestellten die größten Probleme verursachen, denn um ein Unterstützer_innennetzwerk aufzubauen, muss man die Personen für die Belastungsfaktoren sensibilisieren. Am häufigsten wurden genannt:

1. mangelnde Anerkennung
2. wenige Erfolgserlebnisse
3. Stress/Zeitdruck
4. Schikanen/Druck durch Vorgesetzte/Kolleg_innen
5. Gleichförmigkeit/Eintönigkeit

([Affenzeller, 2009], 28)

Die Anerkennung ist ein wesentlicher Faktor, um Belastungen zu kompensieren. Durch die knappe Personaldecke potenzieren sich die körperlichen und psychischen Belastungen. Es wäre die Aufgabe der Führungskräfte, hier ausgleichend einzuwirken, aber dies bedürfte entsprechender Ausbildung und Zeit. Wie unter Kapitel 5.4.5 dargestellt, findet dieser Aspekt meistens keinen Platz in der Schulungskarriere eines Filialleiters. Die Struktur des „industriellen" Handels ist für die restlichen Belastungsfaktoren die entscheidende Grundlage. Die Verkäufer_innen werden nicht mehr für das effektive Verkaufsgeschäft benötigt. Sie sollen unter großem Zeitdruck standardisierte Arbeitsschritte erledigen. Dafür werden sie von schlecht ausgebildeten Führungskräften angetrieben.

Die Bezeichnung „industriell" führe ich an dieser Stelle ganz bewusst ein, da sie am besten die tayloristisch, arbeitsteilige Struktur mit einfacher Einsetz- und Ersetzbarkeit und strenger Überwachung der Angestellten beschreibt. (Vgl. [Giddens, Fleck, Egger de Campo, 2009], 718)

Um auch hier die nötige Sensibilisierung herbeizuführen, folgt nun eine Aufstellung der Belastungsfaktoren nach den Bereichen im Geschäft.

5.4.4.1 Spezielle Einflussfaktoren im Verkauf:

Rollbehälter oder Paletten

Da ein Gutteil der Angestellten die meiste Zeit damit verbringt, die Regale zu betreuen, wäre das Optimieren der Betriebsmittel überaus wirksam für Verbesserungen des Arbeitsplatzes.

Besonders erwähnt werden diesbezüglich:

- „*die Art der Beladung*", also ob schwere Sachen oben oder unten sind und damit die Entladung erschweren,
- der „*Zustand der Rollbehälter oder Paletten*" ([Affenzeller, 2009], 91)
- „*die Beschaffenheit der Gänge*", also ob man mit den Rollbehältern jeden Gang passieren kann. ([Affenzeller, 2009], 29)

Kassenplatz

Der Arbeitsplatz an der Kasse wird in vielen Verkaufsstellen nur bei Bedarf besetzt. Lediglich in großen Einheiten gibt es eine Kassenabteilung, wo die Beschäftigten ihre gesamte Arbeitszeit verbringen. In diesem Fall ist die Beschaffenheit des Arbeitsplatzes Kassa natürlich der maßgebliche Faktor für das Wohlbefinden am Arbeitsplatz. Aber auch wenn der Arbeitsplatz nur bei Bedarf besetzt wird, ist dessen Gestaltung essentiell, da die Besetzung unter Zeitdruck erfolgt.
Einflussfaktoren für die Arbeitszufriedenheit an der Kassa sind:

- *„das verlässliche Funktionieren des Scanners,*
- das Bedienen des Scanners/des Laufbandes,
- die Bewegungsfreiheit und schließlich
- die Funktionalität des Bankomats" ([Affenzeller, 2009], 30)

Feinkost

Der Feinkostbereich ist seit Mitte der 1990er Jahre ein fixer Bestandteil in fast allen Supermarktketten, mit Ausnahme der traditionellen Diskonter Hofer KG und LIDL GmbH.

Beschäftigte in diesem Bereich sind meist in einer eigenen Abteilung organisiert und verlassen diesen Arbeitsplatz kaum. Sie sind damit beschäftigt, Brot zu backen, Wurst, Käse, Fleisch und Pasteten zuzubereiten und zu servieren.

Die relevanten Einflussfaktoren für die Arbeitszufriedenheit in diesem Bereich sind:

- „die Benutzerfreundlichkeit der Vitrinen, also die praktische Handhabbarkeit, die Tiefe und Anordnung der Produkte und
- die nicht vorhandenen Hilfsmittel, um mit den Frischwaren zu hantieren" ([Affenzeller, 2009], 31)

Bei der ausführlichen Darstellung der Zielgruppe des Projekts darf nicht vergessen werden, dass es nicht nur die für die Kunden_innen sichtbaren Angestellten auf der Verkaufsfläche gibt, sondern einen nicht zu vernachlässigenden Apparat an Arbeitnehmer_innen, die dafür verantwortlich sind, dass diese „industrielle" Form eines Handelsunternehmens funktioniert.

Es folgt also nun eine Beschreibung der Hierarchie und der Instrumente der Überwachung.

5.4.5 Die Hierarchie

Durchleuchtet man die Managementstruktur, trifft man stets auf straffe Hierarchien: Verkaufsleiter_in – Rayon- bzw. Bezirksleiter_in oder Regionalmanager_in (nachfolgend RL/BZL/RM) – Filialleiter_in – Mitarbeiter_innen.

- Der/die Filialleiter_in ist, was das Warenangebot betrifft, weitgehend ohne Kompetenzen. Seine Aufgabe ist es, Zeitpläne zu verwalten, möglichst keine Zuschläge für Arbeitszeiten anfallen zu lassen und für die Ordnung in der Filiale zu sorgen.
- Der RL/BZL/RM ist hingegen die eigentliche Schlüsselfigur mit verantwortlicher Autonomie (siehe auch unter Verantwortliche Autonomie im Vertrieb auf S. 90). Er kann Personal aufnehmen bzw. kündigen, kontrolliert die Zeitpläne und ist auch für das Personalbudget verantwortlich. Er kann unter Umständen auch Entscheidungen betreffend des Sortiments treffen.
- Der Verkaufsleiter sorgt dafür, dass die gesamtbetrieblichen Strategien umgesetzt werden. Er ist zumeist die oberste Kontrollinstanz neben der Revision.

Solange die Kundenfrequenz gleich bleibt, Urlaub und Krankenstände ausbleiben und die Warendistribution planmäßig funktioniert, läuft dieses System, so es dem/der Filialleiter_in, dank seiner/ihrer sozialen Kompetenz, gelingt, die Mitarbeiter_innen zu motivieren.

Das System ist auf einem Idealzustand aufgebaut. Bei der hohen Gesamtarbeitnehmer_innenanzahl in den vielen Filialen wird dieser allerdings so gut wie nie erreicht. Also werden die Angestellten unter Druck gesetzt: Sie würden ihren Job und die Mitsprache bezüglich der Einteilung ihrer freien Tage verlieren oder es wird mit Streichung des Urlaubs gedroht, wenn die Leistung nicht erbracht wird.

Weiters ist festzuhalten, dass ein System der Koppelung von Personalstand und Umsatz der Filiale verbreitet ist. Dieses System ist unter anderem deshalb fragwürdig, da die Mitarbeiter_innen einer Filiale nicht über Produkte oder Aktionen entscheiden können.

Geheime Testkäufe, bei denen versucht wird, Ware zu entwenden und die Aufmerksamkeit der Mitarbeiter_innen zu kontrollieren, Kamera- bzw. Raumüberwachung, verschärfen in vielen Betrieben die unangenehmen Arbeitsbedingungen der Kolleg_innen noch weiter.

Diese Situation finden GPA-djp Sekretär_innen in unterschiedlicher Ausprägung in jedem Betrieb der Branche vor. Es stellt sich also die Frage, wie dieses System entstanden ist. Hinweise finden wir in einer historischen Analyse:

5.4.6 Kontrolle des Arbeitsprozesses als wesentliches Element der kapitalistischen Entwicklung

Wirth gibt in seiner Studie über „*Die neue Unübersichtlichkeit im Einzelhandel*" eine sehr aufschlussreiche Analyse über die Entstehung der heutigen Organisationsform der Branche, welche ich zur Einleitung kurz skizziere. ([Wirth, 1994], 19–21)

5.4.6.1 Vom Verlagssystem zur tayloristisch-fordistischen Arbeitsorganisation

Aus der unabhängigen Warenproduktion entwickelte sich nach dem Ende des Mittelalters das Verlagssystem. Der Verleger überließ dabei die Rohstoffe den Verlegten, die in Heimarbeit gegen Entgelt produzierten. Er koordinierte den Produktionsprozess und verkaufte die Endprodukte. Dieses System wurde allerdings eingestellt, da den Verlegern die Kontrollmöglichkeiten fehlten. Die frühkapitalistischen Arbeitskräfte beendeten ihre Arbeit, wenn sie genug Einkommen erzielt hatten bzw. veruntreuten teilweise Rohmaterial. Letztlich konnten auch keine hinreichenden Qualitätskontrollen durchgeführt werden, weswegen die Arbeitnehmer_innen unter ein Dach in einer Manufaktur und später in einer Fabrik zusammengefasst wurden. ([Wirth, 1994], 18)

Im Untermeistersystem schlossen Untermeister und Management bzw. Eigentümer einen Vertrag, der einen bestimmten Teil der Produktion regelte. Das Management bzw. der Eigentümer stellten den Raum, die Maschinen und die Rohstoffe zur Verfügung. Der Untermeister verpflichtete sich, mit seinen Arbeitskräften die Rohstoffe oder Halbfertigprodukte zu bearbeiten und die Halb- bzw. Fertigprodukte abzuliefern. Als Entgelt erhielt er einen festen Preis pro Stück zuzüglich eines Lohns für den Einsatz seiner Arbeitskraft.

Auch dieses System ging unter, da die Kontrollmöglichkeiten für das Management zu gering waren. Der Untermeister hatte in seiner Einheit die Personalhoheit und das gesamte Produktionswissen. Er konnte den Preis an seine Mitarbeiter weitergeben und war insofern gegen Repressalien immun. Sein „Apparat" war nicht im Rechnungswesen des Unternehmers erfasst. Sein Einkommen und seine interne Lohnpolitik waren also nicht transparent.

Dem Untermeistersystem folgte die tayloristisch-fordistische Arbeitsorganisation, zu welcher sich meiner Ansicht nach der filialreiche Einzelhandel entwickelt hat.

Wesenszug eines Systems, wie es von Frederick Winslow Taylor (1856 bis 1915) erdacht wurde, war die wissenschaftliche Betriebsführung. Sie beruhte auf der detaillierten Untersuchung industrieller Abläufe, um sie in einfache Arbeitsgänge zu zerlegen, die zeitlich genau erfasst und organisiert werden konnten. Das System und die damit verbundenen Bewegungs- und Zeitstudien führten dazu, dass den Arbeitnehmer_innen die Kontrolle über das Wissen entzogen wurde, wie produziert bzw. der Produktionsprozess gestaltet wurde. Dies führte zu einer Stärkung der Machtposition des Managements und führte zur Dequalifikation und Degradierung der Arbeit. ([Giddens, Fleck, Egger de Campo, 2009], 712)

Exakt diesen Prozess kann man seit Mitte der 1970er Jahre im österreichischen Einzelhandel durch Standardisierung und verstärkten Wettbewerb feststellen. (Siehe ab Entwicklungen im Einzelhandel in der zweiten Republik 5.3.1.7)

5.4.6.2 Kontrollformen

Im Anschluss beschreibe ich nun entlang Wirths theoretischer Darstellung drei Varianten der Kontrolle bzw. Steuerung und verknüpfe sie mit realen Beispielen aus der Betreuungspraxis. ([Wirth, 1994], 21 ff)

Andrew L. Friedman geht in seinem Werk „Industry and labour. Class, struggle at work and monopoly capitalism“ davon aus, dass die Kraft des Arbeiterwiderstandes unterschiedlich stark ausgeprägt ist:

- **Positive Faktoren können die Größe des Betriebs, die Homogenität der Gemeinschaft der Arbeiter und die Enge der Kontakte untereinander sein.**
- **„Negativ wirken sich verschiedenartige Erfahrungen am Arbeitsplatz und eine Schichtung der Arbeitskräfte nach Geschlecht, Alter und Qualifikation aus.**
  Durch die Heterogenität der Arbeitskräfte wird der gruppenspezifische Widerstand gefördert, da privilegierte Gruppen ihren Sonderstatus erhalten wollen, während benachteiligte Gruppen an einem Abbau der Unterschiede interessiert sind.
  [Wirth, 1994], 21 f)

Mikroebene – Verantwortliche Autonomie

Friedman beschreibt eine Methode namens „verantwortliche Autonomie“, bei welcher z. B. qualifizierte Arbeitskräfte zur Kontrolle von mehreren Arbeitnehmer_innen mit schlechteren Arbeitsbedingungen und höherem Widerstandspotential herangezogen werden. Macht und Verantwortung werden dabei gegen Loyalität und Einsatzbereitschaft getauscht. Diese Qualifizierten üben auf ihre „Untergebenen“ direkte Kontrolle, welche von Drohungen und enger Überwachung gekennzeichnet ist, aus. Ergänzt wird die Analyse um den Aspekt, dass **direkt kontrollierte Arbeitnehmer_innen potentiell unzufriedener sind und sich eher in Gewerkschaften organisieren**.

Praktisches Beispiel: Verantwortliche Autonomie im Vertrieb

Die operative Führung und Kontrolle des Filialsystems durch das Instrument der „verantwortlichen Autonomie“ ist in jedem filialreichen Einzelhandelssystem zu erkennen. Der/die RL/BZL/RM hat oft den dreifachen Bezug eines Vollzeitfilialmitarbeiters. Er ist mit Dienstwagen, Laptop, Diensttelefon und weitreichenden Kompetenzen ausgestattet, um das operative Geschäft in fünf bis 13 Filialen zu organisieren.

Sein wohl wichtigstes Machtinstrument ist die Personalhoheit. Durch sie ist es ihm möglich, selbst bei geringer sozialer Kompetenz, kurzfristig starke Kontrolle über die Mitarbeiter_innen seiner im Schnitt acht Filialen auszuüben.

Der RL/BZL/RM hat die primäre Aufgabe, die Produktivität seiner Filialen zu überwachen. Er hat das Personal einzustellen, die Umsätze hochzuhalten, die Mitarbeiter_innen anzutreiben, die Produktivität zu prüfen und er sollte als direkter Vorgesetzter erster Ansprechpartner, aber auch Problemlöser für die Mitarbeiter_innen in den Filialen sein.

Leider ist die verpflichtende Ausbildung für diese Positionen oft nicht ausreichend mit Inhalten bezüglich der Prinzipien von Menschenführung ausgestaltet. Meist ist die wirtschaftliche Ausbildung verpflichtend und der wichtige personalrelevante Teil kann optional dazugenommen werden. Die Unternehmen verlassen sich eher darauf, dass der/die RL/BZL/RM ihre Position mit allen Mitteln und unter größtem Einsatz behalten wollen und deswegen die Arbeitnehmer_innen auch mit allen Mitteln antreiben und kontrollieren.

Auswüchse dessen sind Streichungen von geleisteten Arbeitsstunden aus der Arbeitsaufzeichnung, damit die Kennzahlen besser aussehen, Aufforderung, nur eine gewisse Stundenanzahl einzuschreiben, obwohl weit mehr gearbeitet wurde bzw. werden musste, zwischenmenschliche oder verbale Entgleisungen bei der Arbeitseinweisung, etc. (Siehe auch Kapitel 5.4.7.1)

Das System der verantwortlichen Autonomie funktioniert so gut, dass oftmals die Geschäftsleitungen klare Richtlinien, wonach Respekt und Gesetzestreue absolute Priorität haben, vorgeben und trotzdem im Rahmen des „vorauseilenden Gehorsams“ die Zustände nicht geändert werden. Die RL/BZL/RM schätzen den Status der Autonomie, genießen das Ansehen und die Macht, über die Zukunft der Filialmitarbeiter_innen entscheiden zu können, haben einen Verdienst, der ihnen ein angenehmes Auskommen ermöglicht und sehen bei ihrer täglichen Arbeit, wie wesentlich schlechter es ihnen auch im eigenen Unternehmen gehen könnte. Ein guter Teil hat diese Arbeitssituation unmittelbar davor selbst erlebt.

Direkte Kontrolle im technologischen Wandel

In den 1980er Jahren wurden Warenwirtschaftssysteme eingeführt. Durch die maschinenunterstützte Erfassung der Artikelnummer beim Verkaufsvorgang konnten Warenströme wesentlich effizienter kontrolliert werden. Die flächendeckende Einführung der Scannerkassen verstärkte die Möglichkeiten nochmals enorm. Da die Arbeitgeber_innen davon ausgingen, dass sich das Arbeitsbild dermaßen vereinfacht hatte, dass die Entlohnung nach der Beschäftigungsgruppe 3 des Kollektivvertrags für Angestellte im Handel nicht mehr zustehe, wurde den Mitarbeiter_innen mit Kassiertätigkeit die kollektivvertraglich korrekte Einstufung rechtswidrig vorenthalten. Gleichzeitig wurden die Kontrollmöglichkeiten stark ausgeweitet. Es gibt heutzutage von jeder Arbeitskraft eine exakte Aufzeichnung über die registrierte Kassierzeit, den durchschnittlichen Umsatz pro Zeit und Arbeitsschritt, Fehlmengen, Pausen, etc. In manchen Betrieben ist eine Prämie an den durchschnittlichen Umsatz pro Zeiteinheit geknüpft.

Eine andere Ebene der Überwachung erfolgt über Videoüberwachungssysteme. Viele Filialen sind durch eine oder mehrere Kameras überwacht, welche auch zur illegalen Kontrolle der Mitarbeiter_innen herangezogen werden. (Siehe auch Kapitel 5.4.10)

Der technologische Fortschritt und die unbedingte Profitmaximierung in einem brutalen Wettbewerb stellen die Basis für die über Jahrzehnte voranschreitende Ausdünnung des Personalstandes dar. In allen persönlichen Erfahrungen stellt die Empörung über diese Entwicklung eine Konstante dar. Sie wird einhellig als das entscheidende Element für den „Verbrauch" der Menschen bis zum Burnout dargestellt.

Makroebene – Segmentation

Um die Heterogenität der Arbeitskräfte zu erhöhen, kristallisiert sich eine zwischenbetriebliche Arbeitsteilung heraus, in der Großunternehmungen kooperativ Beziehungen zu Groß- und Kleinunternehmungen unterhalten.

Friedman analysiert, dass durch strategische Unternehmensnetzwerke (siehe Kapitel 5.4.2.1) „Störungen des Betriebsablaufs, die durch Entlassung von Mitgliedern der Stammbelegschaft verursacht würden", umgangen werden können. Zentrale Unternehmen könnten einen Großteil der Belegschaft bei wirtschaftlichen Anpassungen behalten. Sie könnten „ihre Produktion an Nachfrageschwankungen anpassen, sowie eine relative Beschäftigungssicherheit gewähren. Dadurch besteht für zentrale Unternehmungen die Möglichkeit, einen Großteil ihrer Arbeitskräfte als Stammbelegschaft zu behalten und verantwortliche Autonomie zu praktizieren. [...] Die Randbelegschaft in diesen Unternehmungen ist doppelt diskriminiert, da die Mitglieder der Randbelegschaften erstens schlechtere Arbeitsbedingungen haben und zweitens einer Unternehmung angehören, auf die Risiken abgewälzt werden." ([Wirth, 1994], 22 f)

Praktisches Beispiel: Belegschaftssegmentierung bei einem großen Einzelhandelsunternehmen in Österreich

Ein treffendes Beispiel in der österreichischen Einzelhandelslandschaft ist die indirekte Segmentierung der Belegschaft in Zentrale und Vertrieb.

Ein Unternehmen, welches aufgrund der Konzentrationsprozesse am österreichischen Lebensmitteleinzelhandelssektor Mitte der 2000er Jahre stark unter Druck geriet, wurde 2010 an eine ausländische Beteiligungsgesellschaft verkauft.

Die damit verbundene Redimensionierung, also die wirtschaftliche Anpassung an die erzielte Nachfrage, wurde im Vertrieb durchgeführt. Filialen wurden geschlossen und Mitarbeiter_innen im Rahmen eines Sozialplans abgebaut. Dies kostete einige hundert Personen die Anstellung. Der Arbeitnehmer_innenstand in der Zentrale blieb weitestgehend unangetastet. Eine Widerstand ermöglichende Solidarität zwischen den Mitarbeiter_innen der Zentrale und der Filialen war nicht bemerkbar. Die Beschäftigten der einzelnen Filialen kannten einander mehrheitlich nicht. Der Betriebsrat bemühte sich sehr darum, dass die Rechte der ausscheidenden Arbeitnehmer_innen gewahrt wurden. Dies geschah in einer sehr sachlichen Form.

Die Arbeitsbedingungen in den Filialen und der Zentrale unterschieden sich erheblich. Dort war das Arbeitsklima besser, die Arbeitsverträge sicherer und der Verdienst im Schnitt höher.

Erst als der ausländische Investor den Verkauf und damit die Zerschlagung des Unternehmens andachte, wandelte sich die Aktivität des Betriebsrates und der Mitarbeiter_innen der Zentrale vom Abwickeln des Abbaus zum aktiven Widerstand und Gestalten alternativer Konzepte. Plötzlich waren die Arbeitsplätze der Zentrale in Gefahr und so wurden alle Hebel in Bewegung gesetzt, was letztendlich dazu geführt hat, dass das Unternehmen unter der bisherigen Firma und Struktur weitergeführt wurde.

Für die Lösung der Probleme in der immer nach demselben Muster strukturierten filialreichen Einzelhandelslandschaft ist es unumgänglich, Strategien zu entwickeln und Schritte vorzunehmen, die die mittlere und unterste Führungsebene ansprechen. Sie sind aufgrund ihrer Kompetenzen und Funktion für die Gestaltung der Arbeitswelt von 90 Prozent der Beschäftigten maßgeblich mitverantwortlich. Um die Arbeitsbedingungen zu verbessern, muss bei diesen Gruppen ein Umdenken hervorgerufen werden. Positive Vorgaben der Geschäftsleitungen und Vorstände betreffend die Arbeitnehmer_innen, werden erst dann positive Auswirkungen für die Filialmitarbeiter_innen bringen, wenn diese Ebenen überzeugt werden, denn Veränderung kann diesbezüglich von dieser Gruppe auch Mut zu Auseinandersetzungen verlangen.

5.4.7 Qualitative Erhebungen zur Situation der Beschäftigten

Nach der umfangreichen Darstellung der wirtschaftlichen Struktur des Handels mit speziellem Fokus auf den filialreichen Einzelhandel und die Arbeits- und damit Lebensbedingungen der dort beschäftigten Arbeitnehmer_innen auf Basis quantitativer Studien, folgen nun qualitativ erhobene Darstellungen der Problemlagen der untersten Hierarchieebenen und damit des größten Teils der Beschäftigten. Anzumerken ist hier, dass sich österreichische Beobachtungen mit Erzählungen deutscher Arbeitnehmer_innen decken.

5.4.7.1 Qualitative Beobachtungen aus der gewerkschaftlichen Beratungstätigkeit in Österreich

Um sich nun ein detaillierteres Bild der Situation der Beschäftigten in Österreich vergegenwärtigen zu können, folgen persönliche Erfahrungen und Beobachtungen, welche im Zuge von Beratungen als Gewerkschaftssekretär, aber auch anhand von teilnehmender Beobachtung bei Filialbesuchen und im Rahmen von Beratungstagen bei der Arbeiterkammer gemacht wurden.

Es gilt voranzustellen, dass das Arbeitsleben der Beschäftigten im Einzelhandel selbstverständlich nicht nur aus Problemen besteht. Die persönliche Herausforderung, welcher ich im Rahmen des Forschungsprojekts FAIR HANDELN jedoch begegne, ist es, den Arbeitnehmer_innen eine Struktur zur Seite zu stellen, die sie bei der Bewältigung von Problemen im Arbeitsalltag unterstützt. Oft reicht es aus, Informationen zu bekommen oder den Einfluss der Gewerkschaft verbal geltend zu machen, um eine Situation zu entschärfen, wie nachfolgende Beispiele zeigen.

Problemfeld: mangelnde Information/Beratung

Die oben angeführten quantitativen Erhebungen haben ergeben, dass lange Dienstverhältnisse im Bereich des filialreichen Einzelhandels die Ausnahme darstellen. Legitime Beweggründe für eine Beendigung können sowohl auf Seiten der Arbeitgeber_innen als auch der Arbeitnehmer_innen liegen und das Gesetz beziehungsweise der Kollektivvertrag legen dafür Rahmenbedingungen fest, die die Interessen des jeweils anderen Vertragspartners zu berücksichtigen versuchen.

Zweifellos negativ ist es allerdings, wenn das Arbeitsverhältnis beendet wird, obwohl eine Möglichkeit der Weiterbeschäftigung bestünde bzw. das Gesetz Regelungen vorsieht, die dem Betroffenen aber nicht bekannt sind. In solchen Fällen kann das zu langfristigen negativen Folgen führen, wie geringere Pension, kürzere Entgeltfortzahlung im Krankheitsfall oder verlorene Abfertigung, um nur einige zu nennen.

Oftmals würde hier eine kurze Beratung helfen, wie anschließende Beispiele beweisen: (die Beispiele dokumentierte ich bei Arbeitnehmer_innenberatungen zwischen Feb. 2010 und Feb. 2012)

- V. B. befand sich im **Mutterschutz** und beendete, mangels Wissen um Alternativen, ihr Dienstverhältnis vorzeitig durch Austritt und erhielt weder die Abfertigung in korrekter Höhe, noch ein einwandfreies Dienstzeugnis. Das Dienstverhältnis wäre aufrecht geblieben, wenn sie eine arbeitsrechtliche Beratung erfahren hätte.
- S. M. hätte ohne die Beratung ihr Arbeitsverhältnis aufgrund des Betreuungsaufwandes für ihr Kind beendet. Nach entsprechender Aufklärung reduzierte sie ihre vertraglich vereinbarte Arbeitszeit im Rahmen der **Elternteilzeit** von 30 auf 25 Stunden.
- F. K. beglich mangels Anweisung und Vertrauensperson ein **Kassenmanko** von 100,00 Euro selbst von ihrem Privatgeld. Ein Manko in der Kasse ist nur dann von der/dem Angestellten zu begleichen, wenn sie/er dafür ein so genanntes „Mankogeld" erhält, und dann auch nur bis zu dieser Höhe oder wenn sie/er fahrlässig gehandelt hat. Leider werden die Angestellten darüber oft nicht informiert. Das kann dazu führen, dass eine Teilzeitkraft einen erheblichen Teil ihres Gehalts dafür aufwendet.

- C. K. wird die **Pflegefreistellung** nicht genehmigt. Mangels Wissen über das gesetzlich verankerte Anrecht darauf nahm sie Urlaub. Kurzgefasst: Für die Pflege eines nahen Angehörigen besteht der Anspruch auf Pflegefreistellung, im Regelfall von einer Woche. Da für offenen Erholungsurlaub Rückstellungen zu bilden sind und die Personalbesetzung meistens knapp ist, wird dieser gesetzliche Anspruch oft nicht kommuniziert.
- H. F. war seit 1993 bei diesem Betrieb beschäftigt. Im Zuge der **Endabrechnung wegen Pensionsantritts** stellte sich heraus, dass dutzende Abrechnungen unkorrekte Werte aufwiesen. Sie hatte immer ein seltsames Gefühl, dachte sich aber, sie würde sich das zum Schluss zurückholen und scheute die Konfrontation. Über die Tatsache, dass im Kollektivvertrag für Angestellte im Handel zu diesem Zeitpunkt eine **Verfallsfrist** von sechs Monaten für offene Ansprüche galt, war sie nicht informiert und verlor dadurch einige Tausend Euro.

Die Mitarbeiter_innen konnten die rechtliche Lage nicht beurteilen. Ihnen war die arbeits- und sozialrechtliche Konsequenz nicht bewusst.

Problemfeld: Führungsmethoden

Das Thema Führungsstil stellt eine heikle Herausforderung dar. Da die Angestellten beinahe zu hundert Prozent ihren unmittelbar übergeordneten Hierarchieebenen ausgesetzt sind, muss eine allfällige gewerkschaftliche Intervention mit äußerster Sensibilität und strategischem Feingefühl vorgenommen werden. Anzunehmen ist aber trotzdem, dass eine stärkere gewerkschaftliche Präsenz Ereignisse wie im Folgenden beschrieben teilweise verhindern bzw. sich positiv auswirken würde.

- S. K. wurde von der Filialleiterin, welche offensichtlich ihre Autorität nicht anders zum Ausdruck bringen konnte, zunächst der **Gang zur Toilette verwehrt** und anschließend begrenzte Zeit dafür zugestanden.
- F. K. schleppte sich, um ihre Kolleg_innen nicht im Stich zu lassen, mit körperlichen Beschwerden in die Filiale, erkrankte am Arbeitsplatz und durfte die Filiale erst verlassen, als sie die **sofortige ein-**

vernehmliche Lösung des Dienstverhältnisses unterschrieben hatte.

- G. A. besitzt sehr schlechte Deutschkenntnisse. Sie erscheint in der Beratung und erzählt, dass ihr eine einvernehmliche Lösungsvereinbarung mit einer **Rückzahlungsklausel für Minusstunden auf ihrem Arbeitszeitkonto** vorgelegt wurde, da sie den Anforderungen nicht mehr entspreche. Sie sollte diese unterschreiben, da sie sonst einen Monat kein Arbeitslosengeld bekommen würde. G. A. wurde ins Büro zitiert. Zwei Personen waren anwesend und legten ihr das Schriftstück zur Unterschrift vor. Sie wollte mit ihrem Mann telefonieren, was ihr verweigert wurde. Sie hatte Angst und unterschrieb.

An dieser Stelle ist zu ergänzen, dass bei einvernehmlichen Auflösungen des Dienstverhältnisses kaum eine Möglichkeit der Anfechtung besteht. Einmal unterschrieben, sind die gesetzlich und kollektivvertraglich festgelegten Regelungen bei Dienstgeberkündigung außer Kraft gesetzt. Eine bekannte Strategie, Mitarbeiter_innen nachhaltig und rasch aus dem Unternehmen zu verabschieden, ist die oben dokumentierte Methode, unter künstlich aufgebautem Zeitdruck eine diesbezügliche Unterschrift zu erwirken.

- Ein Ladendiebstahl wurde als Vorwand verwendet, die Verkäufer_innen in einer Supermarktfiliale im 14. Wiener Gemeindebezirk mit dem **Videoüberwachungssystem** zu kontrollieren. R. D. wurde wegen ihrer Toilettenpausen ermahnt und in eine Abteilung (straf)versetzt, wo sie 25 kg Reis heben musste, obwohl dies ein ärztliches Attest verbot.
- Z. I., Mitarbeiter der Fleischabteilung, wurde ständig überfordert. Seine **Arbeitszeiten** wurden kollektivvertragswidrig **kurzfristig verändert**, er musste Ware übernehmen und sollte gleichzeitig seine Vitrine bestückt und in Ordnung halten. Seine Pausen wurden über das Kamerasystem überwacht. Er wurde während seiner Pausen zur Arbeit gerufen. Er hatte mittlerweile Gastritis und Herzprobleme. Seine Arbeitszeiten wurden seit sechs Jahren nicht korrekt aufgezeichnet.

Kameraüberwachung von Mitarbeiter_innen ist grundsätzlich nur zulässig, wenn es eine abgeschlossene Betriebsvereinbarung, also eine Vereinbarung zwischen Geschäftsleitung und Betriebsrat, darüber gibt. In dieser Vereinbarung wird festgelegt, wozu die Kameraüberwachung dient und welche Bereiche überwacht werden dürfen. In zehnjähriger Praxis ist mir keine Vereinbarung bekannt, welche die Überwachung der Arbeitnehmer_innen legitimiert.

- E. F. arbeitete oft **12 Stunden, wobei nur neun Stunden korrekt aufgezeichnet** und dafür drei Stunden ohne Zuschlag auf den nächsten Tag verlagert wurden. Der Rayonsleiter setzte sie unter Druck, indem er ihr um 18:50 Uhr zu verstehen gab, dass sie, sollte sie den anwesenden Betriebsrat über diese Praxis informieren, nicht zum Dienstschluss um 19:00 Uhr nach Hause gehen dürfe. Sie blieb also still, da sie sonst ihren familiären Verpflichtungen nicht nachkommen hätte können.
- Den Mitarbeiter_innen einer ganzen Kette wurde kommuniziert, dass ab Datum des gegenständlichen Rundschreibens die **maximal erlaubte Arbeitszeit auf zehn Stunden** beschränkt wurde. Mitarbeiter_innen hatten zuvor oft **zwölf oder auch 14 Stunden gearbeitet**. Da das Arbeitsinspektorat eine Strafe für die Überschreitungen aussprach, wurden die Beschäftigten nun aufgefordert, ihre Arbeitszeiten innerhalb der gesetzlichen Grenzen aufzuzeichnen. Die vertraglich vereinbarten Arbeitsstunden wurden allerdings nicht angehoben und die Öffnungszeiten nicht reduziert. Also trugen sich die Mitarbeiter_innen drei bis fünfstündige Pausen ein, die sie mangels zusätzlichen Personals nicht halten konnten.

Für die GPA-djp ist es äußerst schwierig, die Umsetzung der erkämpften Rechte, die kollektivvertraglich verankert sind, zu kontrollieren. Die Anzahl der Geschäfte macht es dem örtlichen Betriebsrat, den Hauptamtlichen und auch dem Arbeitsinspektorat unmöglich, flächendeckend zu überwachen.

- S. S. (Filialleiterstellvertreterin) leitete ihre Filiale nach dem Pensionsantritt ihrer Vorgängerin seit zwei Monaten. Die Regionalmanagerin verweigerte ihr jedoch die mit dieser Position einhergehende **höhere Einstufung** und überließ die Mitarbeiter_innen der Filiale einem formalen Führungsvakuum. S. S. setzte alles daran, die Filiale gut zu leiten, die anderen Angestellten akzeptierten und respektierten sie aber teilweise nicht als Führungskraft. Zwei Mitarbeiterinnen boykottierten sie. S. nahm im Laufe der Zeit starke Medikamente und war durch diese sichtlich zunehmend beeinträchtigt. Schließlich verließ sie das Unternehmen nach langem Krankenstand.

Die Strategie, das Pflichtbewusstsein **von Mitarbeiter_innen** bis zu deren Zerbrechen **auszunutzen,** begegnete mir in den vergangenen zehn Jahren meiner Tätigkeit häufig. Wie im Kapitel 5.4.5 bereits erwähnt, ist die mangelnde verpflichtende Ausbildung und die reine Fokussierung auf Zielzahlen eine der Grundlagen für dieses Verhalten.

- R. T. fuhr wegen eines Überfalls kurz nach ihrer abendlichen Heimkehr um 20:30 erneut in die Filiale und musste bis um 2:00 Uhr morgens vor Ort sein. Der Rayonsleiter gewährte ihr allerdings keine Erleichterung und so begann ihr nächster Dienst regulär um 6:00 Uhr und als Kompensation für die geleistete nächtliche Arbeitszeit sollte sie sich irgendwann einmal freinehmen.

Arbeitseinsätze außerhalb der Normalarbeitszeit sind als Überstunden auszuzahlen oder auf Verlangen des Arbeitnehmers mit Zuschlag auf das Arbeitszeitkonto gutzuschreiben.

Beispiel einer erfolgreichen Intervention: Filialleiter L. T.

Die Möglichkeiten und Konsequenzen der richtigen gewerkschaftlichen Intervention zeigt anschaulich der Fall des Filialleiters L. T.

Nach einer Ausbildung zum RL/BZL/RM in einem anderen Konzern wechselte er als Filialleiter zu einem Lebensmitteleinzelhändler. Dort musste er erneut ein Traineeprogramm durchlaufen und im Zuge dessen eine neu renovierte Filiale leiten. Arbeitstage von zwölf Stunden waren keine Seltenheit. Der Betriebsrat war ihm aufgrund eines Filialbesuchs bekannt. L. baute allerdings kein Vertrauen zu diesem auf und so erfuhr ich erst über persönliche Kontakte von seinen Schwierigkeiten.

Sein RL/BZL/RM verbot nämlich per Aussendung, Tagesarbeitszeiten von mehr als neun Stunden einzutragen. Es durften keine Überstunden mehr entstehen, der erforderliche Arbeitsaufwand war mit dem bestehenden Personal jedoch kaum zu leisten.

Die Filiale sollte funktionieren, sauber sein, Umsatz machen und keine ausufernden Arbeitszeiten aufweisen. Eine Kombination, welche nur zu schaffen war, indem die Mitarbeiter_innen weniger Arbeitsstunden als die tatsächlich geleisteten eintrugen. L. war verzweifelt und seine langen Arbeitszeiten wirkten sich negativ auf seine Beziehung und sein Privatleben aus.

Als ich von diesen Umständen erfuhr, reichte ein Telefonat mit dem Betriebsrat, um die Angelegenheit zu erledigen. Der RL/BL/RM bekam eine strenge Verwarnung, der Angestellte wurde nicht genannt und allen Führungskräften wurde die verbindliche Konzernrichtlinie, die besagt, dass alle Arbeitszeiten aufzuzeichnen sind und jegliche Abweichung eine strafrechtlich verfolgbare Urkundenfälschung darstelle, nochmals kommuniziert.

Diese Information gelangte nur über ein freundschaftliches Vertrauensverhältnis an den zuständigen Gewerkschaftssekretär. Die Intervention konnte auf kurzem Wege die Umstände verbessern. Die Wirkungsweise einer gewerkschaftlichen Vertretung konnte vermittelt werden. **Ansprechpartner_innen könnten diesen Informationstransfer gewährleisten und damit zu einer weitreichenderen Wirkungsweise der Arbeiter_innenbewegung beitragen.**

5.4.8 Ergänzende Problemfelder aus Sicht der Betriebsrät_innen

Als Gewerkschaftssekretär ist man naturgemäß nicht in den täglichen Ablauf in einem Handelsbetrieb eingebunden. Diese Erfahrungen machen allerdings die Betriebsrät_innen, welche vom Gesetz her damit betraut sind, die wirtschaftlichen, gesundheitlichen, sozialen und kulturellen Interessen der Arbeitnehmer_innen im Betrieb wahrzunehmen und zu fördern. Im Rahmen eine Betriebsrät_innenkonferenz unter dem Motto Betriebsrealitäten traten die Belegschaftsvertreter_innen des Wirtschaftsbereichs Handel aus Wien zusammen, um über die tatsächlich wahrgenommenen Probleme in ihren Betrieben zu reflektieren und damit eine aktuelle Einschätzung für das Jahr 2011 abzugeben. Im Anschluss folgt also zur Vervollständigung eine Zusammenfassung der Ergebnisse dieser Konferenz:

Abbildung 8: Betriebsrät_innenkonferenz – Betriebsrealitäten 31. März 2011

Vordringliche Problemfelder aus Sicht der Betriebsratsmitglieder

- **Einhaltung der „schwarz/weiß"-Regelung für Samstagsarbeit, also die prinzipielle Regel, dass auf einen gearbeiteten Samstag ein freier Samstag folgen muss**
- **Burnout durch teils bewusst gesteuerte Faktoren:**
- **Verkaufs(druck)**
- **mangelnde Anerkennung**
- **Jobverlust-/Existenzangst**
- **knapper Personalstand**
- **extrem hohe Flexibilität**
- **krankmachende Strukturen**

- **empfundene Sinnlosigkeit der Beschäftigung**
- **unmäßige Arbeitszeiten**
- **Überstunden werden ohne Zuschlag auf einem Zeitkonto gesammelt**
- **Stunden werden nicht aufgezeichnet**
- **All-in-Verträge**
- **Nicht-Einhaltung der Höchstarbeitszeitgrenzen**
- **keine Nachvollziehbarkeit von Stundenaufzeichnungen**
- **Arbeitsvertragsveränderungen unter Druck**
- **mangelnde Kontrolle durch das Arbeitsinspektorat**

(Protokoll der WB 12 Konferenz GPA-djp Wien vom 21. März 2011)

Um meine These zu untermauern, dass die Problematik des Forschungsfeldes kein nationales Phänomen ist, sondern eine bewusste Strategie der Kontrolle von Mitarbeiter_innen in Konzernen darstellt, folgt nun ein Tatsachenbericht einer Beschäftigten von KiK Textilien und Non Food GmbH bzw. Plus und eine Auflistung von Missständen bei LIDL als Beispiel von deutschen Konzernen, die in Österreich mittlerweile mit hunderten Filialen vertreten sind.

5.4.9 Ihr kriegt mich nicht klein

Im folgenden Kapitel werde ich meine persönlichen Erfahrungen als Beschäftigter im Einzelhandel, aber vor allem als Regionalsekretär durch Beiträge aus der Erzählung einer ehemaligen Beschäftigten von KiK Textilien und Non Food Gmbh und Plus, das Pendant zur Zielpunkt Warenhandel GmbH &Co KG, ergänzen. Die Schilderung der Arbeitnehmerin wird die Unterschiede und Gemeinsamkeiten in den einzelnen Sektoren des filialreichen Einzelhandels verdeutlichen und darstellen, dass die Probleme und Schwierigkeiten keine Landesgrenzen kennen. ([Schramm-de Robertis, 2010] 17–55)

Frau Schramm-de Robertis war jahrelang als Filialleiterin tätig. Ihre Schilderung beginnt mit einem bekannten Kontrollszenario:

„Nächste Woche kommen die Leute vom Ein- und Verkauf, von der Dispo und so weiter […] Die Filiale muss perfekt ausschauen“, mit diesen strengen Worten fordert der Bezirksleiter Frau Schramm, die damals die Filiale leitete, auf, alle privaten Angelegenheiten sofort hintanzustellen.

Wie bei vielen Textildiskontern ist auch bei KiK kaum Lagerraum vorgesehen. Das bedeutet, dass die Ware ständig im Fluss bleiben muss. Die Filiale ist also immer voll bestückt und zwischendurch kommt, kurzfristig unbeeinflussbar, die neue Lieferung.

> *„Die folgende Woche ist für mich und meine Stellvertreterin Martina Stress pur. Alles muss geordnet werden: rote T-Shirts zu roten T-Shirts, schwarze Jacken zu schwarzen Jacken. Sämtliche Kleidungsstücke werden akkurat gefaltet und in Regale gelegt oder einzeln auf Bügel gehängt. Das Problem: Das Geschäft ist in dieser Zeit nicht geschlossen. Jeden Tag laufen bis zu 400 Kunden durch den Laden und bringen alles wieder durcheinander. […] Jeden Tag vor Feierabend müssen wir mit einfachen Reinigungsgeräten 600 Quadratmeter reinigen – und das bei den vielen Flusen, die von der Kleidung fallen. […] Geöffnet ist ab 9:00 Uhr. Doch in den letzten drei Tagen vor der Begehung sind wir von 7:00 Uhr früh bis spätnachts im Laden. Schließlich kann die normale Arbeit nicht liegen bleiben. […] Weiterhin wird ständig neue Ware angeliefert. Jede Hose, jeder Pullover, jedes T-Shirt muss ausgepackt und auf Bügel gehängt werden – das kostet Zeit.“*

Der Einsatz der Vollzeitkräfte hält den Betrieb am Leben. Sie sind die Leistungsträger, die Ausfälle kompensieren und bis zum Ladenschluss bleiben.

> *„[…] Und von den Aushilfen oder meinen Handelsassistenten kann ich schlecht verlangen, dass sie zwölf Stunden oder noch länger arbeiten. Also bleibt alles an Martina und mir hängen.“*
>
> Diesen Bemühungen folgt noch ein Besuch von Angestellten der Verkaufsabteilung, welche die Ordnung durcheinanderbringen, weil sie neue Produkte positionieren wollen. Daraufhin platzt den beiden der Kragen. Es ist schon kurz vor Dienstschluss und nur noch ein Kunde ist im Laden, da wird dem Ärger Luft gemacht.

„Wir arbeiten wie die Tiere, bekommen die Überstunden nicht bezahlt, und dann kommen auch noch irgendwelche Manager, die den ganzen Laden wieder durcheinanderbringen … ohne sich vorzustellen. Wenn der Geschäftsführer am kommenden Tag ein Wort sagen würde, dann würde sie sich einen Knarre nehmen und ihn weg pusten."

Schließlich stellt sich heraus, dass der Kunde der Geschäftsführer war und dieser sich ein unabhängiges Bild machen wollte.

Ein unüblicher, aber das klassische Mystery Shopping gut beschreibender Vorfall. Abgesehen von Stammkunden könnte jeder unbekannte Kunde ein Kontrollor sein. In den wenigsten Betrieben gibt es dazu eine Betriebsvereinbarung, obwohl diese Kontrollmaßnahme eindeutig gemäß § 96 Arbeitsverfassungsgesetz zustimmungspflichtig ist und damit ohne die Einwilligung des Betriebsrates nicht durchgeführt werden dürfte.

Am nächsten Tag wird der Vorfall aufgeklärt. Der Geschäftsführer stellt sich allerdings hinter Frau Schramm-de Robertis.

„Ich wundere mich ohnehin schon seit Langem, warum gute Kräfte, die ordentlichen Umsatz machen, auf einmal kündigen. Das ist nicht in unserem Interesse. Denn wir wollen ein Unternehmen aufbauen – und gutes Personal zu finden ist heutzutage nicht einfach."

Der Geschäftsführer bittet Frau Schramm-de Robertis, ihre Einstellung und Erfahrungen mit einer Runde von Verkaufsleitern, Einkäufern und anderen Managern zu teilen. Der Bitte kommt sie nach, erzählt von den langen Arbeitszeiten ohne Pause, manchmal bleibt *„[…] nicht einmal die Zeit, auf die Toilette zu gehen"*, und von niedriger Entlohnung und keinen freien Tagen. Ihren Verkaufsleiter und Bezirksleiter lässt sie allerdings außen vor, obwohl diese den Druck machen. Ihr ist bewusst:

„[…] egal, was der Geschäftsführer sagt – wenn ich hier rausgehe, bin ich denen ausgeliefert."

Der Geschäftsführer bedankt sich schlussendlich bei Frau Schramm-de Robertis und mahnt die versammelte Management-Riege, sich die Vorwürfe durch den Kopf gehen zu lassen.

Die beschriebene Sitzung des Managements ist ein klassisches Beispiel, wo erkennbar wird, dass zwischen den Konzernprinzipien und -richtlinien eines filialreichen Einzelhandelsunternehmens und der Umsetzung große Unterschiede bestehen. Selbst wenn das Top-Management andere Direktiven der Mitarbeiter_innenführung ausgibt, verantwortlich für die erlebte Arbeitswelt der Beschäftigten in der Filiale sind großteils die Bezirksleiter_innen, und diese genießen verantwortliche Autonomie (siehe Mikroebene – Verantwortliche Autonomie S. 89).

Einige Zeit später bekommt Frau Schramm-de Robertis einen Anruf einer anderen KiK Filialleiterin:

> *„Bei mir sind heute der Verkaufsleiter und zwei Leute von der Revision in den Laden gestürmt, haben die Conny geschnappt und sich mit ihr im Aufenthaltsraum eingeschlossen.“* Mehrere Stunden seien sie nicht herausgekommen. Danach packte die betroffene Mitarbeiterin unter Tränen ihre Sachen und der Verkaufsleiter gab an, sie beim Diebstahl erwischt zu haben. Schließlich fuhren sie mit ihr zu ihrer Wohnung, durchsuchten diese nach KiK-Produkten und wurden fündig.
>
> Die Mitarbeiterin beteuerte weiterhin ihre Unschuld, durfte allerdings während des Verhörs nicht weggehen oder telefonieren und dürfte in der Situation zusammengebrochen sein. Schramm-de Robertis führt die Sache auf eine Strategie des Betriebes zurück, Angestellte loszuwerden, da die betroffene Kollegin schon älter, öfter krank und deswegen nicht mehr voll leistungsfähig war.

Von dieser Strategie im Bekleidungseinzelhandel wurde auch der GPA-djp berichtet. Vorwiegend an Anlieferungstagen, wo Ware unter Zeitdruck auf die Verkaufsfläche ausgeladen und nebenbei eingeräumt werden muss, obwohl kaum Platz dafür vorhanden ist, müssen die Angestellten ohne Anleitung mit dieser Situation fertig werden. Da kann es schon vorkommen, dass Ware durcheinander kommt. Die Beschäftigten decken ihren persönlichen Bedarf ja ebenfalls vom Betrieb und so bietet sich in dieser Situation eine gute Möglichkeit, unangenehme oder auch teure ältere Arbeitnehmer_innen in einen Erklärungsnotstand zu bringen. Dabei werden durchaus, wie oben beschrieben, Verhörsituationen inszeniert. Für die Angestellten stehen dabei das Dienstverhältnis, aber vor allem auch die „Abfertigung alt“[7] auf dem Spiel.

> Der Druck auf die Mitarbeiter_innen bei KiK steigt also und in weiterer Folge entdeckt Frau Schramm-de Robertis, dass sie nicht korrekt entlohnt wird. Sie erhält das Gehalt einer Verkäuferin, obwohl sie Filialleiterin ist. Sie entschließt sich also einen Betriebsrat zu gründen. Dem wird von Seiten des Bezirksleiters zuerst sanft begegnet: *„[…] Was habe ich denn falsch gemacht?“* fragt er fast weinerlich. Schramm-de Robertis führt den neuen Verkaufsleiter an, der viele Kolleg_innen gekündigt hat und das vorenthaltene Gehalt einer Filialleiterin. Darauf reagiert der Bezirksleiter plötzlich wesentlich härter: *„Sie sind eine Teamleiterin und keine Filialleiterin.“*

Eine Strategie, welche man 2012 bei einer deutschen Schuhverkaufskette in Österreich nachverfolgen kann. Man gibt der faktischen Position eine andere Bezeichnung, um damit der eindeutigen Zuordnung im Kollektivvertrag zu entgehen.

> In Folge meldet sich schließlich der Geschäftsführer erneut bei ihr. Er führt an, dass ein Betriebsrat viel Geld koste und sie sich das nochmals überlegen solle. Sie solle ihm ein halbes Jahr Zeit geben. Er werde *„die Dinge verbessern“*. Sie würde *„ein angemessenes Gehalt“ bekommen und Bezirks- und Verkaufsleiter würden darauf hingewiesen werden, dass die Arbeitszeiten eingehalten werden müssen, „sie werde es nicht bereuen“*.
> Wegen des großen Drucks und gegen die Empfehlung des unterstützenden Gewerkschafters entscheidet sie sich, den Versprechungen des Managements zu glauben und die Betriebsratswahl abzusagen. Schramm-de Robertis und ihre Mitstreiter_innen bekommen im Anschluss Gehaltserhöhungen.

7 Bis 2003 stand die Abfertigung lediglich bei Arbeitgeberkündigung und einvernehmlicher Lösung zu.

Einige Zeit später findet sich ein Head Hunter in ihrer Filiale ein und unterbreitet ihr ein Angebot als Bezirksleiterin bei PLUS in Spanien. Sie würde eine Einarbeitungsphase in Deutschland haben, aber schon während dieser Zeit statt zu diesem Zeitpunkt 3700 DM bis zu 4800 DM verdienen. Sie sagt zu, erhält noch 10.000 DM Abfindung und beginnt beim Lebensmitteldiskonter Plus als auszubildende Bezirksleiterin mit einem 45-Stunden-Vertrag (37,5 Stunden waren üblich).

„Die Arbeit beim Lebensmitteldiskonter Plus ist sowohl körperlich als auch geistig viel anspruchsvoller als in der Textilbranche. Ständig müssen schwere Kisten und anderes gehoben werden. Die Filialleitung muss darauf achten, dass das Mindesthaltbarkeitsdatum der Ware nicht überschritten wird. Bei gefrorenen oder gekühlten Waren muss die vorgeschriebene Temperatur eingehalten werden. Deshalb sortieren wir sie nach der Anlieferung schnellstmöglich ein. Bei Obst und Gemüse darf keine ältere Ware in der Auslage liegen. Überhaupt sind Sauberkeit und Hygiene viel wichtiger als in einem Kleidergeschäft. Doch ich lerne schnell, auf meine Pausen bestehe ich ebensowenig wie zuvor bei KiK. Unbezahlte Überstunden sind offenbar nicht nur bei dem Textildiskonter die Normalität."

Die versprochene Stelle in Spanien bekommt Schramm-de Robertis nicht und es stellt sich heraus, dass KiK und Plus demselben Konzern, nämlich der Tegelmann-Gruppe angehören.

So wurde schlussendlich die Betriebsratswahl erfolgreich verhindert.

Schramm-de Robertis wechselte dann zu Lidl. Die Vorkommnisse in diesem Betrieb fasse ich im nächsten Kapitel zusammen.

5.4.10 Schwarzbuch Lidl

Nach diesem Bericht der Mitarbeiterin Schramm-de Robertis über ihre Erlebnisse bei KiK und Plus werde ich in diesem Kapitel knapp die von der deutschen Gewerkschaft Ver.di erhobenen Gegebenheiten bei Lidl umreißen. Obgleich sich Handlungsschemen wiederholen, ist dies meines Erachtens wichtig, um Muster aufzuzeigen, die auch in Österreich das Leben der Beschäftigten im filialreichen Einzelhandel erschweren.

- Einsatzpläne, also die vorgegebenen Arbeitszeiten werden unregelmäßig, mal zwei Wochen vorher, mal nur drei Tage vorher bekannt gegeben.
- Pro Minute muss jede Lidl-Verkäuferin vierzig Produkte über den Kassenscanner ziehen. Wer dieser Vorgabe vier Monate nach der Einstellung nicht entspricht, fliegt. ([ver.di, 2004], 21)
- Kündigungsgründe werden konstruiert, wie etwa der Griff in die Kasse
- Testkäufe. Es werden etwa zwei große Kartons mit Milchpackungen in den Wagen gestellt, und im unteren Karton ist ein Paket Kaffee versteckt ([ver.di, 2004], 22, 48, 54, [Schramm-de Robertis, 2010], 92)
- Teilzeitarbeitsverträge mit flexiblem Einsatz, z. B. statt vereinbarter 60 Stunden im Monat 160 Stunden ([ver.di, 2004], 22)
- „Freiwillige Vor- und Nacharbeiten“: zum Beispiel beginnt man um 6:30, gezahlt wird aber erst ab 8:00 Uhr, oder es wird die Parole ausgegeben: *„Bis 20:00 Uhr kriegt ihr bezahlt, und wenn ihr länger braucht, ist das eurer Pech“*. ([ver.di, 2004], 24)
- In Verhörsituationen mit z. B. Verkaufsleiter, Revisor und Rechtsanwalt, z. B. unter Androhung von fristloser Entlassung mit sofortiger Verständigung der Polizei wegen 12,50 Euro aus der Flaschenkasse zur Selbstkündigung gedrängt ([ver.di, 2004], 25, 48)
- Heimliche Überwachung mit z. B. Videokameras ([ver.di, 2004], 25)
- Beleidigungen und Drohungen: z. B. *„Sie sollten aufhören zu arbeiten, sie sind zu alt. […] Es gibt über vier Millionen Arbeitslose, wollen Sie dazugehören?“* ([ver.di, 2004], 29), desavouieren von Filialleiter_innen vor ihren Mitarbeiter_innen. ([Schramm-de Robertis, 2010], 109 f)
- Schwerstarbeit: Die 1,80 m hohen Paletten mit zwanzig bis dreißig Kilo Kartons in kürzester Zeit entladen. ([ver.di, 2004], 31, [Schramm-de Robertis, 2010], 93)
- Arbeitszeiten: flexibel, lang, ausgedehnt wie die Öffnungszeiten ([ver.di, 2004], 31)

- Zu wenig Personal, um die Kassenrichtlinie, dass beim dritten Kunden eine neue Kasse zu öffnen ist, zu erfüllen ([ver.di, 2004], 35)
- Krankheit gefährdet den Arbeitsplatz
- Nettoleistungssystem: Der Umsatz wird durch die Anzahl der verbrauchten Mitarbeiter_innenstunden geteilt. Die Ziele werden immer höher angesetzt. „Wenn man Stunden unter den Tisch fallen lässt und es fällt nicht auf, ist das super. Wenn es doch auffällt, dann ist man selber schuld, die oben aber nicht. Der Schwarze Peter wird einfach weitergesteckt." ([ver.di, 2004], 38)
- „Pausenklau": von den eingetragenen zwei Stunden Pause können nur 30 Minuten gehalten werden ([ver.di, 2004], 38)
- Keine Pausenräume, keine Toiletten in der Filiale ([ver.di, 2004], 41)
- „Nette Verkaufsleiter", die auf die Arbeitszeitgrenzen schauen, werden ausgetauscht ([ver.di, 2004], 46, 63 f, [Schramm-de Robertis, 2010], 85)
- Bezirksleiter werden von Beginn an auf Rücksichtslosigkeit und Härte geschult ([ver.di, 2004], 58)
- Mankobeträge, also Fehlstände in der Kasse, sind selbst zu begleichen ([ver.di, 2004], 56)
- Überwachung durch z. B. Kameras oder Babyphones im Aufenthaltsraum ([ver.di, 2004], 56)
- Spätkontrollen des Tresors, der Sauberkeit, der Leistungsübersicht und der Taschen ([ver.di, 2004], 56, [Schramm-de Robertis, 2010], 80, 165)
- Systematische Verhinderung der Gründung von Betriebsräten ([ver.di, 2004], 65 ff)

Es stellt sich also die Frage, warum Menschen einer Tätigkeit unter diesen widrigen Umständen nachgehen bzw. nicht gegen diese aufbegehren. Die Arbeitsmarktsituation greift diesbezüglich als Antwort zu kurz. Einen Erklärungsversuch möchte ich mit dem Exkurs über den Stellenwert der Arbeit anbieten.

5.4.10.1 Exkurs: Stellenwert von Arbeit

„Wer nicht arbeitet, wird zum „schlechten Armen“, und dieser Begriff ist mit jahrhundertelanger moralischer Stigmatisierung und sozialen Zwangsmaßnahmen verbunden. Es gibt also ein verständliches Interesse, fast jedwede Arbeit zu akzeptieren, um nicht zum „schlechten Armen“ zu werden – sodass man lieber ein working poor, ein Erwerbsarmer ist, der immerhin das Verdienst hat, zu arbeiten, auch wenn ihm seine Tätigkeit nicht die Grundvoraussetzungen seiner wirtschaftlichen Autonomie und sozialen Unabhängigkeit sichern kann.“ ([Castel, 2011], 138)

Wie viel die Menschen arbeiten, bis zu welchem Alter und in welchen Arbeitsverhältnissen ist abhängig von wirtschaftlichen, sozialen und politischen Rahmenbedingungen. Diese sind in den letzten Jahren in Europa in Umbruch geraten.

Die Deregulierung der Arbeitsverhältnisse, der Umbau der Sozialsysteme und die soziale Randstellung von Arbeitslosen haben den Arbeitsmarkt nachhaltig verändert.

Ein festes Arbeitsverhältnis ist die Grundvoraussetzung für gesellschaftliche Integration.

„Erinnern wir uns, dass Wirtschaftliches und Soziales nicht zwangsläufig einen Gegensatz bilden, dass ihre Verbindung im späten Industriekapitalismus ganz im Gegenteil eine beispiellose wirtschaftliche, wie auch soziale Entwicklung ermöglicht hat. Wenn die neuen Spielregeln des Kapitalismus zunehmend Mobilität, Flexibilität, Wettbewerbsfähigkeit verlangen, dann könnten sie auch neue Formen von Schutz und Absicherung für jene verlangen, deren Arbeit für das Funktionieren des Marktes notwendig ist.“

[Castel, 2011, 47]

Diesen Appell kann ich hinsichtlich der Situation der Beschäftigten im Handel nur bekräftigen: Arbeitnehmer_innen im Einzelhandel, und hier besonders im filialreichen Einzelhandel, sind schwierigen Bedingungen ausgesetzt, die über die reinen Arbeitsstunden hinaus reichen. Sie sind großem Druck, mit wenigen Möglichkeiten der Kompensation, ausgesetzt. Sie sind gesundheitlich und sozial gefährdeter und bedürfen auch deswegen der erhöhten Aufmerksamkeit der Arbeitnehmer_innenvertretung.

Die Probleme im „Forschungsfeld: filialreicher Einzelhandel" sind vielschichtig. Auf der ökonomischen Seite findet man Unternehmensnetzwerke, welche in einem brutalen **Verdrängungswettbewerb** um österreichische Marktanteile kämpfen. Dieser Wettbewerb geht **zu Lasten der produzierenden Industrie und der Mitarbeiter_innen auf der Verkaufsfläche**. Die industrialisierte Variante des filialreichen Einzelhandels **weitet** die **Öffnungszeiten aus** und will den steigenden Kundenwünschen entsprechen, **ohne das nötige Personal einzustellen**. Die Beschäftigten in den immer kürzer dauernden **Teilzeitarbeitsverhältnissen** werden durch verschiedenste Varianten der peniblen, oft verdeckten Kontrolle auf Effizienz geprüft. Damit einher gehen **gesundheitliche Belastungen und finanzielle Schwierigkeiten**. Die gewonnenen Erkenntnisse des Abschnitts 5.4 werden im Kapitel 5.10.4 Einschulung nochmals aufgegriffen.

5.5 Gewerkschaft im Handel (Fortsetzung)

Nachdem ich die historischen Entwicklungen der Gewerkschaft im Handel (siehe Kapitel 5.3.1) und die Problemlagen der Beschäftigten (siehe Kapitel 5.4.3) beleuchtet habe, stellt sich die Frage, welche Strategien Gewerkschaften anwenden, um ihrem Vereinszweck nachzukommen.

5.5.1 Interessenpolitische Strategien und Impulse von und für Gewerkschaften

5.5.1.1 Theoretische Einleitung: Macht/-potentiale

Ein umfassender Überblick der gewerkschaftlichen Strategien im Handel bedarf einer Darstellung der theoretischen Grundlagen. Daher folgt nun eine kurze Einleitung in den Themenbereich Macht aus einer Studie über Betriebsratsrealitäten. ([Becksteiner, Steinklammer, Reiter 2010],18–24)

> Weber schreibt: „*Macht bedeutet jede Chance, innerhalb einer sozialen Beziehung den eigenen Willen auch gegen Widerstreben durchzusetzen, gleichviel worauf diese Chance beruht.*" ([Weber, 1922], 50)
>
> Und weiter bei Demirovic: „*Denn Macht stellt eine Relation zwischen den herrschenden Klassen bzw. Fraktionen und den Herrschaftsunterworfenen dar und ist kein Ding, das man besitzt.*" (Demirovic in Bescherer/Schierhorn [Hrsg.] 2009:70, in [Becksteiner, Steinklammer, Reiter 2010], 18).

Macht ist also nicht Eigenschaft oder Besitz eines Einzelnen, sondern entspringt immer einer sozialen Beziehung. Sie entsteht offenbar im Verhältnis von Unterstützer_innen und drückt sich in Durchsetzungskraft aus. Macht ist demzufolge das zentrale Element, wenn es als Gewerkschaft darum geht, für Arbeitnehmer_innen die Arbeitsbedingungen zu gestalten.

Sowohl aus der Struktur des Kapitalismus als auch aus der Organisierung von Arbeitnehmer_innen entstehen Machtressourcen, welche es als Machtpotentiale zu verstehen gilt und welche unter Berücksichtigung vieler Voraussetzungsketten aktivierbar sind.

Marktmacht:

Marktmacht entsteht im Zuge des Verkaufs der Arbeitskraft von Arbeitnehmer_innen an die Arbeitgeber_innen.

Dazu schreibt Beverly J. Silver:

> *„Die Marktmacht kann verschiedene Formen annehmen, darunter (1) den Besitz der Qualifikationen, die von Arbeitgebern nachgefragt werden, (2) geringe Arbeitslosigkeit und (3) die Fähigkeit von Arbeitern und Arbeiterinnen, sich vollständig vom Arbeitsmarkt zurückzuziehen und von den anderen Einkommensquellen als der Lohnarbeit zu leben.“* (Beverley J. SILVER, 2005, Forces of Labor, Arbeiterbewegung und Globalisierung seit 1870, 31 in [Becksteiner, Steinklammer, Reiter 2010], 20)

Ein gutes Beispiel für den Verlust diesbezüglicher Macht stellt die Dequalifikation der Arbeitnehmer_innen in der vorherrschenden tayloristisch ausgeprägten Form des filialreichen Einzelhandels dar. Der vormals beinahe selbstständige Filialleiter, der ähnlich eines echten Kaufmanns das Sortiment und sogar teilweise die Angebote bestimmen konnte, der über die Produkte und Kunden Bescheid wusste und somit ein Spezialist bei der individuellen Versorgung mit Konsumgütern des täglichen Bedarfs war, ist heute durch die Zerstückelung der Arbeitsschritte und die Kundenansprache über Massenreklame ersetzbar geworden. Die Marktmacht einer hochqualifizierten Arbeitskraft, die früher auch ein hohes gesellschaftliches Ansehen genoss, ist durch Dequalifikation massiv geschwunden.

Produktionsmacht:

Produktionsmacht kann aufgrund der Position der Arbeitnehmer_innen im Produktions- und Distributionsprozess entstehen. Sie tritt in Form von Stilllegung bzw. Verzögerung der Produktions-/Distributionskette oder durch partielle Arbeitsniederlegung auf. Durch die Verlagerung des Lagers auf die Fahrzeuge und Filialen und die gewünscht kurzen Zeiten vom Produzenten bis zum Verbraucher, vor allem im Obst-, Gemüse- und Brotbereich, ist die Produktionsmacht im filialreichen Einzelhandel gestiegen, aber auch der Kassenbereich stellt einen unüberbrückbaren neuralgischen Punkt dar.

Marktmacht und Produktionsmacht werden als strukturelle Macht zusammengefasst, da sie in kapitalistischen Verhältnissen zwar vorhanden sind, aber aufgrund der systemimmanenten dynamischen Entwicklung umkämpft werden.

Organisationsmacht

Neben der Möglichkeit, wie oben beschrieben punktuell strukturelle Macht auszuüben, besteht ein Potential im Zusammenschluss der Arbeitnehmer_innen in Organisationen wie etwa Gewerkschaften. Die oben beschriebene strukturelle Macht tritt zB effektiv bei Arbeitskampfsituationen zu Tage. Durch das organisierte Auftreten ist es den Arbeitnehmer_innen möglich, die Durchsetzungsfähigkeit dauerhaft glaubhaft zu machen und damit die Machtpotentiale auszuschöpfen, ohne in dauerndem Konflikt zu stehen.

Bündnismacht

Eine besondere Form der Organisationsmacht stellt die Bündnismacht dar. Dabei wird die Machtentfaltungsebene des Produktionsprozesses bzw. Distributionsprozesses verlassen und die Schnittstelle zum Abnehmer in den Fokus genommen. Menschen solidarisieren sich mit den Konflikten von Arbeitnehmer_innen in Betrieben und boykottieren z. B. eine Marke oder eine Kette. Käuferstreiks stellten ein wichtiges Element der Arbeitskämpfe in den ersten Jahrzehnten der Arbeiter_innenbewegung dar und sind vor allem im Einzelhandel ein hervorragendes Machtpotential, welches ich in vielen Konflikten (etwa bei KiK, Schlecker, IKEA, Veloce) nutzen konnte.

Institutionelle Macht

Gerade in Österreich, dem Land, in dem die Sozialpartner_innenschaft über viele Jahrzehnte hinweg die wirtschaftlichen und sozialen Entwicklungen massiv beeinflusst hat, ist zu erkennen, dass die Arbeiter_innenbewegung über das Aktionsfeld des Betriebes hinaus das Mandat der Arbeitnehmer_innen wahrnimmt. Nach wie vor werden viele Entscheidungen des Parlaments im Rahmen des Gesetzwerdungsprozesses zur Aushandlung an die Sozialpartner_innen, also die gesetzliche Interessenvertretung der Arbeitgeber und die gesetzliche und freiwillige Vertretung der Arbeitnehmer_innen übergeben. Ziel ist es, Basiskompromisse zu finden und damit sozialen Frieden zu sichern. Dieser Prozess, aber auch der oftmalige gesetzliche Verweis auf eine kollektivvertragliche Regelung, welche wiederum einer Einigung der Sozialpartner_innen bedarf, unterstreichen die ausgeprägte institutionelle Macht der Gewerkschaft in Österreich.

Diese Beispiele für Machtpotentiale werden von Gewerkschaften in unterschiedlicher Form genutzt. Daher skizziere ich im Anschluss aktuelle Strategien der Gewerkschaften unter Berücksichtigung der Machtsphären und ergänze diese um persönliche Erfahrungen.

5.5.1.2 Gewerkschaftliche Strategien: Soziales Netzwerk

Soziale Netzwerke sind Zusammenschlüsse von Menschen, idealerweise nicht direkt aus der Gewerkschaft, die aktiv für ein Anliegen eintreten. Sie unterstützen Aktionen auch im öffentlichen Raum und werden in unserem Kontext von hauptamtlichen Gewerkschaftern koordiniert. Sie sind zeitlich befristet und thematisch auf einen Punkt, auf ein Problem bzw. einen Missstand fokussiert bzw. orientiert.

> „*Soziale Netzwerke sollten so verstanden werden, dass bei Konflikten, die die Netzwerkpartner betreffen, auch seitens der Gewerkschaft Unterstützung gewährt wird, also Unterstützungsleistung auf Gegenseitigkeit.*" ([OrKA, 2005], 168) findet man dazu in deutscher Organisationsliteratur.

Sie bieten den Vorteil, auf einem niederschwelligen Niveau eine große Unterstützer_innenanzahl aus der Zivilgesellschaft zu gewinnen. Es ist einfacher, sich für eine gute Sache öffentlich zu engagieren als sich als glühender Verfechter der gesamten Gewerkschaftsbewegung zu positionieren.

Hier wird die Bündnismacht genutzt. Ein gutes Beispiel bietet neben der Clean-Clothes-Kampagne (siehe Kapitel 5.6.1.2) die österreichische Allianz für einen freien Sonntag.

„Ziele der Allianz für den freien Sonntag Österreich sind:

- der Schutz des freien Sonntags vor schleichender Aushöhlung durch Wirtschaft und Politik
- sowie Arbeit für ein öffentliches Bewusstsein um den gesellschaftlichen Wert gemeinsamer freier Zeiten

Der am 2. Oktober 2001 gegründeten Allianz gehören über 50 Mitglieder an: Organisationen aus Zivilgesellschaft, Kirchen, Gewerkschaften; und neun Bundesländer-Allianzen.“[8]

Durch sie ist es bis zum heutigen Tag erfolgreich gelungen, den arbeitsfreien Sonntag für die Beschäftigten im Einzelhandel mehrheitlich zu bewahren. Denn sie stellt ein gesellschaftsübergreifendes Bündnis dar, wo neben den oben Erwähnten auch zeitweise Arbeitgeber Mitglied waren.

5.5.1.3 Gewerkschaftliche Strategien: Organisierungskampagne

Bei Organisierungskampagnen steht im gewerkschaftlichen Kontext der Betrieb bzw. das Unternehmen im Fokus. Es wird im Rahmen eines solchen Aufbaus darauf geachtet, geeignete, emotionalisierende Themen als Ausgangspunkt für die Etablierung von Gegenmacht durch die Rekrutierung von Gewerkschaftsmitgliedern zu nutzen.
Übliche Arbeitsmethoden sind beispielsweise:

- Entwicklung von Abteilungsplänen
- Einsatz eines Organisierungsteams
- spezifische Formen persönlicher Ansprache
- Aktivierung von Beschäftigten
- Werbung neuer Mitglieder

Professionell vorbereitete Kampagnen können Jahre dauern. Die Phase im Betrieb, also die Ansprache potentieller Mitglieder und die Aktivie-

8 Siehe: http://www.freiersonntag.at/index.php?option=com_content&view=article&id=72&Itemid=74 am 12. Mai 2012 um 17:00 Uhr

rung der Beschäftigten, sollte allerdings in einem begrenzten Zeitraum stattfinden. ([OrKA, 2005], 169)

Bei Organisationskampagnen wird sowohl mit der Produktionsmacht, als auch mit der Organisationsmacht gearbeitet. Die Arbeitnehmer_innen werden sich ihrer Macht bewusst und im Zuge der Aktivierung der Beschäftigten werden immer größere Aktionen realisiert, welche die Produktionsmacht gegenüber dem/der Arbeitgeber_in darstellen und ihn/sie zum Erfüllen der Forderung bewegen sollen. In der mitteleuropäischen Umsetzung spielt allerdings die Organisationsmacht immer noch eine große Rolle. Die Beschäftigten werden zur Mitgliedschaft motiviert und das Verhandlungsmandat wird im Erfolgsfall an ein Gremium oder die Gewerkschaft übergeben.

5.5.1.4 Gewerkschaftliche Strategien: Strategische bzw. Druck-Kampagnen

„Strategische bzw. Druck-Kampagnen haben das Ziel, durch ihre strategische Anlage bzw. durch das mit ihnen verbundene Druckmoment eine offensiv direkte Veränderung zu bewirken (Einleitung von Betriebsratswahlen, Durchsetzung eines Tarifvertrages, Verbesserung von Arbeitsbedingungen, Schutz von Persönlichkeitsrechten usw.), bzw. defensiv eine Verschlechterung (Arbeitsplatzabbau, Outsourcing, Betriebsschließung, GmbH-Bildung, Privatisierung usw.) zu verhindern.“ ([OrKA, 2005], 169) Diese Kampagnen können weiters dort Erfolge erzielen, wo das Arbeitsverfassungsgesetz bzw. die betriebliche Mitbestimmung nicht mehr rechtlich durchsetzbar ist. Dabei ist vor allem im Einzelhandel die Nutzung der Öffentlichkeit der Schlüssel zum Erfolg. Unternehmen geben Millionen aus, um ihr Image zu wahren oder zu verbessern.

Glaubhafte Öffentlichkeitsarbeit kann deswegen eine geringe innerbetriebliche Aktionsfähigkeit kompensieren. ([OrKA, 2005], 169)
Hier können bis zu drei Machtsphären wirken:

- Die Organisationsmacht, denn die Gewerkschaften nutzen dabei alle Ressourcen und stellen sich als Vereinigung der Arbeitnehmer_innen vor die Betroffenen.

- Die Bündnismacht, denn diese Kampagnen binden die Öffentlichkeit mit ein, und gerade in dieser Situation steht das Image der Konzerne auf dem Spiel. Solidarische Menschen werden im Zuge solcher Kampagnen oft zum Kaufboykott motiviert.
- Eventuell die Produktionsmacht, wenn der Organisierungsgrad innerhalb der Belegschaft entsprechend hoch ist.

Ein gutes Beispiel stellen die Kampagnen für betriebliche Mitbestimmung bei IKEA und KiK dar. (Siehe Kapitel 5.6.1.1) In beiden Fällen wurde den Mitarbeiter_innen das Koalitionsrecht verwehrt. Eine Betriebsratswahl entsprach nicht den Vorstellungen des Managements. Daraufhin wurden zuerst Gespräche auf Spitzenebene geführt, wo versucht wurde, die traditionelle Organisationsmacht einer Gewerkschaft in Österreich zu nutzen. Als dies erfolglos blieb, wurde die Öffentlichkeit mobilisiert. Intensive Presse- und Öffentlichkeitsarbeit führte dazu, dass das Image angekratzt wurde bzw. im Falle KiK auch die Umsätze merklich zurückgingen. In beiden Fällen war es aufgrund der zu geringen Mitgliederdichte nicht möglich, Produktionsmacht zu entwickeln.

5.5.1.5 Gewerkschaftliche Strategien: Lokale und regionale Gewerkschaftsarbeit

Bereits 1994 zeichnete Wirth in seiner Studie über die neue Unübersichtlichkeit im Einzelhandel interessante Tendenzen der damals im Bereich des Einzelhandels dominierenden Gewerkschaft HBV auf, die nachfolgend dargestellt sind. ([Wirth, 1994], 117 f)

Grundgedanke war, dass es ein Gebot der Stunde sei, die Aktivitäten als Gewerkschaft über die Grenzen der Betriebe hinaus auszuweiten. Enge Kooperation mit lokalen Behörden und das Mitwirken bei der wirtschaftlichen Gestaltung der Region waren genannte Aktionsfelder.

Zur gewerkschaftlichen Betreuung wurden neue Netzwerke geschaffen:

Innenstadtkartelle

Dabei haben sich Betriebsräte von Einkaufszonen zu überbetrieblichen Arbeitskreisen zusammengeschlossen. Aktivität entwickelte so ein Zusammenschluss in Form von regelmäßigen Treffen, Informationsständen der Betriebsräte in den Fußgängerzonen, Patenschaften für umliegende Einzelhandelsbetriebe und auf die Einkaufszone bezogene Aktionen im Rahmen von Kollektivvertragsverhandlungen. Dabei wurden diese Aktionen über die betrieblichen Grenzen der gewerkschaftlich organisierten Betriebe hinausgetragen. In einigen Städten wurden sogar eigene Kommunikationsmedien entwickelt und produziert.

Leider sind viele dieser wichtigen Aktivitäten aufgrund von mangelnden Ressourcen der hauptamtlichen Gewerkschaftssekretäre, die die Organisierung dieser überbetrieblichen Aktivitäten neben dem täglichen Arbeitsanfall leisten mussten, wieder eingeschlafen.

Diese Strategie zielt auf Organisations- und Bündnismacht ab, da damals die HBV[9]-Betriebsrät_innen als gewerkschaftliches Kartell auftraten und die Öffentlichkeit miteinbanden.

Lebensmittelkartelle

Das zweite Standbein der regionalen Gewerkschaftspolitik stellte das landesweite (Baden-Württemberg) Lebensmittelkartell dar. Dort waren Betriebsräte aus den ansässigen Lebensmittelfilialkonzernen zusammengeschlossen. In diesem Arbeitskreis wurde die lokale Betriebspolitik der HBV im Lebensmittelsektor koordiniert. Zu den Aktivitäten gehörten auch gemeinsame jährliche Schulungen im Rahmen einer einwöchigen Veranstaltung, wo man sich politisch bildete, reflektierte und konkrete Aktionen auf Betriebsebene durchdachte. Ein Problem wurde in der Vermittlung und Umsetzung der Vorhaben auf der Filialebene festgemacht. Dem begegnete man mit einem Lebensmittelfilialsekretär, also einem hauptamtlichen Mitarbeiter (siehe Kapitel 5.7.1) der

9 HBV: Gewerkschaft Handel, Banken, Versicherungen war bis 2001 eine Gewerkschaft im deutschen Gewerkschaftsbund (DGB) und ging in der Vereinigten Dienstleistungsgewerkschaft (Ver.di) auf.

Gewerkschaft. Wirth resümiert, dass das Lebensmittelkartell eine erfolgreiche Kurzhistorie aufzuweisen hat. Es gelang, die gewerkschaftliche Aktionsfläche auszudehnen, einen regen Informationsaustausch zwischen den Betriebsräten zu institutionalisieren und dadurch eine unternehmensübergreifende Gegenmacht und Gegenkultur unter dem Motto „Wir im Lebensmittelhandel" zu schaffen. Es entstand eine unternehmensübergreifende, handlungsfähige Einheit, die authentische, weil aus der Arbeitnehmer_innenschaft kommende Tarifvertragsforderungen erfolgreich kampagnisierte.

Bei der breiten Streuung der relativ kleinen Betriebseinheiten im Lebensmitteleinzelhandel sei es wichtig, Ansprechpartner vor Ort zu haben. Es sollten lokale und regionale Strukturen geschaffen werden, in denen Betriebsrät_innen aus anderen Betrieben beratende Funktionen einnehmen; ferner sollte der Lebensmittelfilialsektor örtliche Betriebsgruppen aufbauen.

Einige dieser Ideen sehe ich in der GPA-djp realisiert. Durch die Wirtschaftsbereichsstruktur in jedem Bundesland ist eine regionale Bündelung der Kräfte und Interessen möglich. Jedes dieser Gremien wird durch einen Sekretär mitbetreut. Wo sich die GPA-djp allerdings von der Vorstellung entfernt hat, ist die Spezifizierung innerhalb des Handels.

Die relevanten Machtsphären im Bereich der Lebensmittelkartelle sind:

- die Organisationsmacht, da hier vor allem die Kollektivvertragsforderungen, also das Umsetzen von Forderungen auf überbetrieblicher Ebene, vorangetrieben wurden
- im Falle der Eskalation Produktionsmacht, da innerhalb der Branche geschlossene Aktionen möglich waren.

> Die zentrale Erkenntnis aus dem Modell Lebensmittelkartell ist meines Erachtens, dass für die Organisierung des Lebensmitteleinzelhandels die Präsenz vor Ort essentiell ist.

5.5.1.6 Macht- und Reformstrategien von Gewerkschaften

In der Arbeit über neue gewerkschaftliche Strategien von Susanne Pernicka ([Pernicka, Stern 2011], 335 ff), auf die ich mich im folgenden Abschnitt beziehe, werden vier wesentliche Krisen der österreichischen Gewerkschaften ausgemacht:

- Mitgliederkrise: von 1970 62,8 Prozent auf 2008 28,9 Prozent
- Betriebliche Durchsetzungskrise
- Effektivitätskrise in Bezug auf die Globalisierung
- Finanzkrise

Im Gegensatz zu vielen anderen Staaten ortet sie in Österreich jedoch keine nationale Legitimitätskrise, da

- ein hoher kollektivvertraglicher Deckungsgrad,
- eine enge Verflechtung mit der sozialdemokratischen Partei
- und die Verankerung in der Selbstverwaltung von Arbeiterkammer und der Sozialversicherung

besteht.

Pernicka schlägt vor, dass neue und alte Organisationsformen und -logiken zu „hybriden" gewerkschaftlichen Organisationsmodellen verbunden werden sollen.

> Das traditionelle Stellvertreter_innenmodell, wo die Gewerkschaft beziehungsweise der Betriebsrat ihren Einfluss geltend machen, sollte um ein Aktivierungsmodell, welches auf Partizipation abzielt und mithilfe der Mitglieder bzw. Teilnehmer_innen selbst versucht, die Interessen durchzusetzen, ergänzt werden.

Pernicka konzentriert sich auf die Erfahrungen mit Organizingmodellen.
Diese umfassen in aller Kürze:

- Researching – also die genaue Lokalisierung des Zielunternehmens im Sinne einer Stakeholderanalyse

- Mapping – eine genaue Analyse der Struktur des Zielunternehmens selbst, also Abteilungen, Arbeitnehmer_innenanzahl, Betriebsgeländeskizzen
- Rating – eine Kategorisierung der Arbeitnehmer_innen eines Unternehmens nach dem Grad der potentiellen Unterstützungsleistung für die Aktion
- Schrittweise Aktivierung der Beschäftigten auf einem niederschwelligen Niveau mit dem Ziel, Stärke zu entwickeln und mehr Personen zu überzeugen

Der für mich interessanteste Anstoß in Pernickas Analyse war die Aktivierung der Mitglieder.

5.5.1.7 GPA-djp Bundesforum – neue Kommunikationsmittel

Am Bundesforum der GPA-djp im Jahr 2010 wurde zum Thema Kollektivvertragspolitik beschlossen, dass *„der Strategie der Interessendurchsetzung eine besondere Bedeutung bei der Umsetzung unserer Ziele und unserer Forderungen“* zukommt.

> *„Unsere bisherigen Instrumente der Interessendurchsetzung sind einer Prüfung zu unterziehen und weiter zu verbessern. Insbesondere müssen wir neue Formen der Interessendurchsetzung für jene Branchen und Wirtschaftsbereiche entwickeln, in denen unsere traditionellen Durchsetzungsinstrumente nicht effizient eingesetzt werden können.“*
> Zum Thema Beteiligung findet sich anschließend: **„Für die Qualität der gewerkschaftlichen Mitbestimmung sind Arbeitnehmer_innen, Mitglieder und Betriebsrät_innen [...] in den KV-Verhandlungsprozess einzubinden. [...] Dazu muss die GPA-djp auch neue Kommunikationsmittel [...] nutzen.“**
> (Antrag 19 [GPA-djp, 2010] 77 f)

5.5.1.8 Gewerkschaftliche Mitgliedergewinnung – eine Herausforderung

Eines der ersten Werke, mit denen ich mich im Zuge der Bearbeitung der Forschungsproblematik beschäftigt habe, war Heiner Dribbuschs Forschungsstudie „Gewerkschaftliche Mitgliedergewinnung im Dienstleistungssektor. Ein Drei-Länder-Vergleich im Einzelhandel.“ ([Dribbusch, 2003])

Dribbusch stellt eingangs drei Thesen in den Raum, welche dem vermeintlichen Bedeutungsverlust der Gewerkschaften aufgrund des Wandels von der Industrie- zur Dienstleistungsgesellschaft entgegenstehen.

- *„Mitgliedergewinnung ist möglich, es gibt keine prinzipielle Gewerkschaftsfeindlichkeit bei Dienstleistungsbeschäftigten. Die* ***niedrigen Eintrittsquoten*** *sind auch nicht das Ergebnis eines spezifischen Imageproblems der Gewerkschaften im Dienstleistungsbereich, sondern in erster Linie das* ***Resultat der Abwesenheit der Gewerkschaften in den meisten Dienstleistungsbetrieben****.*
- *Das* ***spezifische Problem*** *der Mitgliedergewinnung im privaten Dienstleistungssektor* ***sind strukturelle Hindernisse, wie Branchen-, Beschäftigungs- und Arbeitszeitstrukturen****, die die Herstellung gewerkschaftlicher Verfügbarkeit mittels Etablierung gewerkschaftlicher Vertretungsstrukturen erheblich erschweren.*
- *Eine* ***Verbreiterung der gewerkschaftlichen Verankerung ist möglich, wenn Gewerkschaften auf diese Problemstellung aktiv reagieren*** *und eine umfassende Prioritätensetzung ihrer Arbeit zu Gunsten der Mitgliedergewinnung vornehmen.“*
  ([Dribbusch, 2003], 13)

Gemäß Dribbusch ist die Konflikthaftigkeit des Arbeitsverhältnisses der Existenzgrund der Gewerkschaften.

Er definiert die „Konfliktversicherung“ als ein wesentliches Beitrittsmotiv; die wesentlichste Beitrittsvoraussetzung ist allerdings die wahrgenommene Durchsetzungsfähigkeit.

Sollte es den Gewerkschaften nicht gelingen, in den anwachsenden Sektoren der Wirtschaft/des Arbeitsmarktes bemerkbare Erfolge zu erzielen, so würde der Mehrwert aus dem Beitritt zur Gewerkschaft nicht erkannt werden.

Kommentar: Tatsächlich sind in der österreichischen Privatwirtschaft die Kernbereiche gewerkschaftlicher Machtausübung nach wie vor die Metall-, Eisen erzeugende, Elektro- und chemische Industrie sowie der Energieversorgungssektor. Hohe Organisationsgrade was die Mitgliedschaft, das Vorhandensein von Betriebsratskörperschaften, aber auch die gewerkschaftliche Aktionsfähigkeit anbelangt, sind die Kernelemente, auf Basis welcher es den Gewerkschaften gelang, das Rahmenrecht und die Gehaltsansätze voranzutreiben.

Auch 2011 war der Auftakt der jährlichen Kollektivvertragsverhandlungen geprägt durch ein starkes Zeichen dieser Sektoren. Im Metallbereich wurde in Form von Betriebsratskonferenzen und Betriebsversammlungen flächendeckend mobilisiert und in manchen Betrieben sogar gestreikt.

Öffentlich wahrnehmbar war die GPA-djp im Wirtschaftsbereich Handel eher bei Konflikten auf Betriebsebene. Obgleich der Kollektivvertrag für Angestellte im Handel mit vielen Qualitäten ausgestattet ist, wird doch von vielen Beschäftigten lediglich der niedrige Mindestgehaltsansatz registriert. (Siehe Kapitel 5.3.3)

Dribbusch stellt in seiner Studie fest, dass das Ziel der Mitgliedergewinnung die Stärkung der Durchsetzungsfähigkeit der Gewerkschaft ist und dass nur eine Gewerkschaft, die im Konfliktfall auch mobilisierungs- und aktionsfähig ist, eine starke Verhandlungsposition hat.

Als zentrale Einflussfaktoren der Mitgliederentwicklung führt Dribbusch

1. *die ökonomische Entwicklung (Strukturwandel)*
2. *die gesetzlichen Rahmenbedingungen*
3. *das öffentliche Bild der Gewerkschaften*
4. *die Gewerkschaft selbst* ([Dribbusch, 2003], 110)

an, wobei der letzte Faktor als am wichtigsten eingeschätzt wird.

Dazu nun eine persönliche Reflexion aus österreichischer Perspektive:

- ad 1) Eine diesbezüglich relevante Entwicklung ist der Anstieg des **Anteils des tertiären, also des Dienstleistungssektors am Bruttoinlandsprodukt im Vergleich zu den Fertigungssektoren.**[10]
- ad 2) Die gesetzlichen Rahmenbedingungen bezüglich des Zugangs zu Beschäftigten haben sich in Österreich nicht verschlechtert. Gegenläufig zum Trend zur Deregulierung und der damit einhergehenden Beschränkung der gewerkschaftlichen Rechte hat sich in Österreich das Arbeitsrecht mehrheitlich entlang der gesellschaftlichen Notwendigkeiten entwickelt. So wurden beispielsweise mit der Arbeitszeitgesetznovelle 2008[11] Zuschläge für Mehrarbeit eingeführt, um der ausufernden Entwicklung dieser Form der Arbeitsverhältnisse entgegenzuwirken, und die Strafen für Arbeitszeitgesetzesübertretungen verschärft. Freilich wäre aus meiner Sicht ein höheres Verhältnis von Arbeitnehmer_innenvertretern im Aufsichtsrat, die sanktionierte Verpflichtung, ab einer gewissen Betriebsgröße einen Betriebsrat zu wählen, und ein gut ausgebautes Streikrecht wünschenswert, aber **man kann in Österreich nicht von einer hinderlichen Gesetzeslage sprechen**.
- ad 3) 2001/2002 hatte sich der ÖGB, der seit 1945 eine eher staatstragende und mitgestaltende Rolle (ad institutionelle Macht siehe S. 114) eingenommen hatte, in einen Konflikt zur Verteidigung von Sozialstaat und Pensionen begeben. Die rechts-konservative Bundesregierung war damals angetreten zu privatisieren und erhebliche Einschnitte in Sozialstaat und Pensionssystem vorzunehmen. Der ÖGB mobilisierte in Form einer Urabstimmung unter den Mitgliedern sowie von Demonstrationen und Streiks. Damit endete eine jahrzehntelange Ära der Rolle des Sozialpartners am Verhandlungstisch. Den stärksten Imageverlust erlitten der ÖGB und seine Gewerkschaften im Zuge des BAWAG P.S.K Skandals 2006. Die aufgrund des Zusammenbruchs des Derivatehandlers Refco end-

10 Quelle: STATISTIK AUSTRIA, Volkswirtschaftliche Gesamtrechnungen. Erstellt am: 8. Juni 2012 um 16:30 Uhr

11 Siehe: http://tiny.cc/gu0xiw am 12. Juni 2012 um 10:30 Uhr

gültig in öffentlich wahrnehmbare erhebliche finanzielle Schwierigkeiten geratene Bank stellte einen großen Teil des Vermögens des ÖGB dar und war eine Säule der Arbeiter_innenbewegung in Österreich. Damals wurde von der Gewerkschaftsspitze eingestanden, Verluste aus Spekulationsgeschäften mit Gewerkschaftsvermögen erlitten und den sagenumwobenen Streikfonds zur Absicherung herangezogen zu haben. Erst eine öffentliche „Rettungsaktion" der damaligen Bundesregierung und der darauffolgende Verkauf leitete eine Beruhigung der Situation ein, welche von einem hohen Mitgliederverlust begleitet wurde. Diese Krise trug dazu bei, dass die allgemeine Einschätzung, der ÖGB sei mehr oder weniger in der Verfassung verankert und würde als fixer Teil der österreichischen Gesellschaftsstruktur immer weiter bestehen, verloren ging. Beschäftigte und Betriebsrät_innen realisierten, dass ihre Institution genauso von finanziellen Mitteln abhängt wie jede andere Organisation. Man besann sich wieder darauf, dass Aktionsfähigkeit und politische Unabhängigkeit von einer gesunden Mitgliederentwicklung abhängen. Eine anschließende ÖGB-Reform unter Einbindung der Mitglieder sollte vermitteln, dass die interne Kontrolle verbessert wurde und die Gewerkschaft sich für die neuen Herausforderungen wappnete. **Seither hat der ÖGB auch durch die Aushandlung der hochwertigen Kurzarbeitsregelung in den Krisenjahren 2009/2010 das Image eines gewichtigen Sozialpartners. Effektiv treten allerdings bei Konflikten seine Teilgewerkschaften auf.** Im Falle der Angestellten im Handel die GPA-djp.

- ad 4) **In allen Regionen und Wirtschaftsbereichen der GPA(-djp) hat man ab 2006 immer stärker begonnen, Konflikte offensiver auszutragen.** Erfolge bei Druckkampagnen wie zB im Zuge der Betriebsratswahl bei KiK wie auch erfolgreich erkämpfte Kollektivvertragsabschlüsse gaben hier positiven Rückenwind. Eine seit 1989 rückläufige Mitgliederentwicklung wurde durch die Erweiterung von kollektivvertraglichen Geltungsbereichen, stärkere Wahrnehmbarkeit von Kampagnen und öffentlichen Aktionen, aber auch durch konsequentere Bemühungen von Betriebsrät_innen, Mitglieder im

Betrieb zu werben, umgekehrt und ein leicht positiver Mitgliedertrend ist seit 2006 zu verzeichnen.

Offensichtlich sind Dribbuschs Grundvoraussetzungen für erfolgreiche Mitgliederwerbung im Wirkungsbereich der GPA-djp erfüllt, deswegen diskutiere ich im Anschluss weitere, an Dribbuschs Studie angelehnte Thesen für den Wirtschaftsbereich Handel. (Vgl. [Dribbusch, 2003a], 111–118)

- **Die unterdurchschnittliche Verankerung der Gewerkschaften im Einzelhandel lässt sich nicht auf eine geringe Beitrittsneigung der Beschäftigten zurückführen, sondern auf die Abwesenheit der Gewerkschaft in der Fläche.**

Die größten Mitgliederzuwächse sind seit 2006 beim Lebensmittelkonzern REWE (siehe REWE auf S. 47) zu verzeichnen. Jeder Betrieb dieses Konzerns war zu diesem Zeitpunkt betriebsrätlich organisiert. Dies trug allerdings noch nicht dazu bei, dass sich ein starker Organisationsgrad an Gewerkschaftsmitgliedern ausbildete. Nach einer öffentlichen Auseinandersetzung um widerrechtliche Arbeitsbedingungen wurden allerdings neue Impulse gesetzt. Eine Taskforce, also ein Gremium zur raschen, unbürokratischen Behandlung von arbeitsrechtlichen Vorwürfen, wurde ins Leben gerufen und eine Mitarbeiterin wurde beauftragt, die Filialen zu besuchen, um Mitglieder zu werben.

- **Mitgliedergewinnung hängt entscheidend vom Aufbau eines persönlichen Kontaktes zwischen Gewerkschaft und Beschäftigten ab. Die meisten Beschäftigten sind noch nie persönlich auf eine Mitgliedschaft angesprochen worden.**

Genau dieser Umstand führte offensichtlich zum Erfolg. Mit einer offenen Ansprache, dem Vorstellen der Vorteile der Gewerkschaftsmitgliedschaft, sowohl auf persönlicher Ebene als auch was die Gehaltsgestaltung aufgrund des Kollektivvertrages anbelangt, konnten bis 2011 2.500 neue Mitglieder geworben werden.

- **Dort, wo die Gewerkschaften eine starke betriebliche Präsenz aufbauen, können überdurchschnittliche Organisationsgrade erzielt werden.**

Ich konnte feststellen, dass vor allem in Betriebsstrukturen, wo die Arbeitnehmer_innen in großen Einheiten zusammengefasst sind, kontinuierlich aktive Betriebsratskörperschaften, die als Gewerkschaft im Betrieb präsent auftreten, hohe Organisationsgrade erreicht haben.

Die hohe Mitgliederdichte war und ist ein Resultat kontinuierlicher Bemühungen. Dies beginnt beim Einstellungsvorgang, wo der Erstkontakt erfolgen sollte, da der Betriebsrat die Möglichkeit hat, den Kollektivvertrag, die Betriebsvereinbarungen und sich selbst vorzustellen. Er kann Zusammenhänge erklären und auch vermitteln, dass ein Großteil der Beschäftigten Mitglied der Gewerkschaft ist und man gut beraten ist, dem Beispiel zu folgen. Oft tritt der/die neue Angestellte unmittelbar bei, in manchen Fällen wird eine Bedenkzeit erbeten, ein geringer Teil lehnt kategorisch ab. Sollte eine Bedenkzeit erbeten worden sein, so ist Hartnäckigkeit gefragt. Ein erneutes Gespräch nach einer Woche verschafft hohe Erfolgsaussichten. (Vgl. Interview Reichelt, Gesprächsnotizen: KV Verhandlungen 2011, Anker 2010) Nach einiger Zeit tritt dann ein gewisser Beschleunigungseffekt ein, da nun der Großteil der Arbeitnehmer_innen Mitglieder der Gewerkschaft sind und damit der Druck auf die verbliebenen Nichtmitglieder steigt, auch einen Beitrag zu leisten. Um diese Kultur zu etablieren, stellt ein respektvoller, nicht zu weicher Umgang zwischen Betriebsrat und Geschäftsführung eine gute Grundlage dar.

- **Strukturelles Haupthindernis des Aufbaus der für eine nachhaltige Mitgliedergewinnung notwendigen gewerkschaftlichen Präsenz an den Arbeitsplätzen ist die räumliche und zeitliche Fragmentierung der Beschäftigten. Im Einzelhandel (wie in zahlreichen anderen privaten Dienstleistungsbranchen) führen kleinbetriebliche Strukturen sowie ausdifferenzierte Beschäftigungsverhältnisse und Arbeitszeitmuster zu einer starken Vereinzelung der Beschäftigten innerhalb großer Konzerne, die im Zweifelsfall über große finanzielle Ressourcen verfügen, um eine unerwünschte Organisierung zu verhindern.**

Tatsächlich stellt die filialreiche Struktur in mehrerlei Hinsicht ein großes Hindernis dar:

- Erstens ist die Etablierung einer Betriebsratskörperschaft einerseits mit großem Aufwand bei der Kandidat_innenfindung, der Wahlwerbung, dem Briefwahlprozedere verbunden und andererseits, aufgrund der erschwerten Kommunikation unter den Beschäftigten, ist sie für Störversuche des Management anfälliger, wie sich bei den Bestrebungen bei KiK, Schlecker, IKEA erwiesen hat. (Siehe auch Kapitel 5.6.1.1)
- Zweitens herrscht in diesem Sektor eine wesentlich höhere Fluktuation als in anderen Bereichen, was eine dezentrale Bearbeitung erfordert. (Siehe Kapitel 5.4.3.9) Üblicherweise müsste also ein Mitglied des Betriebsrates vor Ort Kontakt mit den neuen Arbeitnehmer_innen aufnehmen, um sie zu überzeugen.
- Drittens bindet diese Struktur, aufgrund der Unregelmäßigkeit der Fälle, mehr Ressourcen des Betriebsrates bei der Bearbeitung von arbeitsrechtlichen Schwierigkeiten.
- Viertens ist es bei weitem aufwändiger, regelmäßigen persönlichen Kontakt zu den Mitarbeiter_innen zu halten.

- **Unternehmerischer Widerstand gegen Organisierung ist unterschiedlich stark ausgeprägt und in seiner Wirksamkeit abhängig von den institutionellen Rahmenbedingungen der jeweiligen Systeme industrieller Beziehungen.**

Wo der/die Unternehmer_in festgestellt hat, dass ein konstruktiver Dialog mit dem Betriebsrat positive Auswirkungen auf das Arbeitsklima bewirkte, wo begriffen wurde, dass auch ökonomisch schwierigere Perioden gemeinsam angenehmer durchlebt werden können, oder wo auf Arbeitgeber_innenseite erkannt wurde, dass ein Konflikt mit der Gewerkschaft größere finanzielle Gefahren mit sich bringt als geordnete Verhältnisse, dort ergeben sich gute Rahmenbedingungen für die Mitgliedergewinnung.

- **Die Gewerkschaften sind keine Gefangenen der sie umgebenden Strukturen, sondern selbst Akteure. Wie sie ihre Mitglieder-**

gewinnung organisieren, welchen Stellenwert sie ihr einräumen und welche Ressourcen sie dafür mobilisieren, beeinflusst entscheidend ihre Mitgliederentwicklung.

Konzentrieren sich die Gewerkschaften auf das Verwalten bzw. auf interne Angelegenheiten, so werden sie in der Öffentlichkeit schwächer wahrgenommen. Gerade die GPA-djp mit einer positiven Mitgliederentwicklung kann nun mit ihren finanziellen Ressourcen gestalten und führt keinen defensiven Rückzugskampf.

5.5.1.9 Ein Beispiel von der Gewerkschaft UNiA: Let's organize – von der Profi-Gewerkschaft zur Gewerkschaft der Aktivist_innen

Ein lebendiges Beispiel, wie man den oben dargestellten Herausforderungen begegnen kann, stellt die unveröffentlichte Vortragsunterlage der branchenübergreifenden Schweizer Gewerkschaft UNiA dar. ([Unia]) Ein Vertreter schilderte bei einer Tagung, wie sich die Gewerkschaft intern auf neue Herausforderungen professionell einließ, indem zuerst Kernaufgaben, dann alte und neue Anforderungen und schließlich Umsetzungsschritte definiert wurden.

In unterschiedlicher Ausprägung waren die definierten Kernaufgaben der Gewerkschaften:

- Mitgliederbetreuung,
- Mitgliedergewinnung,
- Mitgliederbildung,
- Kollektivvertragsverhandlung,
- politische Grundlagenarbeit und
- Lobbying.

Die Gewerkschaft UNiA unterschied bei ihrem Entwicklungsprozess zwischen kollektiver Interessenvertretung und individueller Mitgliederbetreuung.

Sie definierten, dass individuelle Mitgliederbetreuung:

- planbar,
- weitgehend linear und
- proaktiv steuerbar ist.

Sie erfordert

- Zuverlässigkeit,
- Kontinuität und
- Erreichbarkeit

wohingegen die **Gewerkschaftsarbeit als soziale Bewegung, also für kollektive Interessen, Bewegungsarbeit bedeutet**. Sie sei:

- unberechenbar,
- weitgehend reaktiv und
- bedarf der Improvisation. Weiters erfordert sie
- hohe Beweglichkeit,
- Kreativität und
- Freiräume.

Diese Arbeit würde, im Gegensatz zur Mitgliederbetreuung, welche für Mitglieder gemacht wird, **optimalerweise von Mitgliedern gemacht**. UNiA schloss daraus, dass diesbezügliche Prozessdifferenzen zu hohen Reibungsverlusten, Ressourcenkämpfen und Überforderung der Hauptamtlichen (siehe Kapitel 5.7.1) führen würden, also zu Ineffizienz und Qualitätsverlust.

Lösungsschritte für diese Schwierigkeiten sah die UniA in folgenden Maßnahmen:

1. ***Spezialisierung und Professionalisierung***
   Trennung der Kernprozesse Mitgliederbetreuung und Bewegung/Spezialisierung/Kampagnenarbeit
2. ***Standardisierung der individuellen Mitgliederbetreuung***
   Gleiche Prozesse, Kriterien und Instrumente für alle, Aufbau von Qualitätssicherung
3. ***Regionale Service Centers***
   Hohe Erreichbarkeit, bessere Sprachabdeckung und Erledigungsrate
4. ***Aufbau ausgehender Mitgliederbetreuung***
   Aktive Kontaktaufnahme nach Eintritt und Verbesserung des Inkasso
5. ***Neue Berufsbilder***
   Differenzierung und Aufwertung der Arbeiten im Bereich der individuellen Mitgliederbetreuung, neue Profile und Entwicklungsmöglichkeiten

6. ***Aufbau Webschalter***
   Einfacher Zugang für Internetgeneration, Erhöhung der Eigenleistung
7. ***Effizienzsteigerung und Ressourcenverschiebung***
   Klärung der Leistungen und Standards sowie als Ergebnis der Massnahmen 1–6
   ([UniA], Folie 12 ff)

Daraus ergab sich eine **Neuformierung** der Gewerkschaft **UniA** Zürich, welche nun **jeweils 33 Prozent** der Ressourcen für die **Mitgliederbetreuung**, die **Kollektivvertragsverhandlung** und die **Organisierung von Zukunftsbereichen** vorsah. Zuvor waren 53 Prozent der Ressourcen für die Mitgliederbetreuung und 47 Prozent für die Kollektivvertragsverhandlungen vorgesehen.

> Fazit: Durch intelligentes Management können Ressourcen für neue Impulse freigesetzt werden.

5.5.2 Erste persönliche Umsetzungsschritte: Von einer Stellvertreter- zur Beteiligungsstruktur

Als ich im Jahr 2002 die hauptamtliche Verantwortung für den regionalen Wirtschaftsbereich Handel übernahm, waren die diesbezüglichen Anforderungen gemäß der damaligen Auslegung der Organisationsentwicklungsreform (5.3.1.9) der GPA 2000 sehr gering. Es bestand die Auffassung, dass das gewählte Gremium, der regionale Wirtschaftsbereichsausschuss, lediglich einmal jährlich in Form einer Konferenz berichten sollte und in der Konfliktsituation bei kollektivvertraglichen Verhandlungen die regionalen Protest- bzw. Arbeitskampfmaßnahmen durchzuführen hätte. Die politische Arbeit, der demokratische Meinungsfindungsprozess sollten auf Bundesebene erfolgen.

Der Bundesausschuss, also das österreichweit beschickte Gremium, stand damals unter der Leitung des Vorsitzenden Felix Hinterwirth und des leitenden Sekretärs Erich Reichelt. Ein eingespieltes Team, welches über Jahrzehnte einen Basispfeiler der Sozialpartnerschaft darstellte. Die Kollektivvertragsverhandlungen liefen zu dieser Zeit noch nach einem gewohnten Schema ab. Die Verhandlungspartner auf beiden Seiten, also gewählte Vertreter_innen der Wirtschaftskammer und der Gewerkschaft, kannten das Prozedere. Man begann mit höchst unterschiedlichen Gehaltsvorstellungen, näherte sich langsam an und einigte sich schließlich, oftmals nach Interventionen von höherer Stelle. (Interview Hinterwirth 22. September 2011, 35:21)

Es ergab sich also aus diesem Ablauf selten die Notwendigkeit, Protestmaßnahmen zu organisieren. Ich wollte mich aber mit diesen niedrigen Anforderungen an den regionalen Wirtschaftsbereichsausschuss nicht abfinden. Aus meinen jahrelangen Erfahrungen als Koordinator ehrenamtlichen Engagements in der AKS Wien (siehe Kapitel 4) schloss ich, dass sich ein potentiell aktionsfähiger Regionalausschuss bzw. eine annehmbare Aktionsfähigkeit aller Betriebsrät_innen des Wirtschaftsbereichs Handel in Wien nur entlang einer lebendigen Branchenarbeit entwickeln konnte.

Engagement und Motivation ergeben sich in der Gewerkschaftsbewegung aufgrund verschiedener Faktoren. Einer davon ist das gemeinsame „Drehen an der Gehaltsschraube" und die im Zuge von diesbezüglichen Auseinandersetzungen gelebte Solidarität in der Branche. (Siehe auch 5.9.1.3) Um allerdings die entsprechende Schlagkraft zu entwickeln, bedarf es der Identifikation mit diesem Bereich, wofür kontinuierlich verbindende Aktionen unerlässlich sind.

Ich befand also, dass eine einmalige Konferenz im Kalenderjahr nicht genug wäre. Der damalige und heutige Vorsitzende Franz Georg Brantner unterstützte dieses Ansinnen. Wir beriefen also regelmäßig Sitzungen der Betriebsrät_innen des Wirtschaftsbereichs ein. Längerfristig resultierte daraus, dass wir bei Auseinandersetzungen tatsächlich eine höhere Aktionsfähigkeit gewannen, dass der Austausch zwischen den Betrieben intensiviert wurde und dass die Teilnahme an den Sitzungen zunahm.

Was dennoch auch längerfristig nicht in zufriedenstellendem Ausmaß zustande kam, war eine wirklich aktive Beteiligung. Man hörte den

Ausführungen des Vorsitzenden und den Ergänzungen des Sekretärs zu, ein befruchtender Diskurs fand aber nur bedingt statt. Das entsprach nicht meinem Verständnis einer gesunden demokratischen Organisation.

> Demokratie ist ein System, das man immer wieder aufs Neue lernen muss. ([Negt, 2010], 13) Eine Gesellschaft muss dazu angehalten werden, sich kritisch konstruktiv einzubringen. Dazu braucht es die richtige Einstellung, Wissen und die dementsprechende Struktur.

Für mich galt es also, eine Berichtskultur in eine Diskussionskultur zu wandeln. Dies gelang dadurch, dass ich die gewählten Wirtschaftsbereichsausschussmitglieder im Rahmen eines Themenfindungsprozesses dazu motivieren konnte, Mitträger einer neuen Konferenzkultur zu werden. Sie übernahmen die Rolle, sich definierter Betriebsratskörperschaften anderer Betriebe anzunehmen. Die Konferenzen wurden durch Diskussionsrunden, welche von ihnen geleitet wurden, partizipativer und konstruktiver. Im Rotationsprinzip wurden verschiedene Themenfelder des Lebensraums „Arbeitsplatz Handel“ andiskutiert, um einen IST-Stand der Problemlagen zu erstellen.

Aus den gefundenen Schwerpunkten ergab sich ein gemeinsam erstelltes Arbeitsprogramm, welches nun in Folgekonferenzen partizipativ abgearbeitet wurde. Dies mündete im Juni 2011 in einer Konferenz, auf der nach Expert_inneninputs und Diskussionsrunden eine zusammenfassende Forderung zum Thema: „betriebliche Gesundheitsförderung – Burn Out“ des regionalen Wirtschaftsbereichs „live“ erstellt wurde und zur späteren Verhandlung im KV-Prozess verabschiedet wurde.

Diese Vorgehensweise verdeutlicht meines Erachtens meinen persönlichen Zugang zur interessenpolitischen Arbeit. Obwohl so ein demokratischer Prozess durchaus Schwierigkeiten und Möglichkeiten der Manipulation bringt, überwiegt meiner Ansicht nach der Mehrwert, der Beteiligung, Verbindung und Verbindlichkeit schafft. Erst wenn ich an dem Projekt tatsächlich mitmachen könnte, würde ich auch dafür etwas riskieren bzw. Aktionismus entwickeln.

Ich halte es für essentiell, unsere Funktionär_innen zu aktivieren und möchte ihnen das Handwerkzeug mitgeben, in ihren Betrieben aktivierend zu wirken.

> Für ein Unterstützer_innennetzwerk nahm ich aus dieser Erfahrung mit, dass die Funktionär_innen der GPA-djp zu neuen Arbeitsformen zu bewegen sind. Sie können dazu beitragen, das Image der Gewerkschaft zu verändern und sind für neue Aktivitäten motivierbar.

Die Herausforderung, welcher ich im Rahmen dieser Studie begegnete, ist allerdings primär im weitaus zeitintensiveren Bereich der Mitgliederbetreuung in den Betrieben angesiedelt, welche ich nun im Anschluss beschreibe.

5.5.3 Offenes Problemfeld: Meine Rolle als Regionalsekretär

Die GPA-djp teilt die Aufgaben der Regionalsekretäre in zwei Bereiche ein. Einerseits die Organisierung von Betrieben bzw. die Betreuung der Mitglieder und Betriebsratskörperschaften, andererseits die Gremienbetreuung. (Siehe auch Kapitel 5.7.1.1 und Kapitel 5.5.2)

Anfänglich lag, wie oben beschrieben, der Schwerpunkt meines Tätigkeitsfeldes rein auf der Ebene der betrieblichen Betreuung. Man konnte sich beinahe vollständig auf den Beziehungsaufbau zu den, damals aufgrund der umfassenden Neustrukturierung der Organisation mit neuen Ansprechpartner_innen ausgestatteten, Betriebsratskörperschaften konzentrieren. Ein wichtiger Aspekt, da der/die Regionalsekretär_in für den Betriebsrat eine Person des Vertrauens sein sollte. Er ist das Bindeglied zur Gewerkschaft. Nach dem Prinzip „one face to the customer“ sollte auch jegliche Unterstützungsleistung von ihm organisiert werden.

Im Zuge der Organisierung von Schlecker-Filialen wurde mir später auch die Betreuung dieser Filialstruktur in Wien übertragen.

Die GPA-djp begegnete der Herausforderung, eine flächendeckende Betreuung eines Betriebes mit 1.200 Filialen über das gesamte Bundesgebiet zu organisieren, indem sie die sogenannte Konzernverantwortung, also die Verantwortung über das koordinierte gewerkschaftliche Vorgehen im gesamten Betrieb, dem/der Regionalsekretär_in übertrug, der/die im Bundesland der Zentrale zuständig war. Die regionale Betreuung und Umsetzung von Aktionen oblagen dann der jeweiligen Regionalgeschäftsstelle der GPA-djp.

Die rund 40 Filialen in Wien wurden aufgrund der Größe der Region einem einzigen Sekretär übertragen. Schlecker hatte weder viele zu vertretende Mitglieder, noch große gewerkschaftliche Bedeutung, trotzdem kann man an diesen Zahlen bereits ablesen, dass eine effektive und aktive Betreuung äußerst schwierig zu bewerkstelligen war, zumal ich neben Schlecker für weitere 60 Betriebe verantwortlich war.

Im Laufe der Zeit intensivierte sich die Problematik der adäquaten Betreuung, da ich die REWE-Konzernbetreuung (siehe S. 49) sowie jene von Zielpunkt, DM, Schlecker, KiK und Pagro übernahm.

Ich folge Negts Ansicht, wenn ich die Aufgabe der Interessenvertretung der Arbeitnehmer_innen darin sehe, dort aufzutreten, wo das Individuum keine starke Verhandlungsposition einnehmen kann.

> Negt schreibt, dass Gewerkschaften „*bei ihrem geschichtlichen Auftrag einer Interessenvertretung bleiben*" müssen, „*der wesentlich auf den arbeitsbezogenen Lebenszusammenhang abhängiger und unterdrückter Menschen bezogen ist, die der kollektiven Hilfe bedürfen, um Arbeit, Lebensperspektiven und Würde sichern zu können.*" ([Negt, 2005], 159)

Gleich, ob dies nun auf der individuellen Ebene im Betrieb, auf der kollektiven Ebene, was das Gehalt, Rahmenrecht oder Arbeitsschutz anbelangt, oder im Wohngebiet liegt. ([Negt, 2005], 158 ff)

Als Regionalsekretär konzentrierte sich meine Arbeit auf zwei tragende Säulen: einerseits die Mobilisierung der Mitarbeiter und Organisation von Protestveranstaltungen im Rahmen der Kollektivvertragsverhandlungen (siehe Kapitel 5.5.2), anderseits der Aufbau aktiver Betriebsratskörperschaften, was die Schulung der Betriebsrät_innen, die Unterstützung in allen Belangen und die rechtliche sowie strategische Beratung umfasste.

Es ist der Gewerkschaftsbewegung in Österreich gelungen, eine respektable Position gegenüber Unternehmen in dieser Branche einzunehmen. Mediale Auseinandersetzungen und organisatorische Leistungen fanden Beachtung und verhalfen uns zu einem Drohpotential, welches es uns ermöglicht, allfällige Missstände sehr schnell aus der Welt zu schaffen.

Oftmals reicht ein Anruf bei der zuständigen Betriebsratskörperschaft beziehungsweise dem/der zuständigen Bearbeiter_in in der Personalabteilung, um Probleme zu lösen. Ein wesentliches Hindernis liegt allerdings darin, dass wir nur von einem Bruchteil der Probleme erfahren! Die Barriere, sich über Missstände zu beklagen, scheint zu hoch. Die Gründe dafür sind vielschichtig und erstrecken sich von der Angst um den Arbeitsplatz (siehe Kapitel 5.4.10.1) über Misstrauen gegenüber dem Betriebsrat bis hin zum mangelnden Selbstwertgefühl.[12]

Wir Regionalsekretäre stehen vor dem Problem, nicht (ständig) vor Ort sein zu können. Es kommt natürlich vor, dass im Rahmen von Aktionen der GPA-djp Regionalgeschäftsstellen Kampagnenmaterial übergeben wird, aber ein regelmäßiger persönlicher Kontakt mit den Angestellten in den vielen Filialen ist mit heutigem Personalstand nicht möglich.

5.6 Persönliche Motive, eine ehrenamtliche Struktur zu nutzen

Wie zuvor dargestellt, war der mit vielschichtigen Problemen behaftete Arbeitsplatz von Handelsangestellten (siehe ab Kapitel 5.4.3) traditionell ein Betätigungsfeld der Gewerkschaft (siehe ab Kapitel 5.3), neue

12 Siehe S. 99, Beispiel einer erfolgreichen Intervention: Filialleiter L. T.

Impulse (siehe ab Kapitel 5.5.1) waren in der GPA-djp allerdings nur teilweise verarbeitet worden. In meiner Position als Regionalsekretär suchte ich nach neuen Wegen, diesen Herausforderungen (siehe Kapitel 5.5.3) zu begegnen.

Dabei verarbeitete ich unter anderem die nachfolgend geschilderten Anstöße.

5.6.1 Die Vision: Solidarität wird zum Trend

Bei einem Gespräch 2007 mit Karl Proyer, dem Bundesgeschäftsführer-Stellvertreter der GPA-djp, über mögliche Aktionsformen im Rahmen von Kollektivvertragsverhandlungen im Handel wurde der Gedanke geboren, dass es möglich sein sollte, einen Trend der gelebten Solidarität zu initiieren. Warum sollte die Gesellschaft nicht ein Interesse daran haben, in einem Supermarkt einzukaufen, in dem man gute Arbeitsbedingungen vorfindet und sich dafür auch einsetzen?

Wir reflektierten über Erfahrungen bei Kampagnen und stellten fest, dass die Kund_innen und Passant_innen sehr unterschiedlich auf unsere flächendeckenden Filialbesuche reagierten. (Davor wurde das Bundesforum 2006 unter dem Motto „on the road" genutzt bzw. wurden die Delegierten motiviert, die Beschäftigten im Handel in Wien mit gewerkschaftlichem Informationsmaterial zu besuchen; außerdem fanden in dieser Zeit Aktionen statt, wo die GPA-djp zur Unterstützung der Beschäftigten bei Schlecker aktiv auf Kunden zuging.)

Ich zog daraus den Schluss, dass diese vielen Menschen, die unsere Aktionen sogar mit ihrer Unterschrift unterstützten, ein Potential darstellten, das stärker genutzt werden könnte.

Anhaltspunkte zum möglichen Einfluss einer Initiative außerhalb der Gewerkschaft, welche sich für Beschäftigte solidarisch einsetzt, fand ich im Zuge der Auseinandersetzung mit KiK Textilien und Non-Food GmbH und bei der Clean-Clothes-Kampagne.

5.6.1.1 Einbindung Ehrenamtlicher im Zuge der Betriebsratswahl bei KiK

Die Angestellten des Textil-Diskonters KiK in den 250 österreichischen KiK-Filialen litten unter den für diesen Teil des Handels typischen Problemen bei Arbeitszeitaufzeichnungen, nicht ausbezahlten Überstunden etc. (Siehe auch Kapitel 5.4.9)

Lange Zeit erschwerte die Geschäftsführung von KiK die Wahl eines Betriebsrates erheblich. Die Beschäftigten hatten keine Möglichkeit, ihre Interessen auf betrieblicher Ebene nachhaltig zu vertreten. Wie in allen Filialbetrieben ohne Betriebsrat war auch bei KiK der Informationsstand der Beschäftigten über ihre Rechte sehr niedrig. Bereits im Herbst 2004 wurde ein Wahlvorstand eingesetzt und mit der Ausschreibung der Betriebsratswahl beauftragt. Obwohl der vom Assistenten der Geschäftsleitung besetzte Wahlvorstand den gesetzlichen Auftrag hatte, innerhalb von drei Tagen die Betriebsratswahl einzuleiten und binnen vier Wochen durchzuführen, wurde dem nicht Folge geleistet.

Im Herbst 2006 rief die GPA-djp die Kampagne ANKi(c)K ins Leben. Gewerkschafter_innen informierten die Beschäftigten von KiK in ganz Österreich über ihre Rechte. Das Besondere dabei waren die so genannten „Partner_innenschaften“: Erfahrene Betriebsrät_innen aus den verschiedensten Branchen – z. B. aus der Industrie oder dem Finanzsektor – betreuten Handelsangestellte, die keinen Betriebsrat hatten. Sie besuchten regelmäßig die Filialen und klärten die Beschäftigten über ihre Rechte auf.

Im Rahmen der Kampagne ANKi(c)K führte die GPA-djp auch eine Fragebogenaktion bei den Beschäftigten durch. Die Fragebogenaktion ergab, dass sich 98 Prozent der Mitarbeiter_innen bei KiK einen Betriebsrat wünschten. 85 Prozent bekamen die Vor- und Abschlussarbeiten nicht bezahlt und 60 Prozent beklagten, dass ihre Wochenstunden willkürlich hinauf- und hinuntergesetzt würden. Die vereinbarte Arbeitszeit wurde bei jeder/m zweiten Arbeitnehmer_in nicht eingehalten.

Abbildungen 9, 10: Aktion am 22. Februar 2007

Abbildungen 11–14: Aktion am 22. Februar 2007

Zum großen Eklat kam es 2007, als Andreas F., der Spitzenkandidat für die Betriebsratswahl bei KiK, zwei Tage nach erneuter Ausschreibung der Wahl ohne Angabe von Gründen fristlos entlassen wurde. Gleichzeitig erhielt er in allen KiK-Filialen Hausverbot. Vorsorglich wurde auch allen Gewerkschafter_innen der Zutritt zu den KiK-Filialen untersagt.

Die Entlassung hatte zum Ziel, die Beschäftigten bei KiK einzuschüchtern. Im Februar 2007 wurden österreichweit gewerkschaftliche Informationsabende der GPA-djp für die Beschäftigten bei KiK angeboten. Auch hier versuchte das Management erneut, diese Veranstaltungen zu beeinflussen und zu sabotieren, indem schriftlich davon abgeraten wurde, die Informationsabende zu besuchen.

Eine von der GPA-djp am 22. Februar 2007 durchgeführte Informationsveranstaltung in Salzburg wurde seitens der Geschäftsleitung außerdem überwacht. Die Bezirksleiter wurden von der Unternehmensführung beauftragt, ihre eigenen Kollegen zu fotografieren, um zu kontrollieren, wer an dieser Veranstaltung teilnahm.

Schließlich organisierte die GPA-djp eine Protestveranstaltung mit hunderten Demonstranten aus den Reihen der Gewerkschaftsmitglieder vor der KiK-Zentrale in Wien, die ihrem Unmut über die Machenschaften der Geschäftsführung verbal Luft machten. Zwei Stunden später kam endlich die Rückmeldung, dass die einstweilige Verfügung erlassen wurde, wonach Andreas F. in der Ausübung seiner Tätigkeit als Wahlwerber nicht beschnitten werden dürfe und insofern das Hausverbot aufgehoben war. Das Verfahren wegen F.s Entlassung lief jedoch weiter. Er galt zwar als freigestellt vom Dienst, hatte so aber sowohl aktives als auch passives Wahlrecht.

Von diesem machte Andreas F. auch Gebrauch. Am 26. Februar brachte er fristgerecht den Wahlvorschlag ein. Daraufhin teilte ihm jedoch der Wahlvorstand schriftlich mit, dass sein Wahlvorschlag nicht zugelassen wurde. Begründet wurde das mit unlesbaren Unterschriften und der angeblichen verbotenen Koppelung von Wahlvorschlägen.

Das bedeutete, dass nur eine Liste zugelassen wurde, jene von Martin R. – dem Assistenten der Geschäftsführung. Die GPA-djp reagierte darauf mit medialer Berichterstattung[13] und mit einer Klage.

Das Ergebnis der danach abgehaltenen Betriebsratswahl bei KiK hatte für die GPA-djp keine Relevanz, da der Ausschluss der von Andreas F. angeführten Liste bereits als rechtswidrig anerkannt worden war. Der Wahlgang würde daher von Seiten der GPA-djp unmittelbar nach Abschluss der Wahlhandlungen angefochten.

Die Wahl wurde dann zwischen 13. und 15. März 2007 abgehalten, aber der Wahlvorstand teilte unmittelbar danach mit, dass die gewählten Betriebsrät_innen der Liste von Martin R. die Wahl doch nicht annehmen. In Zusammenarbeit mit der GPA-djp konnte dann eine neue Wahl vorbereitet werden.

Nach zahlreichen Schikanen der Geschäftsleitung, mit denen sie unter allen Umständen die Gründung eines Betriebsrates verhindern wollte, konnte schließlich im Juni 2007 ein Betriebsrat gewählt werden. KiK nahm auch die fristlose Entlassung von Andreas F. zurück. Die Liste von Andreas F., der sich im Vorfeld sehr für die Wahl engagierte, erreichte trotz der monatelangen Einschüchterungsversuche des Managements vier Mandate.

Erstmals hatten die Beschäftigten bei KiK, einem europaweit agierenden Unternehmen, das bislang immer grundsätzlich gegen eine Belegschaftsvertretung eingestellt war, einen gewählten Betriebsrat.

Zu verdanken war dieser Verlauf der Druckkampagne ANKi(c)K, wo Ehrenamtliche sich über ein Jahr, entweder im Wohnumfeld oder in der Nähe des Arbeitsplatzes, der Probleme der Beschäftigten angenommen hatten. Die ständige Präsenz zeigte der Geschäftsleitung, dass die an den Tag gelegte Praxis der Einschüchterung und Vorenthaltung nicht langfristig erfolgreich sein würde. **Die zu einer Druckkampagne gehörende Öffentlichkeitsarbeit, welche zu einem Rückgang des Umsatzes**

13 Siehe Kampagnenhomepage AN Ki(c)K unter http://www.gpa-djp.at/servlet/ContentServer?pagename=GPA/Page/Index&n=A02_12.a&cid=1172058594866 am 23. April 2012

(ad Bündnismacht siehe S. 114) führte, leistete einen großen Beitrag, aber die Möglichkeit, ohne hauptamtliche Ressourcen längerfristig eine Kommunikation mit den Beschäftigten zu etablieren, war meines Erachtens genauso wichtig, um zu diesem Erfolg zu kommen.

Durch Öffentlichkeitsarbeit Druck auf Unternehmen auszuüben ist eine Wirkungsweise, welche auch andere Organisationen nutzen, um Missstände zu bekämpfen. Eine, mit der ich auch im Rahmen der ANKi(c)K-Kampagne persönlich gute Erfahrungen gemacht habe, stelle ich im Anschluss kurz vor.

5.6.1.2 Clean-Clothes-Kampagne – ein solidarisches Netzwerk

Diese Organisation wurde im Jahr 1989 in den Niederlanden als Reaktion auf skandalöse Arbeitsbedingungen bei der Produktion von C&A-Kleidung gegründet und engagiert sich 2012 in 15 europäischen Ländern in diesem Bereich.

KiK sparte vor allem bei der Produktion bzw. beim Einkauf. Sie schalteten Zwischenhändler aus und kauften in China, Indien und Bangladesch. ([CCC], 24 f)

„Das System basiert auf Machtstrukturen. Die Stärksten – die globalen Unternehmen/die Einkäufer – stehen oben an der Spitze, die Schwächsten in der Pyramide sind die Arbeiter_innen unten. Handelsunternehmen/Einkäufer nutzen ihre gewaltige Kaufkraft, um Lieferanten zu zwingen, schneller und flexibler zu produzieren.“([CCC], 46) Dieser Druck wird an die Arbeitnehmer_innen weitergegeben und führt zu schwerwiegenden Arbeitsrechtsverletzungen wie:

- Verbot von Gewerkschaften und Betriebsräten
- regelmäßige Überstunden, die oft nicht bezahlt werden und jedes vernünftige Maß an Belastung überschreiten
- Unterschreitung des Mindestlohns
- Entwürdigende Behandlung zur Strafe und als Abschreckung der anderen Arbeiter_innen

- keine Unterstützung im Krankheitsfall, sondern zum Teil Bestrafung bei Nichterscheinen durch Abzug des Lohnes für einen weiteren Tag

([CCC], 38)

Kraft der öffentlichen Autorität der Clean-Clothes-Kampagne wurde eine Delegation bestehend aus Vertreter_innen dieser NGO und der nationalen Gewerkschaften der Vertriebsländer nach Berlin zu einem Treffen mit der Geschäftsführerin für den Einkauf bei KiK eingeladen.

Dieses Multimilliarden-Euro-Unternehmen erklärte uns minutiös, wie der Preis zustande kam und dass sie große Anstrengungen gemeinsam mit einem externen Berater unternahmen, um die Produktionsbedingungen zu kontrollieren. Man rühmte sich abschließend, nun einen ersten Teppich im Programm zu haben, welcher „Fair Trade“-Bedingungen erfüllen würde und gab uns diesen als Geschenk mit. Ich nutzte diese Veranstaltung, Druck auszuüben, nicht nur die Produktionsländer, sondern auch die Arbeitsbedingungen in den Vertriebsländern im Blick zu behalten.

Entscheidend für meine Reflexion war der Eindruck, dass der gesellschaftliche Einfluss der Clean-Clothes-Kampagne offensichtlich so stark war, dass große Anstrengungen unternommen wurden, sich „sauber“ darzustellen.

Ziele dieser NGO waren zu diesem Zeitpunkt:

- „Verbesserung der Arbeitsbedingungen der mehrheitlich weiblichen Beschäftigten in der Bekleidungsindustrie weltweit,
- Sensibilisierung der Öffentlichkeit für die Folgen unkontrollierter Globalisierungsprozesse,
- die Einhaltung sozialer Mindeststandards, auch bei den Lieferanten,
- Organisationsfreiheit und das Recht auf kollektive Verhandlungen,
- angemessener Lohn,
- Arbeitzeitregelungen und Überstundenzuschläge,
- Gesundheits- und Sicherheitsbestimmungen,
- Mindestalter, Verbot von Kinderarbeit,
- Schutz vor Diskriminierung,
- keine Zwangsarbeit,
- stabile Arbeitsverhältnisse.“

([CCC], 66)

Alles also Themen, die gewerkschaftliche Kernforderungen im nationalen Rahmen darstellen.

Zu den öffentlichen Aktionsformen der Kampagne gehören u. a.:

- „Informationen für Kundinnen und Kunden der Handelsunternehmen über Arbeitsrechtsverletzungen bei ihren Lieferanten,
- Presse- und Medienarbeit,
- Informationsstände und Straßentheater,
- globalisierungskritische Stadtrundgänge,
- E-Mail und Postkartenaktionen zu konkreten Arbeitsrechtsverletzungen,
- Informationsveranstaltungen mit Beschäftigten aus Zulieferbetrieben."

([CCC], 66)

Diese Aktionsformen schaffen offensichtlich ein Bedrohungspotential und Autorität, sodass Unternehmen, die ihren Profit aus der Ausbeutung von Arbeitnehmer_innen ziehen, ihre Politik zumindest überdenken. Im geschilderten Fall wurde sogar ein Geschäftsführungsposten für den Bereich „saubere" Produktionsbedingungen geschaffen. Ob dies nun auf die tatsächliche Politik von KiK einen Einfluss hatte, kann ich schwer beurteilen. Ausschlaggebend ist, dass der Einfluss dieser Organisation, welche mit einem minimalen Mitarbeiter_innenstab operiert, vor allem deshalb so stark ist, weil sie das **Potential der Kund_innen nutzt**. (Ad Bündnismacht siehe S. 114)

Wichtige Erkenntnisse bezüglich des Einsatzes einer ehrenamtlichen Struktur gewann ich auch aus der Lektüre von Negts Streitschrift „Wozu noch Gewerkschaften?"

5.6.1.3 Negt, Wozu noch Gewerkschaften?

Als die BAWAG-Krise (siehe in Kapitel 5.3.1.9) den ÖGB und seine Gewerkschaften erschütterte und tausende Mitglieder austraten, las ich Oskar Negts Streitschrift zum ersten Mal. Sie gab mir damals Hoffnung und Inspiration.

Negt geht ebenfalls von der Krise der Gewerkschaften aus. In seinem Fokus ist zwar der DGB, aber da die gewerkschaftliche und gesellschaftliche Kultur in Deutschland ähnlich ist, konnte ich durchaus Parallelen zu österreichischen Entwicklungen ziehen. Die Krise, welche Negt ortet, war natürlich nicht die einer implodierenden Gewerkschaftsbank, sondern eine gesellschaftliche Wertekrise, begleitet von einem schwindenden Einfluss einer vormals gesellschaftsgestaltenden Gewerkschaft. Ich werde im Anschluss zentrale Punkte seiner Analyse herausarbeiten und diese aus österreichischer Perspektive kommentieren.

- **Demokratiekrise – Gesellschaftskrise**

Erster zentraler Punkt ist eine ausgemachte Krise durch kulturelle Erosion. Er lehnt sich dabei an Durkheim an und beschreibt die Gesellschaft in einem Zustand der Anomie. Das bedeutet, dass alte Werte nicht mehr gelten, neue sich aber noch nicht etabliert haben, jedoch intensiv gesucht werden. ([Negt, 2005], 21)

Heute ist es für viele Menschen eine Selbstverständlichkeit, mit mobilen Kommunikationsgeräten ausgestattet zu sein und jederzeit über multimedialen Zugang zu sämtlichen Informationen des Internets zu verfügen. Der damit einhergehende globale Pluralismus der Werte führt zu Beliebigkeit und Gleichgültigkeit ([Negt, 2005], 21), was mir in vielen Gesprächen mit Lehrer_innen und Lehrlingsausbilder_innen bestätigt wurde.

Auf der anderen Seite brachte dieses Wirtschaftssystem eine immer stärker werdende materielle Ungleichheit hervor. Teile des Globus verarmten und große Migrationsströme entstanden. In den Industriestaaten klafft eine immer größer werdende Lücke zwischen Reich und Arm und die Anzahl der Armen wird größer.

- **Betriebswirtschaftliches Denken kontaminiert den Vernunftbegriff**

Negt beobachtet, dass die betriebswirtschaftliche Denkweise die volkswirtschaftliche Wohlstandskonzeption aufgezehrt hat. ([Negt, 2005], 30) Tatsächlich konnte ich bei der Ausbildung von Betriebsrät_innen feststellen, dass volkswirtschaftliche Betrachtungen fremd geworden sind. Auf den Basisseminaren der GPA-djp Wien werden die Teilnehmer_innen manchmal in die Rolle versetzt, einen Betrieb gedanklich zu konstruieren und später konfrontiert man die Betriebsrät_innen mit dem betriebswirtschaftlichen und dem volkswirtschaftlichen Kreislauf. Ich konnte dabei feststellen, dass vor allem die junge Generation glaubt, sehr viel über die betriebswirtschaftlichen Notwendigkeiten zu wissen, dass ihnen ihr Betrieb und die Konkurrenzsituation, in der dieser steckt, bewusst sind und dass sie sich mit ihrer Arbeitsstätte identifizieren. Im Gegensatz dazu sind volkswirtschaftliche Zusammenhänge Neuland. Die Werthaltungen sind neoliberal geprägt. Der Staat und öffentliche Leistungen sind oft negativ besetzt. Wenn ich die Wertschöpfungsabgabe diskutiere, ist der erste Gedanke meist, ob dies nicht die Wettbewerbsfähigkeit des eigenen Betriebes schwächt. (Beobachtungsprotokoll Basisseminar II, Februar 2012) Die damit verbundene Entlastung des Faktors Arbeit wird hinten angestellt und als weniger bedeutend wahrgenommen.

– **Reichtumsverteilung – Globalisierung**

Negt ortet bereits 2005 die Kluft zwischen der Finanzindustrie und der Realwirtschaft. Er stellt fest, dass immer weniger Menschen von diesem Wirtschaftssystem profitieren und führt Aristoteles an, der sich bereits des Reichtumproblems für den Zusammenhalt der Polis bewusst war. „Er beklagte Armut als die Grundlage möglicher Tyrannei: *Die Armen holen sich ihren Tyrannen, um die Gesellschaft wieder zu ordnen, daß auch den Reichen etwas genommen wird zur Verteilung.*“ Aber schlimmer noch sei das Privateigentum, so Aristoteles, da die Privatreichen nicht das geringste Interesse am Gemeinwesen hätten. ([Negt, 2005], 42)

Wenn man sich die Erkenntnisse der politischen Trendforschung und das Niveau des politischen Diskurses in Österreich vergegenwärtigt, kann man durchaus an diese Gedanken anknüpfen. Für das Bildungssystem und die Kultur, welche zur Werteentwicklung beitragen, sind keine neuen Mittel vorhanden, für die Rettung von maroden Banken werden innerhalb von Tagen 100 Milliarden Euro an Staatshaftung ermöglicht. Wenn die Beschäftigten der chemischen Industrie acht Prozent Gehaltserhöhung fordern, ist das utopisch und überzogen, wenn die fünf Vorstandsmitglieder der deutschen Bank 51 Millionen Euro verdienen ([Negt, 2005], 41) wird Kritikern das Anzetteln einer Neiddebatte unterstellt. Negt fragt sich diesbezüglich: *„Warum kann eine Gesellschaft nicht zu einem öffentlichen Konsens darüber gelangen, den tatsächlich produzierten und sichtbaren Reichtum so zu verteilen, dass alle Menschen ein angstfreies Dasein zu führen imstande sind? Wer greift die bei den jungen Menschen selbstverständlich vorhandenen Alltagsutopien, wie ein gutes Leben aussehen könnte, auf und richtet diese Phantasien auf kollektive Prozesse der Gesellschaftsgestaltung?“* ([Negt, 2005], 51 f)

– **Neue Gewerkschaftsstrategien**

Der eigentliche Gewerkschaftsgedanke, der auf die autonome Organisation der Lebensinteressen abhängig Tätiger abzielt, entsteht in dem Augenblick, wo die Losung formuliert wird: Wir müssen den Menschen dorthin folgen, wo sie sich in ihrem Alltag hauptsächlich aufhalten, wo sie mit Gleichgesinnten kommunizieren und eine eigene Kultur der Vergesellschaftung entwickeln. ([Negt, 2005], 51)

Die jahrelange Etablierung neoliberalen Gedankenguts, wie ich es oben beispielhaft angeführt habe, hat zu einem individualisierten Konkurrenzdenken geführt. Den Menschen wird mit der Sozialisation in heutiger Ausprägung die Einstellung eines „homo oeconomicus“[14], also jemand, der nach Maximierung des eigenen Profits strebt, vermittelt. (Vgl. [Stroebe, Hewstone, Codol, Stephenson, 1992], 306 f) Der damit verbundene Werteverfall führt zu einer verstärkt unsolidarischen Gesellschaft. Den Menschen ist erfolgreich das Klassenbewusstsein aberzogen worden. Der Anspruch an die Gesellschaft spielt sich zusehens

14 Wissenschaftstheorie: Modell eines ausschließlich „wirtschaftlich” denkenden Menschen, das den Analysen der klassischen und neoklassischen Wirtschaftstheorie zugrunde liegt. In http://wirtschaftslexikon.gabler.de/Definition/homo-oeconomicus.html am 12. Juli 2012 um 16:00 Uhr

auf einer rein materialistischen Ebene ab. Die Vorbilder werden durch die Industrie vorgegeben.

Mit dieser Entwicklung ist ein Bildungsauftrag an die Gewerkschaft verbunden. Es müssten die Zusammenhänge der Entwicklung klar aufzeigt und Veränderungswünsche definiert werden. Was 2012 durch Initiativen wie „The Other 98 Percent“[15] versucht wurde, muss auch Programm der Gewerkschaft sein.

- **Die Rationalisierungsgewinner werden nicht die Partner einer gesellschaftlichen Umgestaltung**

Bei der Analyse der Entwicklungen im Kapitalismus stellt Negt folgende Frage:

> *„Wo vieles zusammenbricht, wo Angst und Unsicherheit in der Gesellschaft wachsen, ohne selbst denjenigen gescheite Zukunftshoffnungen zu versprechen, die momentan von Arbeitsplatzvernichtung und Konkursen profitieren – wie sollten da Massenorganisationen, die in ihrer ganzen, über hundertjährigen Geschichte immer auch die Ausgestoßenen, Entrechteten, die Verlierer und Absteiger zu vertreten suchten, untätig bleiben und sich gerade in einer Zeit an Gewinnern und Aufsteigern orientieren, von denen doch eine menschenwürdige Zukunft im Sinne der Selbstideale der Arbeiterbewegung am wenigsten zu erwarten ist?“* ([Negt, 2005], 76)

Genau an diesem Punkt treffen Negts Überlegungen die Zielgruppe der FAIR HANDELN Initiative. Die Beschäftigten im filialreichen Einzelhandel können aus beschriebenen Umständen (siehe Kapitel 5.4.3.5) nicht zu den Gewinner_innen der kapitalistischen Entwicklung gezählt werden. Viele können sich mit dem erzielten Einkommen gerade über Wasser halten. Die Arbeit ist meistens körperlich anstrengend, zeitlich ausufernd und der persönliche Gestaltungsspielraum ist weitestgehend eingeschränkt. Sie stellen ein Paradefeld für gewerkschaftliche Aktion dar. Für sie kann die Arbeitnehmer_innenvertretung ein Sprachrohr sein.

---

15 Siehe: http://other98.com/ am 12. Juli 2012 um 16:00 Uhr

– **Neue Aktionsformen**

Wenn man also die Frage nach dem Zweck der Gewerkschaften stellt, stimme ich mit Negt überein, wenn er vorschlägt, „sich viel stärker als bisher auf außerparlamentarische Bewegungsformen des sozialen Kampfes“ zu beziehen, „auf Bürgerinitiativen, Widerstandsformen gegen soziale Verödung [...] und organisierte Verantwortungslosigkeit der wirtschaftlich Mächtigen.“ ([Negt, 2005], 159)

Zusammenfassend: Negt beschreibt kritisch die Situation der deutschen Gewerkschaften bis 2004. Meiner Meinung nach lassen sich viele Gedanken auf Österreich übertragen.

> Die Herausforderung für die GPA-djp bzw. den ÖGB liegt darin, tatsächlich stärker regional aktiv zu sein und sich neben der betrieblichen Struktur auch der Lebensbedingungen der Beschäftigten in Form von Initiativen auf regionaler/lokaler Ebene anzunehmen. Dadurch würde, in Zolls Diktion, verstärkt organische Solidarität (siehe Kapitel 5.9.1.3) geschaffen/entdeckt werden. Für viele Menschen ist die monetäre Ausstattung nicht das oberste Ziel bzw. bringt nicht das größte Glück. ([Negt, 2005], 175) Würde und soziale Anerkennung sind wichtige Kategorien unabhängig vom Einkommen. (Siehe auch Kapitel 5.9.1.2). Meine Erkenntnis war also, dass eine ehrenamtliche regionale Solidaritätsinitiative sowohl für die Beschäftigten in den Filialen (deren monetäre Ausstattung wohl dadurch vorerst nicht substantiell verändert werden könnte), als auch für die Teilnehmer_innen eines Unterstützer_innennetzwerks vorteilhaft sein könnte. Es wäre ein Schritt in eine regionale Gewerkschaftsstruktur, die sich am Lebensraum orientiert. (Vgl. Kapitel 5.5.1.5)

5.6.1.4 Ausdehnung des Demokratieverständnisses

Hans Ruh konstatiert in „Ordnung von unten“, dass die Politikschwäche den Ruf nach einer Ordnung von unten und dementsprechende Strategien verstärkt. Als Konsument_in kann man durch sein Kaufverhalten die Politik von Unternehmen mitgestalten. In einer Welt, in der sich Menschen zusehends über ihren Konsum definieren bzw. zu konsumierenden Teilen des Systems degradiert werden, ist die persönliche Kaufentscheidung ein unmittelbares Abstimmen im Markt. Man stimmt damit auch über die Arbeitsbedingungen von Mitmenschen, Umweltfragen und Energieverbrauch ab. Die Demokratie findet so in der alltäglichen Welt des Konsums statt.

> *„Die Erste Moderne war wesentlich eine produzentenorientierte Demokratie; die Zweite Moderne könnte, wenn es gut geht, auch eine verbrauchsorientierte Demokratie werden“* ([Beck, 1998], 35 in [Ruh, 2011], 192) hofft auch Ruh.
>
> *„Wenn Konsument_innen sich organisieren und/oder sich konsequent verhalten, ist ihr Einfluss beträchtlich, ja er kann zur maßgeblichen Gegenmacht rein wirtschaftlicher Interessen werden.“* ([Ruh, 2011], 192)
>
> *Initiativen der Mitmenschlichkeit sollten in einer durch Ökonomisierung (wert-)geschwächten Gesellschaft, gesetzt werden.* ([Ruh, 2011], 197)

Meine diesbezüglichen Anknüpfungspunkte sind die täglichen Wege der Menschen. Man kann in einer Großstadt nicht davon ausgehen, dass Menschen den ganzen Tag in einem räumlich stark beschränkten Gebiet verbringen. Durch die öffentlichen Verkehrsmittel, den Individualverkehr mit dem Kraftfahrzeug, aber auch das mittlerweile gut ausgebaute Fahrradwegenetz sind die Wiener_innen, ob jung oder alt, großteils aktiv und unterwegs. Ich denke aber davon ausgehen zu können, dass die Wege des wöchentlichen Einkaufs, am Weg zur Arbeit, am Heimweg, während der Mittagspause, in der Nähe des Pensionist_innenwohnhauses, weitgehend konstant bleiben. Sicherlich haben Menschen mit einer Tätigkeit im Außendienst eher die Möglichkeit, ihren Bedarf zwischen zwei Terminen zu erledigen, aber der Großteil und vor allem die Familien decken ihren täglichen Bedarf, ob zu Fuß oder mit dem Auto, meist in denselben Geschäften.

Ich teile also abschließend die Einschätzung Ruhs, wonach Konsument_innen wichtige demokratische Einflussmöglichkeiten haben. Es ist die Herausforderung, ihnen das bewusst zu machen.

Ich stelle mir anschließend die Frage, welche Qualitäten diese Konsument_innen mit sich bringen müssten, um für die Teilnahme an einem Unterstützer_innennetzwerk geeignet zu sein.

5.6.2 Aktivist_innen – eine wertvolle Ressource: Ehrenamtlichkeit in der AKS

Aktivist_innen – eine wertvolle Ressource

Ein/e Aktivist_in[16] ist meiner Erfahrung nach jemand, der/die sich, auch ohne Mitgliedschaft oder Zugehörigkeit zu einem Kader, also aus eigenem Antrieb, im Rahmen einer Aktion für eine Idee engagiert.

Dieser Antrieb kann auf Agitation basieren, aber im Grunde handelt er/sie aus innerer Überzeugung. **Aktivist_innen sind die Basis für revolutionäre Bewegungen**. Sie leisten mehr als das „normale" Mitglied (Partei, Gewerkschaft, etc.) und wirken oft authentischer als hauptamtlich Beschäftigte einer Organisation.

Ich bekleidete im Rahmen meiner ersten hauptamtlichen Tätigkeit die Position des Landessekretärs der Aktion Kritischer Schülerinnen und Schüler Wien (AKS Wien). Diese Organisation bestand lediglich aus zwei angestellten Landessekretären und, je nach Attraktivität des Vereinslebens, mehr oder weniger Unterstützer_innen auf freiwilliger Basis, nach vorstehender Definition also Aktivist_innen. Kernprinzipien der AKS Wien waren „bei uns kannst du nichts werden, bei uns bist du jemand".

16 Def.: DUDEN Fremdwörterbuch 1997 a) zielbewusst u. zielstrebig Handelnder

Wer Lust hatte, etwas beizutragen, der tat dies und konnte später stolz sein, seiner Einstellung gemäß etwas Positives mit der Gruppe umgesetzt zu haben.

Das übliche Besetzen von statutarischen Positionen, wofür die GPA-djp, die restliche Gewerkschaftsbewegung und auch die Parteien viele Ressourcen aufwenden, war eine eher lästige Nebensache. Diese demokratiepolitisch begründete Systematik, die klassische Interessenvertretungen nach außen oft unsympathisch macht und intern zeitweise lähmt, wurde durch die Struktur der AKS auf die vereinspolizeilichen Notwendigkeiten reduziert.

> Ich konnte im Laufe der Zeit beobachten, dass große Organisationen, die zu Einfluss gelangen, über kurz oder lang Machtverwalter anziehen bzw. produzieren. Diese setzen sich auf Positionen fest und reproduzieren sich durch die Schaffung von Seilschaften und Cliquen zur Bewahrung ihrer Macht.

Ehrenamtliche Aktivist_innen, die ihre Aufgabe im Fokus haben, stellen eine starke Ressource für Organisationen dar. Sie sind produktiv, wenig korrumpierbar und entwickeln oftmals einen kritischen Blick, der für eine Bewegung ein **gesundes Korrektiv** darstellen kann.

Was ich aber klar feststelle ist, dass auch eine Aktivist_innenstruktur Ressourcen benötigt, und zwar sowohl materielle als auch personelle. Jemand muss sich darum kümmern, die Impulse der Aktivist_innen zu kanalisieren. So sind zum Beispiel die unschätzbaren Eindrücke/Erkenntnisse von nicht „Betriebsblinden“ umgehend und umfassend zu dokumentieren und auszuwerten. Jahre der Beschäftigung in politischen Organisationen können es mit sich bringen, dass man seine Visionen und seinen Antrieb verliert. „Das hat noch nie funktioniert“ oder „das haben wir immer schon so gemacht“ sind rhetorische Klassiker dieser Entwicklung.

Da es Aktivist_innen nicht darum geht, kurzfristig wirtschaftliche Ziele zu erreichen und da sie aus dem eigenen Antrieb heraus agieren,

können sie Verbesserungsvorschläge ohne große Scheu einbringen und damit einen kontinuierlichen Verbesserungsprozess bewirken.

Aktivist_innenmanagement

Es drängt sich bei der Beschäftigung mit der Thematik die Frage auf, wie man so einen Prozess steuert bzw. koordiniert. Gute Erfahrungen machte ich mit einer Struktur aus:

- WAM (wöchentliche Aktivist_innenmeetings)
- STRAKLA (Strategieklausur) und
- gemeinsamen Aktionen/Aktivitäten.

Auf WAMs war es möglich, als Aktivist_in **gleichberechtigt seine/ihre Meinung einzubringen. Oberstes Prinzip war die demokratische Legitimation jeder Aktion**. Meistens stießen realistische Vorschläge auf große Zustimmung. Sollte es doch einmal zu längeren Debatten kommen, war dies befruchtend und führte durchwegs in späterer Folge zu größerer Einigkeit. Es lag am Gespür des Landessekretärs, der die wichtige Moderationsrolle einnahm, und an den zeitlichen Ressourcen, bei den Aktivist_innenmeetings das Maximum herauszuholen. Selbst wenn jemand die Gruppe verließ, wurde darauf geachtet, dies im bestmöglichen Einvernehmen und vor allem mit Respekt geschehen zu lassen.

Strategieklausuren waren wichtig, um den Blick fürs Ganze nicht zu verlieren. **Gemeinsam festgelegte Ziele schafften Verbindlichkeit und Motivation.** Wenn mal etwas nicht klappte, war es eine gemeinsame Niederlage, funktionierte eine Aktion, war es auch ein Erfolg aller. Eine Strategie ermöglichte es außerdem, die individuellen Ressourcen besser zu koordinieren. Man kannte die Meilensteine der Zeitleiste und wusste, wann etwas umzusetzen war. Messbare Ziele schafften außerdem Befriedigung.

Gemeinsame Aktivitäten waren für die Gruppendynamik sehr wichtig. Die **soziale Stellung und das persönliche Ansehen in der Aktivist_innengruppe spielten eine große Rolle für die individuelle Motivation**. Man half sich über Probleme hinweg, man feierte aber auch gemeinsam Erfolge.

5.7 Die Forscher_innengruppe: Feldanalyse

Für mich war zu diesem Zeitpunkt klar, dass ich eine

- auf Ehrenamtlichkeit aufgebaute (siehe Kapitel 5.6.1.1 und 5.6.2)
- solidaritätsbasierte Initiative (siehe Kapitel 5.5.1.5 und 5.6.1.2) ins Leben rufen wollte, um
- der gewerkschaftlichen Klientel der Beschäftigten im filialreichen Einzelhandel (siehe Kapitel 5.3.1 und 5.6.1.3)
- Wertschätzung und Unterstützung zukommen zu lassen.

Dementsprechend versuchte ich, eine Forscher_innengruppe zusammenzustellen, die eine größtmögliche Datenmenge produzieren würde.

> *„Bei qualitativer Forschung hat die Person des Forschers eine besondere Bedeutung. Er wird mit seinen kommunikativen Fähigkeiten zum zentralen ‚Instrument' der Erhebung und Erkenntnis. Aus diesem Grund kann er auch nicht als ‚Neutrum' im Feld und im Kontakt mit den (zu befragenden oder zu beobachtenden) Subjekten agieren.“* ([Flick, 2010], 143)

Ihre Erkenntnisse sind demzufolge immer im individuellen Kontext zu interpretieren. Kennt man diesen nicht, ist meines Erachtens die Wahrscheinlichkeit, aufgrund der eingeschränkten Anzahl an Datenlieferant_innen falsche Schlüsse zu ziehen, eine große Gefahr bei qualitativer Forschung.

Vor diesem Hintergrund betrachtete ich also die möglichen Teilnehmer_innengruppen in meinem gewerkschaftlichen Umfeld.

5.7.1 „Hauptamtliche"

Als Hauptamtliche werden im gewerkschaftlichen Sprachgebrauch grundsätzlich Angestellte der Gewerkschaften bezeichnet. Sie werden in Österreich auf Basis einer Betriebsvereinbarung und der darin festgehaltenen Verwendungsgruppen entlohnt und haben in der GPA-djp eine reguläre Arbeitszeit von 38 Stunden. Diese ist aufgrund einer Gleitzeitregelung mehrheitlich variabel gestaltbar. Sekretäre sind arbeitsvertraglich individuell mit einer Überstundenpauschale ausgestattet, administrative Beschäftigte müssen um die Auszahlung von Überstunden ansuchen. Meistens kommt es auch aufgrund der Notwendigkeit, Vertraulichkeit über z. B. Rechtsfälle, Betriebsgeheimnisse aus der Beratung von Betriebsräten oder politische Strategien zu gewährleisten, zum Einstieg in die Organisation über eine Karriere als Betriebsrät_in, über die Jugendorganisation oder persönliche oder berufliche Kontakte zu Beschäftigten der GPA-djp. Bei Administrativen sind Aufnahmen aufgrund von Zeitungsinseraten üblich.

5.7.1.1 Sekretäre

Gewerkschaftssekretäre sind ausführende Organe der Organisation. Sie sind unterschiedlichst eingesetzt, haben aber immer die Aufgabe, die Gewerkschaft auch nach außen hin zu repräsentieren. In den einzelnen Teilgewerkschaften des Österreichischen Gewerkschaftsbundes (ÖGB) wird mit dieser Position unterschiedlich verfahren. In der GPA-djp gibt es eine Differenzierung in Regionalsekretäre, Wirtschaftsbereichssekretäre und Sekretäre der Grundlagenabteilung.

Regionalsekretäre

Gemäß des Anforderungsprofils der GPA-djp ergeben sich für die Regionalsekretäre folgende Kernaufgaben:

- Beziehungen und Kontakte zu Kund_innen aufbauen und pflegen
- Mitgliederberatung
- Betreuung
- Intervention
- Initiieren von BR-Wahlen
- Mitgliederwerbung
- Kampagnenorganisation
- interne Kontaktpflege und eigene politische Bewußtseinspflege

([GPA-djp, 2006])

Regionalsekretäre haben also die Aufgabe, Betriebsrät_innen und Mitglieder in einem räumlich oder fachlich definierten Bereich zu betreuen. Sie beraten die Körperschaften arbeitsrechtlich und strategisch. Manche schulen die Betriebsratsmitglieder auf Kursen. Sie sind ebenfalls für die Mitgliederwerbung und -vertretung zuständig. Sie führen direkte Werbungsgespräche und intervenieren in arbeitsrechtlichen Angelegenheiten.

Meine persönliche Einschätzung war in dieser Phase der Forschung, dass sie keine optimale Zielgruppe als Aktivist_innen darstellen. Sie sind mit ihrer täglichen gewerkschaftlichen Betätigung ausgelastet, könnten wahrscheinlich der Verlockung nicht widerstehen, auf eigene Faust unkoordiniert im Betreuungsfeld aktiv zu werden und abgesehen davon ging ich vor allem davon aus, dass es aufgrund des Außendienstes kein regelmäßiges Kaufverhalten gäbe.

Sekretäre des Geschäftsbereichs Interessenvertretung

Im gewerkschaftlichen Sprachgebrauch werden diese auch als Wirtschaftsbereichssekretäre bezeichnet. Sie waren zum Teil selbst früher betriebsbetreuende Sekretäre oder kommen als Quereinsteiger_innen aus den zu betreuenden Branchen.

Die Kernaufgaben sind:

- Branchenbetreuung und Lobbying
- KV-Politik
- Betreuung von Funktionär_innen und Gremien
- Backoffice Leistungserbringung für Regionalsekretäre u. IG Sekretäre
- Netzwerkarbeit

([GPA-djp, 2006a])

Sie sind vor allem damit betraut, Kollektivverträge zu verhandeln bzw. Lobbying für die Anliegen der GPA-djp-Mitglieder zu betreiben. Da sie aufgrund ihrer hauptsächlichen Aufgabe der Gremienbetreuung und Kollektivvertragsverhandlungen wenig Kontakt zu den Beschäftigten der einzelnen Branchen haben und sich im Rahmen einer solchen Initiative aktiv in die effektive Mitgliederwerbung vor Ort einbringen könnten, nahm ich an, dass die Teilnahme an dem Unterstützer_innennetzwerk für diese Gruppe attraktiv sein könnte.

Meiner Einschätzung nach verbringen sie aber ähnlich wie die Regionalsekretäre zu wenig Zeit in einer Region/ihrem Wohngebiet, um eine dauerhafte Betreuung im Rahmen des Projektes gewährleisten zu können.

Sekretäre der Grundlagenabteilung

Sekretäre aus dem Bereich „Grundlagen" sind damit beschäftigt, Fachwissen in Betätigungsfeldern der Gewerkschaft aufzubauen bzw. zu produzieren. Sie gestalten Broschüren, bereiten Studien auf, referieren bzw. versuchen, dem politischen Meinungsfindungsprozess in der GPA-djp durch Grundlagenarbeit eine gute Basis zu bereiten.

Diese Gruppe identifizierte ich als **interessante Zielgruppe** für die Initiative FAIR HANDELN, da sie

- meistens mit geregelten Arbeitszeiten vor Ort in der Zentrale der GPA-djp beschäftigt sind und
- weil, aufgrund des geringen Kontakts mit den Mitgliedern, ein kleiner Beitrag zur gewerkschaftlichen Außendiensttätigkeit erfrischend sein könnte.
- Da diese Gruppe nicht für die Betriebsbetreuung zuständig ist und somit nicht wie die Regionalsekretäre über universelle arbeitsrechtliche Expertise verfügt, würde wahrscheinlich auch nicht der Wunsch entstehen, an sie herangetragene Probleme der Beschäftigten sofort selbst zu lösen.

5.7.1.2 „Administrative"

Den hauptamtlichen Apparat ergänzen administrative Kolleg_innen. Kernaufgaben sind laut Anforderungsprofil:

- „administrative und organisatorische Entlastung der Sekretär_innen
- Koordinierung von Büroabläufen"

([GPA-djp, 2006b])

Sie sind damit beschäftigt, Interventionen zu Papier zu bringen, Termine zu koordinieren, Protokolle zu erfassen, Betriebsratswahlen und Mitgliedsanmeldungen in das EDV-System einzupflegen.

Diese Gruppe schätzte ich als **gut geeignet** ein, die Initiative zu unterstützen, da sie:

- geregelte Arbeitszeiten sowie
- einen regional fixen Arbeitsplatz hat und
- zeitweise im Rahmen von Aktionen in Einkaufszentren schon Kontakt zu Mitgliedern hatte.

5.7.2 „Ehrenamtliche"

Im gewerkschaftlichen Sprachgebrauch werden als „Ehrenamtliche" Gewerkschaftsmitglieder bezeichnet, die nicht Angestellte der Gewerkschaft sind. Sie erhalten für ihre Tätigkeit im Rahmen der Gewerkschaftsbewegung kein Entgelt.

5.7.2.1 Mitglieder ohne Betriebsratsfunktion/ einfache Mitglieder

Die Mehrheit der Gewerkschaftsmitglieder sind dieser Gruppe zuzuordnen. Sie sind im Laufe ihres Lebens von Gewerkschaftssekretären, Betriebsrät_innen, Freund_innen, Familienmitgliedern oder durch gelungenes Kampagnenmaterial überzeugt worden, eine Mitgliedsanmeldung auszufüllen. Ein guter Teil aus Überzeugung, viele aber sicher auch aus einer gewissen Sympathie gegenüber dem/der Werber_in und manche aus pragmatischen Überlegungen, also beispielsweise wegen des Rechtsschutzes.

Die Mitglieder stellen das klassische Drohpotential einer Gewerkschaft dar. Ein Gewerkschaftsmitglied kann sich jederzeit beraten lassen, genießt einen ausgezeichneten Rechtsschutz und würde im Falle der organisierten Arbeitsniederlegung Streikgeld bekommen.

Leider musste ich feststellen, dass die Mobilisierungsfähigkeit dieser Gruppe in Österreich teilweise sehr schwach ausgeprägt ist. Sie haben oft ein großes Wissensdefizit über aktuelle gewerkschaftspolitische Entwicklungen oder Vorgänge in ihrer Branche und ihre persönliche Einstellung zu den Aufgaben der und Anforderungen an die Gewerkschaftsbewegung ist sehr heterogen.

Meiner **ursprünglichen Überlegung** zufolge – und dies ist auch an meinem ursprünglichen Mitforscher_innensampling[17] abzulesen – stellte dieses Segment die **optimale Zielgruppe** als Unterstützer_innen dar. Ich war davon überzeugt, dass sich von den zehntausenden Mitgliedern oder von den durchschnittlich rund 5.000 Neubeitritten zur GPA-djp in der Region Wien pro Jahr wenigstens ein Prozent von der Idee eines Unterstützer_innennetzwerks begeistern ließe und auch eine aktive Rolle übernehmen würde.

5.7.2.2 Betriebsrät_innen

Betriebsrät_innen werden in einer demokratischen, geheimen, gleichen und direkten Wahl als Vertreter der Belegschaft gewählt. Sie haben die Aufgabe, die wirtschaftlichen, kulturellen, gesundheitlichen und sozialen Interessen der Arbeitnehmer_innen ihres Betriebs wahrzunehmen und zu fördern.[18]

Die Betriebsratskörperschaft ist seit 1972 im Arbeitsverfassungsgesetz definiert. Dieses Gesetz löste das Betriebsrätegesetz ab und beinhaltet unter anderem das Wesen, die Struktur, Rechte und Pflichten der gesetzlichen innerbetrieblichen Interessenvertretung in Österreich. Je nach Anzahl der Arbeitnehmer_innengruppen (Arbeiter_innen/Angestellte) werden eine gewisse Anzahl von Arbeitnehmer_innen zur Umsetzung der Aufgaben eines Betriebsrats mit einem Kündigungsschutz und umfassenden Rechten ausgestattet.

Der Betriebsrat ist ein Kollegialorgan. Jedes Mitglied hat prinzipiell das gleiche Stimmrecht. Der Betriebsrat entscheidet mit einfacher Mehrheit, bei Stimmengleichheit entscheidet aufgrund des Dirimie-

17 Sampling siehe [Flick, 2010],154 f.)
18 Siehe: Arbeitsverfassungsgesetz § 40

rungsrechts der Vorsitzende. Gem. § 118 ArbVG hat jeder Betriebsrat pro Wahlperiode Anspruch auf drei Wochen Bildungsfreistellung, welche traditionellerweise in Form von Basisseminaren der Gewerkschaft genutzt werden. Auf diesen Seminaren erhalten die gewählten Mitglieder des Betriebsrates einen Überblick über die Rechte und Pflichten des Betriebsrates und auch einen Einblick in strategisches Handeln und das Leistungsangebot bzw. die Aufgaben der Gewerkschaft.

Betriebsrät_innen ohne Funktion in der Gewerkschaftsbewegung

Der Großteil der Betriebsrät_innen kommt nicht in die Situation, eine gewählte Funktion innerhalb der Gewerkschaftsorganisation zu bekleiden. Sieht man vom Vorsitzenden ab, scheitert dies oft schon daran, wegen der zu geringen Anzahl an zu Vertretenden nicht vom Arbeitsprozess freigestellt zu sein. Alle Funktionen innerhalb der Gewerkschaft stehen zwar jedem gewählten Ratsmitglied offen, aber faktisch ist überwiegend der/die Vorsitzende der/die Repräsentant_in des Betriebsratsgremiums nach außen und der/die Kommunikator_in nach innen. Wird nun jemand für eine Funktion innerhalb der Organisation gesucht, versuchen die Gewerkschaftssekretäre – entlang der vorgeschriebenen Rahmenbedingungen (Frauen-Männer-Anteil und Abbildung der Fraktionsstärken) – fähige Betriebsratsmitglieder mit einer Freistellung zu finden, da diese einen Teil ihrer Arbeitskraft und -zeit für die Gewerkschaftsbewegung außerhalb des Betriebes einsetzen können. Außer in Einzelfällen, wo nicht freigestellte Betriebsrät_innen sich aufgrund höchster Motivation und Aktivität bemerkbar machen, wird erst danach an nicht freigestellte Betriebsrät_innen gedacht. Dies basiert allerdings auch auf der Erfahrung, dass diese, da ihnen keine arbeitsmäßige Entlastung gewährt wird, die Betriebsratsfunktion an sich schon als Zusatzbelastung erleben. Sie müssen dieselbe Leistung bringen, stehen möglicherweise unter höherem Druck, können einen innerbetrieblichen Konflikt aufgrund der Weisungsgebundenheit schwieriger austragen und sind deswegen auch seltener bereit, eine zusätzliche Aufgabe außerhalb des Betriebes zu übernehmen.

Bezüglich des Potentials, in der **Initiative FAIR HANDELN eine Rolle zu übernehmen, sprach bei dieser Gruppe vieles dafür.** Da ein großer Teil gewerkschaftliche Bildungsmaßnahmen besucht, sollte das Wissen über den Aufbau und die Wirkungsweise der Gewerkschaft vorhanden sein. Da die Kandidatur zum Betriebsrat meistens auf Freiwilligkeit beruht, ist eine soziale Einstellung gegenüber Mitmenschen anzunehmen. Eine Hürde stellte der Zugang zu dieser Personengruppe dar. Hier hätte die Gewerkschaftsschule eine hilfreiche Plattform geboten, da diese großteils von Betriebsrät_innen ohne Funktion besucht wird.

Entgegen meiner biographisch begründeten Ausgangshypothese (siehe Kapitel 4) entwickelte ich in einer Reflexionseinheit mit Regionalsekretärskolleg_innen die These, dass sich diese Gruppe **nicht optimal für den Einsatz im Rahmen des angedachten Netzwerks** eignet. Unsere Befürchtung war, dass die Betriebsratsmitglieder eventuell in den Filialen ein weiteres Betätigungsfeld als Betriebsrat entwickeln und dort unkoordiniert Ratschläge erteilen würden (eigenmächtiges Ausweiten des betriebsrätlichen Mandats). Dies könnte bei den Beschäftigten zu Verwirrung führen, die Präzision der Antworten wäre nicht gewährleistet und es könnte zu Konflikten mit und Druck auf die vorhandenen Betriebsratskörperschaften der Beschäftigerbetriebe kommen, da die FAIR HANDELN Ansprechpartner_innen nicht alle betriebsinternen Regelungen kennen könnten.

Betriebsrät_innen mit einer Funktion in der Gewerkschaftsbewegung

Der ÖGB sowie seine Teilgewerkschaften sind demokratisch strukturiert. In der GPA-djp wählen Mitglieder aus ihrer Mitte Vertreter_innen in Bezirksgremien, Betriebsrät_innen wählen aus ihren Reihen Vertreter_innen in Wirtschaftsbereichsausschüssen. Nach einem Delegationsprinzip gestaltet sich eine demokratische Struktur aus Landes- und Bundesgremien bis zum Bundesvorstand, welcher im Endeffekt die Handlungsweise des Vorsitzenden bestimmt bzw. kontrolliert.

Diese Struktur steht zwar prinzipiell allen Mitgliedern offen, wird in der Realität aber fast ausschließlich von Betriebsrät_innen ausgefüllt. Es wird im Rahmen der alle vier Jahre abgehaltenen Wahlen, unter Berücksichtigung der Repräsentanz der Mitgliederstruktur bezüglich der Fraktionen und des Verhältnisses von Frauen und Männern, festgelegt, wer als Kontrollorgan, Repräsentant und Ideenbringer in der Gewerkschaftsstruktur mitwirkt.

Theoretisch hätten die Funktionär_innen aufgrund ihres überdurchschnittlich hohen Engagements eine vielversprechende Gruppe potentieller Ansprechpartner_innen dargestellt. Neben oben ausgeführten Gründen, die gegen eine Involvierung von Betriebsrät_innen sprechen, musste ich leider feststellen, dass einige Funktionär_innen zu ihrem Amt zwangsverpflichtet wurden. Man kann also nicht von einem einheitlichen Motivationsschema ausgehen.

Meiner Beobachtung nach geben Funktionär_innen meistens an, aufgrund ihrer Funktion bereits überlastet zu sein. Sie sind Betriebsratsvorsitzende von wichtigen Betrieben und als solche, das Themenfeld Gewerkschaft betreffend, ausgelastet. Bei der KiK-Aktion (siehe Kapitel 5.6.1.1) musste ich feststellen, dass einige Bundesländer beim Versuch, aus dieser Gruppe Filialpartner_innen zu finden, gescheitert sind und diese rein aus der Personalressource Regionalsekretäre abgedeckt wurden.

Die Angaben der Funktionär_innen, mit den Aufgaben im Betrieb und in der GPA-djp ausgelastet zu sein, und die Befürchtung, in den Handelsbetrieben Schwierigkeiten aufgrund der selbstständigen Ausweitung des Betriebsratsmandats zu bekommen, bewegten mich dazu, diese Gruppe vorerst nicht anzusprechen.

5.7.2.3 Ehemalige Betriebsrät_innen

Ehemalige Betriebsrät_innen sind aufgrund der oben beschriebenen Unterschiede bezüglich Funktion, Funktionszeit, Ausbildung und Funktionär_innenlaufbahn unterschiedlich zu bewerten.

Ich hatte diese Gruppe wegen des schwereren Zugangs zuerst ebenfalls nicht im Fokus, obgleich mir bewusst war, dass sich manche Funktionär_innen, nach Beendigung ihres aktiven Berufslebens und des damit einhergehenden Verlusts ihres Mandats, gerne weiterhin in Aktivitäten ihres Vereins einbringen würden.

5.7.2.4 Ehemalige Sekretäre

Wie oben beschrieben rekrutieren sich die Gewerkschaftssekretäre meistens aus Betriebsratskörperschaften. Es ist allerdings in letzter Zeit auch festzustellen, dass einige als Quereinsteiger_innen hinzukommen. (Siehe Kapitel 5.7.1.1) Da für Beschäftigte der GPA-djp ein durchgängiger Karriereverlauf bis zur Pension in der Regel möglich ist und der schwierige Arbeitsauftrag zusammenschweißt, sind sie meistens auch bereit, in späterer Folge Aufgaben für die Organisation zu übernehmen. Es hat sich aus dieser Riege eine eigene aktive Pensionist_innengruppe gebildet, die mittlerweile über 1.000 Kontakte verfügt und zahlreiche Aktivitäten für GPA-djp-Pensionist_innen veranstalten.

Dass diese Gruppe enormes Potential hat und nur minimal genutzt wird, ist seit langem ein Gesprächsthema in der Organisation. Auf das Forschungsprojekt bezogen folgerte ich, dass die Tatsache, nicht zu Regelzeit einkaufen zu müssen, die Zeit zu haben, mit den Beschäftigten zu plaudern und die jahrelange Erfahrung im Umgang mit Angestellten im Einzelhandel einen **enormen Vorteil gegenüber allen anderen Gruppen** darstellen könnte.

5.7.2.5 Das Sampling im Überblick

Zusammenfassend halte ich also fest, dass die dominanten Auswahlfaktoren von den Rahmenbedingungen des Forschungsfeldes bestimmt wurden. Im schwierigen Umfeld des filialreichen Einzelhandels (siehe Kapitel 5.4.3) sind aktive Betriebsrät_innen die erste wichtige Instanz der Arbeitnehmer_innenbewegung um Arbeitsbedingungen zu verbessern. Eine Unterstützer_innenstruktur kann hier nur ergänzend wirken. Es herrscht also absolute Priorität, die Tätigkeit der Betriebsrät_innen nicht zu erschweren. Dieses Argument sprach gegen die Einbeziehung aktiver und ehemaliger Betriebsrät_innen. Bei den Hauptamtlichen nahm ich an, dass sie diesem Umstand professionell begegnen würden und so schloss ich lediglich die Gruppen aus, die meiner Einschätzung nach keine regelmäßigen Einkaufswege haben. Die Ressource, die ich aber eigentlich anzapfen wollte, waren die „einfachen Mitglieder", da sie für mich die größte ungenutzte Gruppe in der Gewerkschaftsbewegung darstellen.

Die weitere Darstellung der Zusammenstellung der Forscher_innengruppe folgt entlang der chronologischen Darstellung im Kapitel 5.10.1.

5.8 Methodologie

Um eine stichhaltige Auswertung zu ermöglichen, müssen die Daten in der richtigen Qualität, also anhand der richtigen Methode erhoben werden.

Das erforderte einerseits, alle Daten von Beginn an in einer auswertbaren Qualität lückenlos zu dokumentieren und andererseits einen Schulungsaufwand für die Forscher_innengruppe einzuplanen.
Ich wählte schließlich folgende Herangehensweise:

- episodische Interviews zur Erhebung der Motivation der Mitforscher_innen
- Literaturrecherche als Grundlage der theoretischen Reflexion
- Expert_inneninterviews mit wichtigen Persönlichkeiten der Gewerkschaftsbewegung
- teilnehmende Beobachtung als Erhebungsinstrument während des Forschungsprozesses
- Gruppeninterviews mit der Forschungsgruppe zur kontinuierlichen Reflexion der Forschungsergebnisse und zur abschließenden Ergebnisbewertung.

5.8.1 Interviews

Ein wichtiger Antrieb bei gewerkschaftlicher Arbeit/Aktion ist die Solidarität. Sie würde meiner Einschätzung nach die Triebfeder für die FAIR HANDELN-Ansprechpartner_innen darstellen. Die Erfahrungen aus unzähligen Gesprächen mit Menschen im Zuge meiner Tätigkeit in der Arbeitnehmer_innenbewegung haben ergeben, dass dieser Begriff durchaus unterschiedlich verstanden wird. Ich beschloss also, diesen Begriff mit allen FAIR HANDELN-Ansprechpartner_innen, aber auch mit anderen passenden Personen in Interviews zu beleuchten und die verschiedenen Ansätze herauszuarbeiten.

5.8.1.1 Episodische Interviews

Ich setzte zu diesem Zweck im Wesentlichen episodische Interviews ein. „Dabei richtet sich die Aufmerksamkeit im Interview auf Situationen bzw. Episoden, in denen der Interviewpartner Erfahrungen gemacht hat, die für die Fragestellung der Untersuchung relevant erscheinen. Sowohl die Darstellungsform (Beschreibung oder Erzählung) der entsprechenden Situation, als auch die Auswahl von Situationen kann dabei weitgehend vom Interviewpartner nach Gesichtspunkten subjektiver Relevanz gestaltet werden. Ziel des episodischen Interviews ist, bereichsbezogen zu ermöglichen, Erfahrungen in allgemeiner, vergleichender, etc. Form darzustellen, und gleichzeitig, die entsprechenden Situationen und Episoden zu erzählen. Deshalb beinhaltet es eine Kombination von Erzählungen, die sich an situativen bzw. episodischen Kontexten orientieren, mit Argumentationen, die sich jeweils von solchen Kontexten zugunsten der Orientierung an dem daraus entstandenen begrifflichen und regelorientierten Wissen lösen." ([Flick, 2010], 239) Die Interviews hatten stets einen klaren Fokus. Ich wollte herausfinden, was an dem Konzept des Unterstützer_innennetzwerks FAIR HANDELN faszinierte, wollte ergründen, wie der Begriff Solidarität persönlich definiert wird, aber auch wie die diesbezügliche inhaltliche Ausprägung vor sich ging. Abschließend war es wichtig herauszufinden, welche Bedürfnisse an Kommunikation innerhalb des Netzwerks vorhanden waren.

Den Aspekt, dass der Interviewer – in diesem Fall zumeist aufgrund der persönlichen Beziehung – einen gewissen Einfluss auf die Antworten nimmt, wollte ich damit mildern, dass ich die Befragten möglichst spontan reagieren ließ. Ich gab also keine Fragen vor, sondern bat im Vorfeld lediglich darum, sich zwei Stunden für das Interview freizuhalten.

5.8.1.2 Expert_inneninterviews

Als „Experten" werden üblicherweise Sachverständige, Kenner oder Fachleute bezeichnet, also Personen, die über spezielles Wissen verfügen.

Sie werden genutzt, um „komplexe Wissensbestände zu rekonstruieren, die für die Erklärung sozialer Phänomene, auf die sich das aktuelle Forschungsinteresse bezieht, von Bedeutung sind." (Liebold, Trinczek in [Kühl, Strodtholz, Taffertshofer, 2009], 33)

Um sowohl eine inhaltliche Fokussierung als auch einen Erzählfluss zu gewährleisten, „kommt ein offen und unbürokratisch zu handhabender Leitfaden zum Einsatz, der hinreichend Raum für freie Erzählpassagen mit eigenen Relevanzsetzungen lässt." (Liebold, Trinczek in [Kühl, Strodtholz, Taffertshofer, 2009], 35)

Speziell für das zu bearbeitende Forschungsgebiet gibt es Expert_innen, deren Wissen meines Erachtens unbedingt ausgewertet werden sollte. Ich konnte im Laufe meiner Tätigkeit in der GPA-djp feststellen, dass das Expert_innenwissen von langjährigen Ehrenamtlichen und Hauptamtlichen kaum gesichert wird. Es werden keine Ressourcen proaktiv aufgewendet, um Erkenntnisse dieser Personen vor oder nach dem Ausscheiden aus der Funktion zu sichern. Im Rahmen des Forschungsprojektes konnte ich für den Wirtschaftsbereich Handel die wichtigsten Persönlichkeiten für ein Interview gewinnen. Außerdem führte ich mit den aktuellen operativen Entscheidungsträgern ausführliche Interviews und ließ die gesammelten Erkenntnisse in die Forschung einfließen.

5.8.1.3 Gruppeninterviews

„Ein fokussiertes Gruppeninterview ist ein Interview mit einer kleinen Gruppe von Leuten zu einem bestimmten Thema." ([Flick, 2010], 249) Der Interviewer sollte dabei darauf achten, dass nicht gewisse Diskutanten zu dominant sind und er muss mit Flexibilität und Empathie danach trachten eine objektive Diskussion zu bekommen, die alle Teilnehmer zur Partizipation anregt. ([Flick, 2010], 248 f.)

In Gruppeninterviews stellte ich Ergebnisse von Beobachtungen zur Diskussion. Die Fülle an Daten musste reflektiert werden. Es gab Daten über die Situation in den Filialen, es gab aber natürlich auch Daten über die Befindlichkeit der Forscher_innen. Diese sollten mit gebotener Sensibilität diskutiert werden. So schieden in der Mitte des Forschungszyklus zwei Forscher_innen aus, da ihr Lebensrhythmus, ihre mitgebrachten Eigenschaften der Kommunikation, aber auch ihr Verständnis für die Wirkungsweise der Gewerkschaft das Mitwirken nicht mehr sinnvoll erscheinen ließ.

Die Erfahrungen wurden in der Gruppe reflektiert, neue Forscher_innen wurden aufgrund der Erfahrungen aus der qualitativen Forschung in einem wesentlich kleineren Segment gesucht, erneut episodisch interviewt und auf die Forschungsreise geschickt.

In Form einer Gruppendiskussion beendete ich auch die aktive Forschungsphase der Forscher_innengruppe. Ich stellte Thesen/Forschungsergebnisse zur Diskussion und konnte unter Nutzung der Gruppendynamik die Ergebnisse der episodischen Interviews in einem offeneren Zugang reflektieren.

5.8.2 (Teilnehmende) Beobachtung

Im Rahmen meines beruflichen Aufgabenfeldes als regional verantwortlicher Sekretär für den Wirtschaftsbereich Handel musste ich feststellen, dass in diesem riesigen Segment des Arbeitsmarktes große Ungerechtigkeit vorherrscht. (siehe auch Kapitel 5.4.3)

Ich stellte aber auch fest, dass vor allem bei Hauptamtlichen der GPA-djp, aber auch bei freigestellten Funktionär_innen – und das sind die Entscheidungsträger_innen der Organisation – teilweise Mythen über diesen sozialen Raum bestehen bzw. über die Jahre hinweg ausgeschmückt wurden. Diesen Mythen galt es auf den Grund zu gehen. Zu einfach ist es, tradierte Annahmen weiterzuspinnen, um keine neuen Wege gehen bzw sich nichts Neues überlegen zu müssen. Andererseits ergab sich aus dem Studium der Literatur, dass über den Arbeitsplatz im filialreichen Einzelhandel relativ viel quantitatives Forschungsmaterial vorhanden war. Um also eine solide Ausgangslage für mein Forschungsprojekt zu bekommen, galt es, die Arbeitssituation im filialreichen Einzelhandel aus allen Blickwinkeln zu beleuchten.

Ich nutzte unter anderem die Möglichkeit, im Rahmen von Beratungstagen ein vielschichtiges Bild der Problemfälle zu erstellen. (Siehe Kapitel 5.4.7) Mir war aber auch klar, dass Beratungstage in einer Institution der Arbeitnehmer_innenvertretung nur eine einseitige Betrachtung erlauben, da Arbeitnehmer_innen ein solches Beratungsangebot in der Regel nur bei großen Schwierigkeiten in ihrer Freizeit in Anspruch nehmen.

Ich begann also auch bei meinen Einkäufen und Besuchen von Betriebsrät_innen in Filialen genauere Aufzeichnungen zu führen und das Erlebte stärker zu reflektieren.

Schließlich stellte ich die Forschungsgruppe zusammen, wobei auch die Ergebnisse der teilnehmenden Beobachtung bezüglich der Motivation für Engagement eine wichtige Rolle spielten.

> *„Teilnehmende Beobachtung ist in doppelter Hinsicht als Prozess zu begreifen. Einerseits soll der Forscher mehr und mehr zum Teilnehmer werden und Zugang zu Feld und Personen finden. […] Andererseits soll auch die Beobachtung einen Prozess zunehmender Konkretisierung und Konzentration auf für die Fragestellung wesentliche Aspekte durchlaufen.“* ([Flick, 2010], 288)

Als Forschungsgruppe waren wir nun in einer Doppelrolle. Einerseits erforschten wir das Betätigungsfeld, in dem wir detaillierte Aufzeichnungen über die Reaktion der Beschäftigten in den Filialen führten, und andererseits uns selbst und führten Aufzeichnungen über unsere Erwartungen, Bedürfnisse und Erfahrungen in der Rolle als Unterstützer_innen.

Als Projektleiter sehe ich allerdings retrospektiv, dass sich diese Methode schwierig gestaltet, da die Motivation der Mitforscher_innen primär auf die Verbesserung der Arbeitssituation der Beschäftigten abzielt und die Wichtigkeit der eigenen Bedürfnis- und Gemütslage als Grundlage für eine qualitative Auswertung immer wieder hervorgehoben werden musste.

5.8.3 Literaturstudium

Das Studium relevanter Literatur machte einen wichtigen Teil der Forschung aus. Obgleich mein Fokus darin bestand, neues Wissen zu generieren, war es wichtig, sich zu vergegenwärtigen, was bereits erhoben wurde bzw. welche Gedanken sich andere zur Forschungsproblematik bereits gemacht hatten. Aus Werken zu Motivation und Solidarität habe ich, wie später genauer dargestellt, wichtige Schlüsse über die Notwendigkeiten des Netzwerks ziehen bzw. Reaktionen und Entwicklungen deuten können. Die Erhebungen zu Ehrenamtlichkeit und Kommunikation halfen, Fähigkeiten der Teilnehmer_innen genauer zu betrachten und zu fördern. Der dünneren Ausstattung an Literatur über die Entstehung und Strategien der Gewerkschaft für Handelsangestellte in Österreich, also der GPA-djp, begegnete ich mit Expert_inneninterviews (siehe Kapitel 5.8.1.2).

5.9 Theoretische Grundlagen

Die Frage war zunächst, wie die zeit- und ressourcenbedingt beschränkte Handlungsfähigkeit der hauptamtlichen Gewerkschaftssekretäre überwunden und welche Lösungen für die vielfältigen Probleme der Handelsangestellten gefunden werden könnten.

Zuerst stellte ich intensive Überlegungen auf Grundlage persönlicher Beobachtungen an und resümierte die Erlebnisse der letzten Jahre im Aktionsfeld „Arbeitsplatz der Angestellten im filialreichen Einzelhandel“. Ich forschte auf theoretischer und praktischer Ebene im Bereich Empowerment – Selbstbestimmtheit – Ermächtigung. Ich konnte Hebel und Anker festmachen, allerdings erwies sich dieses Forschungsgebiet als zu umfangreich, um es im Rahmen dieses Studiums wissenschaftlich erschöpfend bearbeiten zu können. Die Konsequenz war die Entscheidung, den Forschungsfokus auf die Überwindung der strukturellen und ressourcenabhängigen Schranken zu legen.

Welche Möglichkeiten bieten sich also dem hauptamtlichen Apparat, Präsenz in den tausenden Filialen zu zeigen und in Kommunikation mit den Beschäftigten zu treten?

Aus den persönlichen Erfahrungen im Umgang mit dieser Herausforderung (siehe Kapitel 5.6.1.1) und inspiriert durch Initiativen und Impulse von Gewerkschaften und deren Umfeld (siehe Kapitel 5.6) entstand die Überlegung, dafür eine Struktur aus ehrenamtlichen Unterstützer_innen aufzubauen. Dafür bot sich prinzipiell das gesamte Spektrum der Zivilgesellschaft an. Es galt also Parameter für die Eignung zu definieren und Zugänge zu den geeigneten Personengruppen zu finden. (Siehe Kapitel 5.7)

Um die Daten der Forschungssubjekte von Beginn an optimal zu verwerten, beschloss ich meine Forschungen mit Interviews zu starten. (Siehe Kapitel 5.8.1) Neben den Rahmenbedingungen für das Netzwerk, etwa Kommunikation und benötigter Informationen, galt es, die Motivation zu hinterfragen.

Ich wollte wissen, was Menschen dazu antreiben könnte, ihren Status als „anonyme Konsumenten" zu verlassen und als Vertreter_in dieser Initiative in Erscheinung zu treten. Den Zugang zu dieser rollentheoretischen Betrachtungsweise lieferte mir Erving Goffmans „Wir alle spielen Theater". Sehr eindrucksvoll beschreibt er die subtilen Feinheiten der täglichen Selbstinszenierung. In unterschiedlichen Alltagssituationen treten wir in unterschiedliche Rollen ein, so auch beim täglichen Einkauf. Aus der teilnehmenden Beobachtung als forschender Konsument stellte ich fest, dass sich manche Menschen beim täglichen Einkauf verändern. Sehr soziale Menschen ließen im Supermarkt plötzlich unerwartete Charaktereigenschaften durchschlagen. Ein Wandel, wie man ihn etwa vom Fußballplatz kennt, machte geduldige, ruhige Menschen plötzlich lautstark fordernd bis querulant. Es entstand bei mir der Eindruck, dass der Druck des Alltags zum Teil an Verkäufer_innen und Kassierer_innen abgeladen wurde.

Was also bewegt jemanden dazu, den Schritt in ein Unterstützer_innennetzwerk zu machen? Ich antizipierte, dass Solidarität und Eigennutz bzw. Opportunismus eine Rolle spielen könnten.

Um die Interviews mit der erforderlichen Einfühlsamkeit führen und relevante Schlüsse aus den Ergebnissen ziehen zu können, eignete ich mir vorab theoretische und quantitative Forschungsgrundlagen zu den Themenfeldern

- Solidarität,
- Motivation und
- bürgerschaftliches Engagement

an.

5.9.1 Solidaritätstheorien

Solidarität ist ein oft und von vielen unterschiedlichen gesellschaftlichen Akteuren beschworener Wert, der beispielsweise von der Gewerkschaft wie auch von der katholischen Kirche hochgehalten wird. Sie kann sich sowohl auf familiäre Kleingruppen, als auch auf ganze Staaten oder Staatsgemeinschaften beziehen bzw. auf einzelne Interessengruppen wie die Arbeiter_innenbewegung. Für das Unterstützer_innennetzwerk FAIR HANDELN ist angewandte Solidarität eine Grundvoraussetzung. Deswegen ist das folgende Kapitel ein Streifzug durch die theoretischen Ansätze der Wissenschaft zu diesem Thema und dient als Ressource für die gesamte Arbeit.

Zur Begrifflichkeit:
Aus dem Wörterbuch der Soziologie von Alfred Vierkandt:

1. *„Solidarität bedeutet stets einen Zustand, in dem eine Vielheit sich als eine Einheit verhält.*
2. *Dieses Verhalten hat einen praktischen Sinn; es ist stets erregt durch störende Eingriffe aus der äußeren Welt.*
3. *Sein Sinn ist eine Abwehr solcher Störungen, Eingriffe oder Angriffe.*
4. *Zugrunde liegt dem solidarischen Verhalten […] eine Gesinnung der Gemeinschaft. Gemeinschaft bedeutet dabei nicht einen Zusam-*

menschluss zu einem praktischen Zweck, keine Interessenvereinigung, sondern [...] einen Zustand innerer Verbundenheit.“
(A. Vierkandt, Solidarität, 1972, 704, in [Zoll, 2000], 13)

5.9.1.1 Historische Wurzeln

Urformen nachbarschaftlicher Solidarität kommen in den Sippschaften erstmals vor, wo rein auf Subsistenz orientierte Menschen ihre ökonomischen Entscheidungen im Kollektiv fällten. Dort findet man, wie heute beispielsweise noch bei „Schenkökonomien“ der Trobriander[19], ein Solidaritätsgefüge, wo nicht ein Vorteilstausch im Vordergrund steht, sondern aus einer Einsicht in die Zufälligkeit der persönlichen Lebenssituation und aus Mitgefühl gehandelt wird. Bei jeder ökonomischen und sozialen Transaktion spielen die Solidarität und der Zusammenhalt des Gemeinschaftsgefüges eine zentrale Rolle. Als ein weiteres Beispiel können die Yanomami-Indianer, ein Jägervolk in den Regenwäldern Südvenezuelas, herangezogen werden. Das Bemerkenswerte ist die einseitige Lebenssituation als Wildbeuter. Dies beschert allen gleiche Rahmenbedingungen. Der Jäger kann seine Beute aber nicht vollständig verspeisen und auch keinen Nahrungsvorrat in seinem Körper speichern. Er ist also naturgemäß von seiner Gemeinschaft abhängig und übt durch sein Teilen zwangsläufig Solidarität/Hilfe aus. Die Form der Solidarität ist von Eigennutz motiviert, aber dieser spielt bei so gut wie allen Formen der Solidarität eine Rolle. (Vgl. [Rainer Zoll, 2000], 108)

Moderne Beispiele für nicht auf einen Vorteilstausch orientiertes Handeln sind die Open Source Communities[20], welche unentgeltlich Software produzieren, oder auch die unentgeltliche Nachbarschaftshilfe.

Die sprachgeschichtlichen Wurzeln von Solidarität liegen im Lateinischen und leiten sich von solidus ab, was als ganz, fest, echt, solide

19 Siehe http://de.wikipedia.org/wiki/Schenk%C3%B6konomie, am 1. Juli 2012 um 18:30

20 Siehe http://de.wikipedia.org/wiki/Schenk%C3%B6konomie, am 1. Juli 2012 um 18:30

oder vollständig übersetzt werden kann. Erste begriffliche Verwendung im modernen Sinn findet man im französischen Recht. Dort geht es um ein uneingeschränktes Einstehen und Haften füreinander. Die Solidarität muss in dem Sinn auch ausdrücklich erklärt werden. Im Deutschen kam der Begriff eher spät auf. Während der Revolution von 1848 wurde am ehesten der Begriff der Brüderlichkeit in verschiedenen Varianten verwendet, die fraternité. Hegel schreibt diesbezüglich in dem Kapitel über die bürgerliche Gesellschaft:

> *„Indem die Korporation in Rücksicht der bürgerlichen Gesellschaft an die Stelle der Familie tritt, so fällt derselben auch die Sorge für die Individuen anheim, da wo und insoweit die Kräfte der Familie nicht ausreichen. Ihr liegt es zunächst ob für die Bildung der Kinder ihrer Mitglieder zu sorgen, und ebenso hat sie sich solidarisch zu verbinden für diejenigen, welche zufälligerweise in Armut geraten."* (G. W. F. Hegel – Philosophie des Rechts – die Vorlesung von 1819/20 in einer Nachschrift, hg. von D. Heinrich 1983, 203 in [Zoll, 2000], 22).

5.9.1.2 Vom reziproken Altruismus bis hin zu Solidarnormen:

Wenn man sich nochmals das Beispiel der Yanomami-Indianer vor Augen hält, drängt sich der Begriff gegenseitige (auf Gegenseitigkeit aufbauende – reziproke) Hilfe auf, auch als altruistische Solidarität bezeichnet:

Voland resümiert diesbezüglich: *„Reziproker Altruismus wird umso wahrscheinlicher entstehen,*

- *je häufiger und regelmäßiger vertraute Partner miteinander interagieren,*
- *je länger die durchschnittliche Lebensspanne währt,*
- *je seltener Migration zu einer Veränderung in den Lebensgemeinschaften führe und*
- *je schwieriger und kostspieliger es für potentielle Betrüger wird, zwar den Nutzen der Altruisten für sich in Anspruch zu nehmen, den eigenen Obolus aber zurückzuhalten."* ([Zoll, 2000], 110)

Ein Beispiel, das diese Parameter bestätigt, ereignete sich auf der UN-Klimakonferenz in Durban 2011, wo knapp 200 Staaten ihre künftige Klimaschutzpolitik debattierten. Apisai Ielemia, der ehemalige Staatschef von Tuvalu, ein vom Untergang bedrohter Inselstaat im Pazifik mit 10.000 Einwohnern, trat auf, nachdem er durch den ansteigenden Meeresspiegel seine gesamte Nation und damit die Rechte seines souveränen Staates bedroht sah.

Seit Jahren wurde gefordert, effizientere Maßnahmen gegen den Klimawandel umzusetzen. In einem von Tranow durchgeführten Experiment ergab die Befragung nach der Bereitschaft zur Aufnahme der Tuvalubewohner_innen in Deutschland, dass die Probanden dem mehrheitlich negativ gegenüberstanden. ([Peters/Heinrichs, 2004], 166 f.) Obgleich sie die Verantwortung der Industriestaaten bejahten, wurde die Solidaritätsanfrage abgelehnt. „Das sollten die anderen Staaten machen", „die USA trage wesentlich mehr dazu bei", und manche meinten, dass die Tuvalubewohner_innen vielleicht selbst Fehler gemacht hätten.

Tranow schloss daraus, dass zwischen einer abstrakten, verbalisierten Solidaritätsbereitschaft bzw. einem abstrakten Verantwortungsgefühl (z. B. dass die Europäer die Schuld trügen) und der Mobilisierung eines Einzelnen eine große Diskrepanz besteht und dass eine Solidaritätsbereitschaft nicht gegeben war. Er ortet, dass dies an der kulturellen und emotionalen Distanz zu diesem Inselstaat liegt und der Möglichkeit, die Verantwortung abzuschieben.

Ähnlich stellt sich die Situation bei den Anpassungsfonds für den Klimawandel dar, wie z. B. die Vergrößerung von Deichen. In dem Augenblick, wo kausale Zuweisungen nicht möglich sind, fällt das solidarische Handeln äußerst gering aus. Tranow bezeichnet den Klimaschutz als klassisches Kollektivgutproblem. Alle würden zwar von einem intakten Klima profitieren, aber es fehlt sowohl den Individuen als auch den Staaten an Anreizen. Eine Lösung wäre seiner Meinung nach, das Tradieren und Anwenden von Solidarnormen. ([Tranow, 2010], 113 ff)

Hier schließt sich der Kreis zum reziproken Altruismus. Die intrinsische Motivation zur Solidarität entwickle sich nämlich eigentlich nur, wenn sich die Solidarität für einzelne lohnt. Das müsse nicht zwangsläufig mit einer sofortigen oder perspektivischen Gegenleistung verbunden sein.
Entscheidend sei, dass man Leute, die sich solidarisch verhalten, auf andere Weise entlohnt, z. B. mit Anerkennung und mit Wertschätzung. Es brauche eine Kultur der Wertschätzung und Anerkennung der Solidarität, was im Umkehrschluss bedeutet, dass man opportunistische Verhaltensweisen sozial sanktionieren müsste. Sozialkapitalforscher betonen diesbezüglich, dass gerade Vereine oder Kooperationsnetzwerke, die nicht auf Dauer konstruiert sind, wichtige Sozialisationsfunktionen haben.

5.9.1.3 Mechanische und organische Solidarität

David Émile Durkheim war französischer Ethnologe und Soziologe. In „De la division du travail social" (1893) entwirft Durkheim ein grundlegendes Modell der Gesellschaft entlang der folgenden Frage:

> *„Wie geht es zu, daß das Individuum, obgleich es immer autonomer wird, immer mehr von der Gesellschaft abhängt? Wie kann es zu gleicher Zeit persönlicher und solidarischer sein? Denn es ist unwiderleglich, daß diese beiden Bewegungen, wie gegensätzlich sie auch erscheinen, parallel verlaufen. Das ist das Problem, das wir uns gestellt haben. Uns schien, daß die Auflösung dieser scheinbaren Antinomie[21] einer Veränderung der sozialen Solidarität geschuldet ist, die wir der immer stärkeren Arbeitsteilung verdanken."* ([Durkheim, 1988], 82)

21 Antinomie: Widerspruch eines Satzes in sich od. zweier Sätze, von denen jeder Gültigkeit beansprucht, Fremdwörterbuch, DUDEN 1997

Die Industrialisierung analysierend konstatierte er, dass sich die Solidarität mit zunehmender Arbeitsteilung und Individualisierung in Form und Funktion verändert, da sich die Menschen vorher a priori als gleich und zusammengehörend verstanden.

Was mit dem Frühkapitalismus eintritt, ist, dass man diese zwischenmenschlichen Beziehungen viel stärker formell anstatt informell regelt. Eine vertragliche Regelung sozialer Beziehungen ersetzt die moralische Verpflichtung. Ein Beispiel zur vertraglich/staatlich reglementierten Solidarität ist das ASVG (Allgemeines Sozialversicherungsgesetz). Über die Arbeiter_innenklasse hinaus hat man die ganze Bevölkerung, also auch Bauern, Gewerbetreibende und andere Schichten, eingebunden; ab den 1960er und 1970er Jahren (Angestellte, Bauern, Gewerbetreibende) wurde die soziale Absicherung durch Wohlfahrt organisiert. (Vgl. [SV, 2012], 4 ff.)

Die organische Solidarität

Die Menschen sind auf die Produkte und Leistungen der anderen angewiesen, um zu existieren. Diese soziale Abhängigkeit führt zur organischen Solidarität, denn die Menschen als Teile des sozialen Körpers sind, wie die Teile eines organischen Körpers, voneinander abhängig. „[…] **Jeder hängt umso enger von der Gesellschaft ab, je geteilter die Arbeit ist**" ([Durkheim, 1992], 183)

Durkheim bescheibt, dass durch diese Form der Solidarität die Kohäsion der Gesellschaft erhalten bleibt. Es bedarf also des Zusammenhalts in einer immer stärker arbeitsteiligen und diversifizierten Gesellschaft. Diesen entwickelt man, wenn man sich als Teil eines gemeinsam lebenden Ganzen versteht.

Die mechanische Solidarität

Sie ist die historisch gesehen frühere Form der Solidarität und beruht auf der gemeinsamen sozialen Lage. In einer großfamiliären oder Stammesgesellschaft ist die gesamte Gruppe in der selben sozialen Situation. Es wird zusammengehalten, wie man es oft innerhalb seiner Familie heute noch als selbstverständlich versteht, obwohl die Lebensumstände völlig unterschiedlich sind.

Zoll dazu: *„Wahrscheinlich existieren in der Moderne immer beide Formen der Solidarität, aber in der Vergangenheit dominierte, und in weiten Bereichen und wahrscheinlich in vielen Gesellschaften dominiert noch heute, die mechanische Solidarität, die Solidarität unter Gleichen."*

Zoll bemerkt aber weiter, dass heute „die die Solidarität üben, zwar persönlich sehr unterschiedlich, aber gleich als Mitglieder einer Gemeinschaft [sind] und die Vorstellung von Gleichheit ist bestimmend für ihre Ausübung von Solidarität." ([Rainer Zoll, 2000], 33)

> Ich denke, man kann davon ausgehen, dass ohne die beiden Formen der Solidarität die Gesellschaft aufgrund der zentrifugalen Kraft des Individualismus auseinanderbrechen würde. Die Werbung/der Markt spielt uns Individualität vor. Die gemeinsame soziale Herkunft wird negiert und der Stand der traditionellen Arbeiter in der Produktion wird rapide kleiner. Gerade deswegen ist es die Aufgabe der Gewerkschaften, eine Förderung der Solidarität voranzutreiben. Die Menschen müssen eine Sichtweise für die Gesamtgesellschaft entwickeln und begreifen, dass sie voneinander abhängig sind. Eine Chance zur Entwicklung dieser Sichtweise für Mitglieder bzw. für die Gesellschaft sind solidarische Initiativen. (Siehe Kapitel 5.9.1.2)

5.9.2 Motivation

Gelebte Solidarität kann eine starke, gesellschaftsverändernde Kraft sein. Wenn man Menschen motivieren möchte, sich für andere zu engagieren, fußt dies auf gelebter Solidarität. Es schließt daher nun ein Abschnitt an, der sich mit theoretischen Betrachtungen über Motivation und praktischen Forschungsergebnissen zu bürgerschaftlichem Engagement beschäftigt.

Vorab muss festgestellt werden, dass keine allgemein akzeptierte Motivationstheorie vorliegt, die erklärt, wie menschliches Verhalten bestimmt wird. Ich gliedere die anschließenden Beiträge deshalb entlang der inhaltsbasierten Motivationstheorie von Maslow.

5.9.2.1 Maslows Modell der Bedürfnishierarchie

Nach Maslow gibt es fünf menschliche Grundbedürfnisse:
- Physiologische Bedürfnisse – wie Hunger, Schlaf
- Sicherheitsbedürfnisse – wie Stabilität, Angstfreiheit, Struktur, Ordnung
- soziale Bedürfnisse – etwa nach Zugehörigkeit
- Wertschätzung – Achtung durch sich selbst und andere
- Selbstverwirklichung – Ausnützung der eigenen Fähigkeiten

Seine These lautet, dass hinreichend befriedigte Bedürfnisse die Bedürfnisse auf der nächsthöheren Ebene aktivieren. Es gibt im wissenschaftlichen Diskurs Kritik an dieser These der Reihenfolge, aber ich wählte diese Theorie als Einstieg, weil sie eine Struktur bietet, anhand der sich die anschließenden Erhebungen zu Ehrenamtlichkeit und bürgerschaftlichem Engagement anschaulich gliedern lassen.

5.9.2.2 Grundlegende inhaltliche Definitionen

Eine Grundlage für die ehrenamtliche Betätigung im Rahmen eines Unterstützer_innennetzwerks wie FAIR HANDELN ist das bürgerschaftliche/politische Engagement. Sich gewerkschaftlich zu betätigen, sich solidarisch für fremde Menschen im Rahmen eines von der zuständigen freiwilligen Interessenvertretung organisierten Netzwerks zu engagieren, bedarf entsprechender Rahmenbedingungen und Motivation. Im folgenden Kapitel werde ich unterschiedliche Facetten dieses Engagements beleuchten.

Bürgerschaftliches Engagement

2011 war das Europäische Jahr der Freiwilligkeit zur Förderung der aktiven Bürgerschaft. Der Europäische Rat definierte dabei den Begriff Freiwilligentätigkeit wie folgt:

„Unter gebührender Berücksichtigung der Besonderheiten der Situation in jedem Mitgliedstaat und aller Formen der Freiwilligentätigkeit, bezieht sich der Ausdruck ‚Freiwilligentätigkeit' auf

- *jede Art der freiwilligen Tätigkeit, ob*
- *formell,*
- *nicht formell oder informell, die*
- *aus freiem Willen, eigener Wahl und*
- *eigenem Antrieb von einer Person ausgeübt wird und*
- *nicht auf finanziellen Gewinn ausgerichtet ist.*

Sie kommt dem Freiwilligen selbst, den lokalen Gemeinschaften und der Gesellschaft als Ganzes zugute. Sie ermöglicht es sowohl dem Einzelnen als auch Vereinigungen, sich für ***menschliche, soziale, intergenerationelle oder umweltpolitische Bedürfnisse und Belange einzusetzen und wird oft zur Unterstützung einer nicht gewinnorientierten Organisation oder Bürgerinitiative ausgeführt.*** *Die Freiwilligentätigkeit ersetzt keine professionellen, bezahlten Arbeitsplätze, sondern bietet der Gesellschaft einen Mehrwert."* (Europäischer Rat 2009/2010: Präambel Abschnitt 5)[Europäischer Rat (2009 / 2010): Entscheidung des Rates vom 27. November 2009 über das Europäische Jahr der Freiwilligentätigkeit zur Förderung der aktiven Bürgerschaft (2011) (2010/37/EG), im Amtsblatt der Europäischen Union am 22. Jänner 2010 veröffentlicht.])

Da es keine einheitliche Definition zu diesem Begriff gibt, schließe ich mich der Definition der Enquete-Kommission „Zukunft des bürgerschaftlichen Engagements" des Deutschen Bundestages 2002[22] an und lege in unserem Kontext die Parameter:

- freiwillig
- nicht auf materiellen Gewinn gerichtet,
- gemeinwohlorientiert,

22 Enquete-Kommission „Zukunft des bürgerschaftlichen Engagements" des Deutschen Bundestages (2002): Bericht. Bürgerschaftliches Engagement: auf dem Weg in eine zukunftsfähige Bürgergesellschaft [= Schriftenreihe der Enquete-Kommission „Zukunft des bürgerschaftlichen Engagement" des Deutschen Bundestages Band 4. Identisch mit Bundestagsdrucksache 14/8900 vom 3. Juni 2002. Opladen, Leske und Budrich.]

- öffentlich bzw. findet im öffentlichen Raum statt und
- wird in der Regel gemeinschaftlich/kooperativ ausgeübt,

fest. ([Angermann/Sittermann 2010], 2 f)

Bürgerschaftliches/politisches Engagement aufgrund von Zivilcourage

Eine Annäherung an den Themenkomplex Motivation nehme ich über das Themengebiet Zivilcourage vor. Wahrscheinlich hat man schon damit Erfahrungen gemacht, vielleicht positive, wo man wirklich helfen konnte, vielleicht negative, wo die Hilfe gar nicht erwünscht wurde, vielleicht abschreckende, weil man selbst zum Opfer der Situation wurde.

Begriffliche Näherung

- Staemmler und Merten definieren in ihrem Werk über engagierte Mitmenschlichkeit: *„Zivilcourage ist kein Ausdruck für eine zufällige und beliebige Einzeltat, wie das Benutzen einer Straßenbahn oder Aufsuchen einer Bücherei oder die Spende für eine Flutkatastrophe usw., sondern sie betrifft mein „Sein-für-andere", mein „Mit-Sein", mich selbst als gesellschaftliches Wesen. Sie betrifft also das Ganze der menschlichen Existenz. Was ein Mensch im Mut der Zivilcourage tut, vollzieht er als ein Wesen, das in Freiheit existiert. Zivilcourage ist die Bejahung der Freiheit, die der Mensch ist. Seine Verantwortung wälzt er nicht auf andere ab – und sei dies ein demokratisches System."* ([Staemmler/Merten, 2006], 109)
- Eine aktuelle Definition gab die Philosophin Herlinde Pauer-Studer im Rahmen eines Interviews: *„Für gewöhnlich meint man damit, dass Bürger_innen ihre Rechte wahren, dass sie den Mut haben aufzusprechen, gegen Missstände, gegen Verletzungen von Rechten, wo sie finden, dass auch gesellschaftliche Zustände unhaltbar sind und gegen Gerechtigkeitsstandards verstoßen."* Die Demokratie definiert eine bestimmte Form der Gerechtigkeitsvorstellung, welche meistens auf zwei Grundprinzipien basiert. Das ist einerseits das grundlegende Prinzip der gleichen Freiheit aller, wie z. B. körperliche Unversehrtheit oder die staatliche Nichtintervention, wenn kein Anlass besteht, welche sich in den Bürgerrechten wiederfinden. Andererseits der

Standard der Gerechtigkeit. Dieser kann zur persönlichen Intervention führen. Sie betrifft zum Beispiel auch die Distributionsverhältnisse. Also wer verteilt welche Rechte und Güter. Wie wird in einer Gesellschaft staatlich umverteilt bzw. welchen Anteil bekommen Arbeitnehmer_innen vom erwirtschafteten Gewinn. Reichtum repräsentiert immer politische und gesellschaftliche Macht. In Demokratien sollte diese von den gewählten Repräsentationen des Volkes und im Sinne des Gemeinwohls kontrolliert werden. ([RK 2011], 1 f)

Bürgerschaftliches/politisches Engagement bezieht sich auf ein Engagement der Zivilgesellschaft. Es stellt sich also die Frage, wie die Zivilgesellschaft zu definieren ist:

Zivilgesellschaft

- Aristoteles führt den Begriff im Rahmen seiner politischen Philosophie als herrschaftsfreie und solidarische Assoziation freier Bürger ein. Dabei setzt er Staat und bürgerliche Gesellschaft gleich.
- Da der Staat als societas perfecta et finalis die ranghöchste, alle Gemeinschaften umfassende Form der Gemeinschaft darstellt, unterscheidet Hegel strikt zwischen bürgerlicher Gesellschaft und politischem Staat. Er sieht die bürgerliche Gesellschaft als den Ort von Einzelinteressen und Widersprüchen, die nur vom politischen Staat koordiniert werden können. Während Aristoteles die Ökonomie strikt vom Privaten trennt, ist sie für Hegel ein Teil der Zivilgesellschaft.
- Marx sieht in der „bürgerlichen Gesellschaft" die kapitalistische Organisation materieller Lebensverhältnisse. Sie sei die gesellschaftliche Basis, welcher der Staat als Überbau nachgeordnet ist.
- „Heute verwendete Begriffsinhalte stehen meist in der Tradition von Gramsci, welcher wie auch Parsons und Habermas die **Zivilgesellschaft als gesellschaftliche Sphäre charakterisiert, die als vermittelnde Instanz zwischen Wirtschaft und Staat steht, und in welcher der Kampf um gesellschaftliche Herrschaft mit diskursiven, konsensuellen Mitteln ausgetragen wird**."
  ([Simsa, 2001], 2 ff)

Maslows erste Voraussetzungen für Motivation sind wie bereits erwähnt die Deckung von:

- physiologischen Bedürfnissen, wie Hunger, Schlaf und
- Sicherheitsbedürfnissen, wie Stabilität, Angstfreiheit, Struktur, Ordnung,

also von **materiellen Grundbedürfnissen.** Gemäß dieser Struktur folgen nun Betrachtungen zu den sozialstrukturellen Voraussetzungen für bürgerschaftliches Engagement.

5.9.2.3 Sozialstrukturelle Voraussetzungen

Obwohl grundsätzlich keine Bevölkerungsgruppe vom freiwilligen Engagement ausgeschlossen ist, konzentriert sich die Gruppe der Engagierten in der Realität im Wesentlichen auf die **Gruppe der besser Verdienenden mit höherem Bildungsabschluss**. Dieser Schluss ergab sich aufgrund der Analyse zweier Quellen.

Mikrozensusbefragung[23] zum Thema Freiwilligenarbeit in Österreich:

Die wichtigsten Ergebnisse im Überblick:

- 43,8 Prozent der österreichischen Bevölkerung ab 15 Jahren leisten in irgendeiner Form Freiwilligenarbeit.
- Der Anteil bei den Männern beträgt 47,1 Prozent, bei den Frauen 40,7 Prozent.
- Besonders aktiv sind die 40- bis 59-Jährigen, von denen fast die Hälfte angab, sich für andere Personen zu engagieren.
- Auch die 20- bis 24-Jährigen und 30- bis 39-Jährigen weisen mit je 47 Prozent hohe Werte auf.

---

23 Im Anschluss an die Mikrozensusbefragung im vierten Quartal 2006 wurden alle Personen ab 15 Jahren, deren Mikrozensusinterview telefonisch abgewickelt wurde (ca. 63 Prozent der Gesamtstichprobe), ersucht, zum Thema „Freiwilligenarbeit“ Auskunft zu geben. Dies geschah im Telefonstudio der STATISTIK AUSTRIA mittels computerunterstützter Telefoninterviews.

- Deutlich unter dem Durchschnitt liegt der Anteil der freiwillig Tätigen bei den Personen ab 70 Jahren.
- Nahezu 60 Prozent der Befragten mit einem „anderen Lebensunterhalt“[24] und Präsenz-/Zivildiener sowie 50 Prozent der Schüler_innen/Student_innen und Erwerbstätigen leisten Freiwilligenarbeit.
- Demgegenüber liegt der Prozentsatz der Arbeitslosen nur bei 36 Prozent.
- Werden diese Arbeitszeiten auf die Freiwilligenarbeit übertragen, entsprechen die Leistungen der freiwillig Tätigen nach der Normalarbeitszeit jenen von 373.860 Erwerbstätigen bzw. nach der geleisteten Arbeitszeit von 416.223 Erwerbstätigen.
([STATISTIK AUSTRIA, 2008], 3 f)

Mit höherer Ausbildung steigt auch die Bereitschaft zur Freiwilligenarbeit.

Der Anteil bei Personen, die eine hochschulverwandte Lehranstalt abgeschlossen haben, liegt bei fast 60 Prozent und bei Akademiker_innen bei 54 Prozent. Bei Personen mit Pflichtschulabschluss beträgt dieser Wert lediglich 33 Prozent.

Sinus-Milieus[25] in Österreich:

Um daraus Schlüsse ziehen zu können, fehlte mir neben theoretischen Konzepten eine verfeinernde Analyse der Struktur der österreichischen Gesellschaft.

Diese findet seit 2001 im Rahmen des TELETESTs der ORF-Medienforschung statt. Die Koordinaten ergeben sich dabei aus der Grundorientierung und der sozialen Lage (die soziale Lage definiert sich dabei

24 „Anderer Lebensunterhalt“ bedeutet, dass diese Personen nicht einer der vorgegebenen Kategorien (wie z. B. erwerbstätig, Pensionist_in, arbeitslos) zugeordnet werden können.

25 Diese Studie bietet eine Grundlage, um theoretische Schlüsse über Potentiale von Netzwerkteilnehmer_innen in der Gesellschaft zu treffen und sie hat sich von 2004 auf 2006 lediglich um einen Prozentpunkt verschoben (von den Postmateriellen wanderte ein Prozent zu den Konservativen).

entlang der Längsachse und wird durch Bildung, Einkommen und Berufsgruppe determiniert):

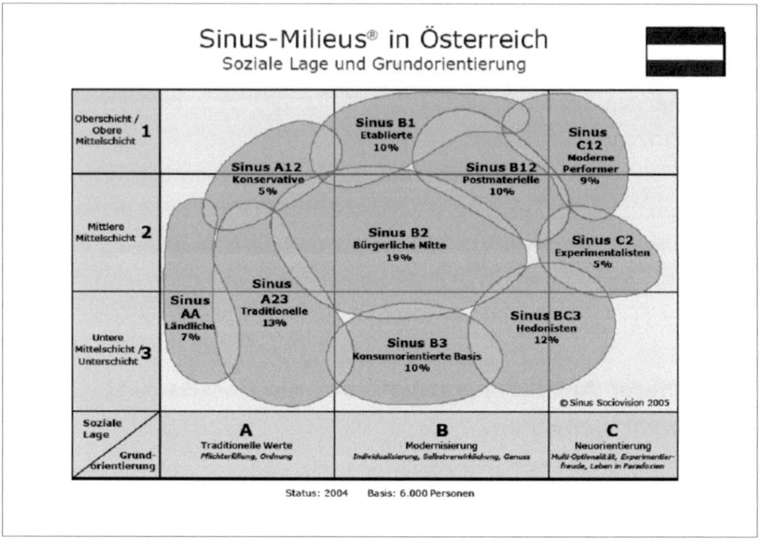

Abbildung 15: Sinus-Milieus in Östereich 2004, ([Schipperges, 2006], 6 f)

Kurzcharakteristik der Sinus-Milieus in Österreich		
Gehobene Milieus		
Sinus B1 (Etablierte)	10 %	Die erfolgs- und leistungsbewusste Elite: Machbarkeits- und Wirtschaftlichkeitsdenken; ausgeprägte Exklusivitätsansprüche
Sinus B12 (Postmaterielle)	9 %	Aufgeklärt, kosmopolitisch, progressiv; Deregulierungs- und Globalisierungskritiker; vielfältige kulturelle und intellektuelle Interessen
Sinus C12 (Moderne Performer)	8 %	Die junge, unkonventionelle Nachwuchselite: Flexibel und leistungsorientiert; intensiv leben, beruflich wie privat; Multimedia-begeistert

Kurzcharakteristik der Sinus-Milieus in Österreich		
Traditionelle Milieus		
Sinus A12 (Konservative)	6 %	Christlich-soziales Gedankengut; ausgeprägtes Pflicht- und Verantwortungsgefühl; hohe Wertschätzung von Bildung und Kultur
Sinus A23 (Traditionelle)	14 %	Die Sicherheit und Stabilität liebende Kriegs- und Nachkriegsgeneration; verwurzelt in der alten kleinbürgerlichen Welt bzw. in der traditionellen Arbeiterkultur
Sinus AA (Ländliche)	7 %	Im traditionell-ländlichen Milieu verwurzelt: Landbesitz, Familie, Gemeinde und Kirche werden als selbstverständlicher Rahmen des Alltagslebens gesehen
Mainstream-Milieus		
Sinus B2 (Bürgerliche Mitte)	19 %	Der konventionelle Mainstream: Streben nach angemessenem sozialen Status und einem komfortablen, harmonischen Privatleben
Sinus B3 (Konsumorientierte Basis)	10 %	Die stark materialistisch geprägte moderne Unterschicht: Anschluss halten an die Konsum-Standards der breiten Mitte als Kompensationsversuch sozialer Benachteiligungen
Hedonistische Milieus		
Sinus C2 (Experimentalisten)	5 %	Die extrem individualistische neue Bohème: Freiheit, Spontaneität und Originalität, Leben mit den Widersprüchen
Sinus BC3 (Hedonisten)	12 %	Die jüngere Unter- und untere Mittelschicht: Suche nach Spaß und Unterhaltung; Verweigerung gegenüber den Erwartungen und Konventionen der Leistungsgesellschaft

Abbildung 16: Kurzcharakteristik der Sinus-Milieus in Österreich ([Schipperges, 2006], 6 f)

Um diese Datenquelle einschätzen zu können, folgt nun eine theoretische Abhandlung zu diesem Thema.

5.9.2.4 Theoretischer Einstieg: Klassen- und Schichttheorie

Pierre Bourdieu (1993) entwickelte die Klassen- und Schichttheorie weiter, indem er den Lebensstil von Bevölkerungsgruppen miteinbezog. Der soziale Status von Denk-, Wahrnehmungs- und Bewertungsformen von Menschen in ähnlicher Lebenslage wird demnach durch die jeweiligen Lebensbedingungen geprägt: z. B. „richtet sich die Arbeiter_innenbevölkerung das Leben nach sozialen Notwendigkeiten aus, das Kleinbürger_innentum ist an sozialem Aufstieg orientiert, auf ein ehrgeiziges und teils ängstliches, teils plakatives Erfüllen vorgegebener kultureller Normen in Bildung und Geschmack. Der Bourgeoisie hingegen ist es möglich, sich in Kenntnis der richtigen kulturellen Standards über diese zu erheben und einen eigenen Stil zu entwickeln, diese als gesellschaftliche Norm zu propagieren und durchzusetzen" (Hradil, 1999, 139) Da dem Lebensstil eine so große Bedeutung für die Selbstwahrnehmung und Stilisierung der Persönlichkeit zukommt, ist den meisten Menschen nach dieser Theorie gar nicht mehr bewusst, dass sie in Strukturen großer sozialer und ökonomischer Ungleichheit leben.

Im Kontext des Forschungsprojektes ist auch die Aneignung und Verarbeitung von Normen, Erwartungen und Regeln der sozialen und kulturellen Umwelt von Bedeutung. Dieser Lernprozess wird als „soziales Lernen" bezeichnet. Es ist ein lebenslanger Prozess, die Phase der Kindheit und Jugend ist allerdings besonders prägend. ([Hurrelmann, 2006], 65)

5.9.2.5 Definition: Politische Partizipation

Um politische Partizipation einzugrenzen, ist es essentiell, den Begriff Politik zu fassen. Er wird meines Erachtens zu oft mit Parteipolitik gleichgesetzt. Die in diesem Kontext verwendete Begrifflichkeit ist weiter gefasst: Politik ist **„jenes menschliche Handeln, das auf die Herstellung und Durchsetzung allgemeinverbindlicher Regelungen und Entscheidungen (d. h. von ‚allgemeiner Verbindlichkeit') in und zwischen Gruppen von Menschen abzielt.**" ([Patzelt, 2003], 23)

Man kann behaupten, dass das bürgerschaftliche Engagement, welches darauf abzielt, Arbeitnehmer_innen im üblichen sozialen Umfeld, nämlich beim wöchentlichen Einkauf, mit dem Ziel zu unterstützen, ihnen zu ihrem Recht zu verhelfen, eine politische Partizipation darstellt, ganz nach dem Sinne des gewerkschaftlichen Leitprinzips: überparteilich, aber nicht unpolitisch.

Zurückkommend auf die Milieustudie kann man feststellen, dass sich Ungleichheitsstrukturen in modernen Gesellschaften nicht aufgelöst, sondern in eine Milieustruktur horizontal und vertikal differenzierter Lebenslagen umgewandelt haben. Es gibt nach wie vor eine Hierarchie ungleicher Lebenschancen, und diese wirkt sich auf Prozesse der Erziehung, Bildung und kulturellen Aneignung aus, die letztendlich ihre Spuren in den Persönlichkeiten der Gesellschaftsmitglieder hinterlassen. (Vgl. [Giddens, Fleck, Egger de Campo, 2009], 465 ff.)

Die Erhebung „Struktur und Volumen der Freiwilligenarbeit in Österreich“ ergab, dass über 40 Prozent der über 15-jährigen Österreicher_innen in irgendeiner Form Freiwilligenarbeit leisten und dass höhere Bildung in verstärkter Bereitschaft zu bürgerschaftlichem Engagement resultiert. (Siehe Die wichtigsten Ergebnisse im Überblick S. 184) Dies steht nach Milbrath und Goel in engem Zusammenhang damit, dass Personen **aus der Mittel- und Oberschicht auch mehr politischen Stimuli ausgesetzt sind, als Personen aus der Unterschicht.** Höherer **sozioökonomischer Status begründet mehr Interesse an Politik**, da diese Personen bereits während der Sozialisation gelernt haben, interessiert zu sein und sich verantwortlich zu fühlen, zudem findet sich bei dieser Personengruppe, eher als bei Personen mit niedrigem sozialem Status, **ein Gefühl, selber etwas verändern zu können**. (Milbrath, L. W./Goel, M. L. (1965): Political Participation. How and why do people get involved in Politics?, New York, in [Joest, 2002],16)

Definitionen der Sozialisation:

Als Sozialisation bezeichnet

- *Hurrelmann den „lebenslangen Vorgang der Verarbeitung von inneren und äußeren Anforderungen an die Persönlichkeitsentwicklung.*

Darin stecken die erkenntnisleitenden Annahmen, dass die Subjektwerdung nur in wechselseitiger Beziehung zwischen der Persönlichkeits- und der Gesellschaftsentwicklung möglich ist und die Individualität des Menschen, sowohl durch seine genetische Anlage, als auch durch soziale und ökologische Faktoren entwickelt wird. Ein Mensch wird nur durch das Leben in der sozialen und physikalischen Umwelt und durch den Prozess der Auseinandersetzung mit dieser Umwelt zu einem gesellschaftlich handlungsfähigen Subjekt, weil so die biologischen Anlagen, die körperliche Konstitution und die Grundstruktur der Persönlichkeit ausgeformt und von einer Lebensphase zur anderen modifiziert und weiterentwickelt werden kann.“ ([Hurrelmann, 2006], 20)

Wichtig erscheinen Hurrelmann dabei nicht nur die Primärgruppen und sozialen Netzwerke wie Familie, Freunde, wo sich Menschen täglich mit ihrer gesamten Persönlichkeit einbringen und welche sie mitgestalten können, sondern auch bestimmte gesellschaftliche Aufgaben wie die Betreuung, Bildung und Erziehung von Kindern und Jugendlichen (sekundäre Sozialisationsinstanzen), sowie formelle und informelle soziale Organisationen in Freizeit- und Wohnwelt, wie Gleichaltrigengruppen und Massenmedien, aber auch die Politik oder Gewerkschaft. ([Hurrelmann, 2006], 32 f)

- Bronfenbrenner sieht in „Die Ökologie der menschlichen Entwicklung“ die in Entwicklung befindliche Person als wachsende dynamische Einheit, die Zugang zu Lebensbereichen außerhalb des Mikrosystems erhält und dabei Fähigkeiten entwickelt, die Einflüsse verschiedener Lebensbereiche miteinander zu verbinden. Sie nimmt das Milieu, in dem sie lebt, fortschreitend in Besitz und formt diese um. „Dabei wird sie zu Aktivitäten und Tätigkeiten motiviert und befähigt, die es ihr ermöglichen, die Eigenschaften ihrer Umwelt zu erkennen und zu erhalten oder auf nach Form und Inhalt ähnlich komplexem oder komplexerem Niveau umzubilden.“ ([Bronfenbrenner, 1981], 44)
- „Georg Herbert Mead (1863–1931) ist der Begründer einer einflussreich gewordenen Variante der Handlungstheorie aus der amerikani-

schen sozialphilosophischen Tradition. Er geht vom offen beobachtbaren Verhalten des Menschen aus, konzentriert seine Analyse aber zugleich auf die subjektive Interpretation von Aktionen anderer Menschen."([Hurrelmann, 2006], 91) Er konzentriert sich auf den Ursprung und die Entstehung der menschlichen Subjektivität. *„Menschliches Handeln folgt physiologischen und organischen Bedingungen, ist aber durch soziale Interaktionsprozesse überformt."* ([Hurrelmann, 2006], 92) „In Meads Theorie wird soziales Handeln als symbolisch vermittelte Interaktion verstanden, die sich durch die wechselseitige Interpretationen von Situationen, Rollenerwartungen und Handlungen vollzieht." ([Hurrelmann, 2006], 93)

Einstellungsfelder, die politisches Engagement begünstigen, sind das Ergebnis sowohl eines individuellen, als auch eines gruppenspezifischen Sozialisationsprozesses. Neben den durch die Zugehörigkeit zu sozialen Gruppen bestimmten Sozialisationsprozessen sind auch alltägliche Erfahrungen des Individuums im politischen Aktionsfeld zu betrachten.

Wenn man unter diesen Gesichtspunkten die Sinus-Milieu-Studie in Österreich (siehe Seite 186) betrachtet, so ergeben sich damit potentielle Zielgruppen, die unterschiedlich anzusprechen sind und unterschiedliche Potentiale mit sich bringen.

Gehobenes Milieu Sinus B12/Postmaterielle:

Sie sind aufgeklärt im Sinne der 68er-Bewegung, kosmopolitisch, progressiv. Sie sind kritisch gegenüber Deregulierungs- und Globalisierungsentwicklungen und haben vielfältige kulturelle und intellektuelle Interessen. Kurzgefasst: Intellektuell, selbstverwirklicht und liberal; Akademiker_innen jeden Alters. Sie orientieren sich an ihrer Lebensqualität, die sie sich auch leisten können, und haben eine tolerante Grundhaltung.

Meiner Einschätzung nach stellt diese Gruppe einen guten Teil der potentiellen Aktivist_innen unter den Mitgliedern der GPA-djp dar. Die GPA-djp verdankt die positive Mitgliederentwicklung vor allem den starken öffentlichen Auftritten im Zuge von Kampagnen für die Rechte von Beschäftigten, der Überzeugungsarbeit von hauptamtlichen Gewerkschaftssekretären und natürlich den aktiven Betriebsratsmitgliedern. Mitglieder der GPA-djp sind zu einem verhältnismäßig größeren Anteil überzeugte Mitglieder. Sie bringen ein politisches Verständnis mit und gehören einer höheren Bildungsschicht an. Viele sind aufgrund ihrer Position finanziell gut ausgestattet. Sie benutzen neue Medien und interessieren sich für die Gesellschaft. (Vgl. [Engstfeld, 2011])

Traditionelles Milieu Sinus A12/Konservative:

Das christlich-soziale Gedankengut dieser Gruppe, mit einem ausgeprägten Pflicht- und Verantwortungsgefühl, stellt eine traditionell gute Basis für Freiwilligenarbeit dar. Sie sind finanziell gut ausgestattet und empfinden es als ihre Pflicht, der Gesellschaft etwas weiterzugeben.

In der GPA-djp sind diesbezüglich beispielhaft überzeugte Mitglieder der Fraktion Christlicher Gewerkschafter zu erwähnen, welche ihre Ideale in der christlichen Soziallehre finden und zu einem guten Teil in Versicherungen und Banken rekrutiert werden, also finanziell besser ausgestattet sind. Eine Hürde könnte das potentiell bereits bestehende Engagement in der kirchlichen Sozialstruktur sein. Da aber das FAIR HANDELN-Konzept keinen zeitlichen Mehraufwand mit sich bringen würde, ist diese Gruppe nicht außer Acht zu lassen.

Mainstream Milieus:

Sowohl die bürgerliche Mitte (Sinus B2) als auch die konsumorientierte Basis (Sinus B3) stellen alleine aufgrund der Masse ein Potential für Aktivist_innen bei FAIR HANDELN dar.

Beide Gruppen beherbergen klassische Betriebsratsmitglieder, bzw. entwickeln sich diese oft im Laufe der Betriebsratskarriere aufgrund des steigenden Verdienstes und zB des Umstiegs in das Angestelltenverhältnis von einem Segment zum anderen.

Zu bedenken ist, dass das Streben nach dem angemessenen sozialen Status mit komfortablem, harmonischem Privatleben (Sinus B2) bzw. nach dem Anschluss an den Konsumstandard, als Kompensationsversuch für soziale Benachteiligung (Sinus B3), persönliche Ressourcen bindet oder in Abgrenzungsbemühungen gegen Randgruppen, Ausländer und potentiell sozial Schwächere resultieren kann. Desinteresse und Gleichgültigkeit kann von dieser Gruppe als Schutz und Abwehrstrategie genutzt werden, um nicht verletzt oder überfordert zu werden.

Nichtsdestotrotz sind viele der Angehörigen dieser Mainstream-Milieus im gewerkschaftlichen Informationsnetzwerk eingebunden. Die Herausforderung besteht darin, die richtigen Botschaften auszusenden. Sie könnten zum Engagement im eigenen Stadtteil gewonnen werden. Begrenzte, überschaubare Aufgaben könnten ihnen von bekannten Personen, vor allem wenn diese denselben Milieus angehören, vermittelt werden. Gruppenzugehörigkeit kann dabei ein starker Motivationsfaktor sein.

Bürgerschaftliches Engagement/politische Partizipation und Sozialisation

Politische Sozialisation in der Familie

Es müssen bestimmte familiäre Rahmenbedingungen vorhanden sein, damit die intergenerationale Vermittlung bzw. der Erwerb von politischer Orientierung passiert. **In Familien, in denen die politische Kommunikation selbstverständlich ist, ergibt sich eine eher positive als misstrauische Einstellung zu Politik und eine stärkere Aktivitätsbereitschaft.** Joest führt in ihrer Arbeit über das Engagement jenseits von Parteistrukturen Chaffee an, welcher vier Typen familiärer Kommunikation entwickelte und ihre Relevanz für die politische Sozialisation überprüfte:

- Bei Laissez-faire-Familien gab es keine gemeinsamen politischen Orientierungen.
- Kinder aus protektiven Familien, in denen die Beziehung auf Gehorsam und vordergründiger sozialer Harmonie aufgebaut war, waren leicht beeinflussbar.
- Pluralistisch erzogene Kinder, die in einem Klima offener Diskussion und Kommunikation aufwuchsen, zeichneten sich durch politische Aufgeschlossenheit und Kompetenz aus.
- Kinder aus konsensorientierten Familien, die ermutigt wurden, sich für ihre Umwelt zu interessieren, solange sie die Familienatmosphä-

> re nicht mit Diskussionen störten, hatten eine Tendenz zur Ausblendung konfigurierender Aspekte des Politischen. Sie orientierten sich an elterlichen Einstellungen und Aktivitäten, allerdings war ihre politische Kompetenz nicht sehr stark ausgeprägt. ([Joest, 2002], 42)

Gerade aufgrund der möglichen späteren politischen Vorbildwirkung oder Adaption anderer Muster in der Gruppe der Gleichaltrigen ist meines Erachtens der Sozialisation in der Familie höchste Aufmerksamkeit zu widmen. Joest fasst diesbezüglich zusammen, dass „wenn das Kind ermuntert wird, neue Ideen zu entwickeln, sich auszudrücken, wenn es mit kontroversem Material ausgestattet wird und ohne Furcht vor Sanktionen in seiner familiären Umwelt handeln kann, dies die Neigung politisch aktiv zu werden fördert." ([Joest, 2002], 43)

Politische Sozialisation in sozialen Gruppen

Für die politische Einstellung oftmals noch entscheidender als die Familie sind soziale Netzwerke und damit auch die Gruppe der Freunde und Gleichaltrigen. Sie spielen eine wichtige Rolle bei der Entscheidung, politisch aktiv zu werden. Darüber hinaus können in altershomogenen Gruppen Kenntnisse und Fertigkeiten wie die Interessenwahrnehmung, Parteilichkeit, Konfliktverhalten, Interessensammlung und Methoden der Konfliktaustragung bereits früh erworben werden.

Für Parsons besteht die Sozialisationsgeschichte im Durchlaufen zunehmend differenzierter Rollenbeziehungen. Von der Zweierbeziehung zwischen Mutter und Kind, über Gleichaltrigengruppen bis zu den vielgestaltigen Rollenfeldern des Erwachsenen in Beruf und Familie, bringt eine immer facettenreichere Rollenstruktur unterschiedliche wechselseitige Erwartungen und Beziehungen mit sich. ([Parsons, 1976], 191) Dabei werden grundlegende Wertorientierungen erworben, die zum erfolgreichen Rollenhandeln in unserer Gesellschaft notwendig sind. „Aber nicht nur die Gruppe der Gleichaltrigen kann als wichtige Sozialisationsinstanz angesehen werden, sondern auch die Gruppe der politisch Gleichgesinnten, (…) denn in ihnen gehen motivationale mit kognitiven und affektiven Prozessen eine lerntheoretisch günstige Verbindung ein." ([Armbruster, 1996], 50) Bürgerinitiativen oder politische

Aktionsgruppen im Allgemeinen erleichtern den Übergang von individuellem privatem Verhalten zu sozialem öffentlichen Engagement, denn die häufig kleinen, lockeren und überschaubaren Gruppen erzeugen wenig Bindungsangst. Gleichzeitig stabilisieren sie aber als soziale Bezugsgruppe praxisorientierte Motivation und umweltbezogene Ich-Stärke. Oevermann betont, dass die Entwicklung von persönlichen Kompetenzen nicht allein über Reifung und aus einer Selbstdynamik der kognitiven Entwicklung heraus erklärt werden kann, sondern sich „im Vollzug der dialogischen Interaktion" bilde. (Oevermann, Programmatische Überlegungen zu einer Theorie der Bildungsprozesse und zur Strategie der Sozialisationsforschung 1976, 43, in [Hurrelmann, 2006], 97) Der Mensch benötigt demnach Struktureigenschaften der sozialisatorischen Interaktion, die ihn in seiner Entwicklung voranbringt, zugleich aber auch eine Art probeweises Handeln ermöglicht. Dadurch wird eine ständige Adaption angeregt, welche eine neue und qualitativ hochwertigere Form der Wahrnehmung, des Urteilens, Sprechens und sozialen Handelns ermöglicht.

Widmen wir uns nun einer weiteren Stufe in Maslows Bedürfnisstruktur der sozialen Bedürfnisse – der Zugehörigkeit.

Politische Partizipation und Integration in soziale Gruppen

Den oben erwähnten Theorien folgend kann angenommen werden, dass die Teilnahme an Aktivitäten in den Institutionen außerhalb der Parteienlandschaft durch unterschiedliche Interessen wie individuelle Nutzenerwägungen, soziale Integration oder gesellschaftspolitische Ziele bedingt ist und dass das Ergreifen einer konkreten politischen Aktivität in Initiativen auch von der Verhaltenserwartung von sozialen Gruppen im Umfeld abhängt. Je nach Schichtzugehörigkeit (siehe Sinus-Milieus in Österreich, S. 186 ff) werden beispielsweise konventionelle oder progressive, aktive oder passive, individuelle oder kollektive Verhaltensweisen bevorzugt.

Außerdem zeigt sich, „dass die Mitgliedschaft und die Aktivität in Vereinen und Organisationen als Faktor der politischen Sozialisation nicht primär über die Ebenen der Einstellung zum politischen Handeln wirkt, sondern vor allem über die Vermittlung von Verhaltenserwartungen relevanter Bezugsgruppen, für die die Vereine als informelles lokales Kommunikations- und Konfliktfeld von besonderer Bedeutung sind.“ ([Joest, 2002 24)

In Maslows Bedürfnisstruktur folgen nun:

- Wertschätzung – Achtung durch sich selbst und andere
- Selbstverwirklichung – Ausnützung der eigenen Fähigkeiten

Die Wertschätzung passiert meines Erachtens im sozialen Umfeld. Der Bereich Selbstverwirklichung ist eine höchst individuelle Ebene. Was Selbstverwirklichung und das Ausnützen der eigenen Fähigkeiten anbelangt, spielt einerseits die oben beschriebene Sozialisation eine entscheidende Rolle, andererseits darf die Makroebene der gesellschaftlichen Veränderung, vor allem der letzten 20 Jahre in Europa, nicht außer Acht gelassen werden. Es ist dabei festzustellen, dass nicht nur ökonomische Faktoren die Werte verändern. Global verändert sich die Welt beschleunigt auf Mikro-, Meso- und Makroebene seit 1989, wo die damalige hegemoniale Aufteilung zwischen Ost und West zusammenbrach. Seitdem hat sich die Bedeutung der klassischen sozialen Einheiten, wie Familie, Institutionen und Staat verändert, weil lokale Politik und Weltpolitik viel stärker aufeinander einwirken und eine Ära der riskanten Unordnung, eine Weltrisikogesellschaft entstand. (Vgl. Ulrich Beck in [SNS, 2011], 3)

Es folgt im Anschluss eine Zusammenfassung der Erhebungen über Motive für Freiwilligenarbeit in Österreich aus Studien von Anja Joest und Erhebungen der Statistik Austria .

5.9.2.6 Motive

„Für die Tendenz weg von traditionsgebundenem, normgeleitetem und fremdorganisiertem Engagement sowie dauerhaften Mitgliedschaften hin zu zeitlich befristeten, eigeninteressierten, selbstorganisierten und eher professionalisierten Formen freiwilliger Aktivitäten, werden im Wesentlichen die Prozesse gesellschaftlicher Modernisierung und Individualisierung ausgemacht.“ ([Joest, 2002], 89)

Zwar spielen auch nach wie vor Motive wie *„Möchte damit anderen helfen“* eine Rolle für Engagement, doch das Motiv des *„Macht mir Spaß“* rückt in den Vordergrund. Darüber hinaus kommt Beweggründen wie *„Kann meine Fähigkeiten und Kenntnisse einbringen“, „Treffe Menschen und gewinne Freunde“* eine zunehmende Bedeutung zu. Bemerkenswerterweise spielt der Eigennutz im Sinne des beruflichen Weiterkommens kaum eine Rolle. Trotzdem kann man feststellen, dass sich altruistische Motive mit Ich-Ansprüchen mischen.

Motive für formelle und/oder informelle Freiwilligenarbeit bei der Mikrozensusbefragung der Statistik Austria im Detail:

Es gibt viele verschiedene Beweggründe, warum formelle und/oder informelle Freiwilligenarbeit geleistet wird. Deshalb wurden die freiwillig Tätigen gefragt, ob jedes der ausgewählten Motive auf sie zutrifft oder nicht.

- *„Macht mir Spaß“* haben 64 Prozent der freiwillig Tätigen als „voll und ganz“ zutreffend bezeichnet, weitere 29 Prozent mit „eher schon“.
- *„Möchte damit anderen helfen“* erreichte 58 Prozent „voll und ganz“ und 35 Prozent „eher schon“ Angaben.
- *„Treffe Menschen und gewinne Freunde“* wird von 49 Prozent voll bejaht und von weiteren 34 Prozent mit „eher schon“ angegeben.
- *„Kann meine Fähigkeiten und Kenntnisse einbringen“* findet etwa gleich häufig volle bzw. teilweise Zustimmung.
- Von nahezu 80 Prozent als „überhaupt nicht zutreffend“ und weiteren 15 Prozent „eher nicht zutreffend“ wurde das Motiv *„Hoffe, dass mir diese Tätigkeit hilft, einen bezahlten Job zu finden“* beurteilt.
- Auch das Motiv *„Hilft mir für meinen Beruf“* wird von 56 Prozent total und weiteren 23 Prozent teilweise abgelehnt.

([STATISTIK AUSTRIA, 2008], 33)

Barrieren

Joest stellt fest, dass sich ähnlich wie bei den Motiven für Freiwilligenarbeit auch bei den Barrieren, die ein solches Engagement verhindern, verschiedene **Motivkreise** ermitteln lassen. So waren „die zu erwartenden Aussagen aus den Gebieten: **Schwellenangst** (‚Dafür fühle ich mich nicht zuständig'; ‚Das traue ich mir nicht zu'), **Egozentrismus** (‚Ich beteilige mich nur an etwas, wenn es mich persönlich betrifft') und **Verdrossenheit** (‚Mir hilft auch keiner') nicht im Vordergrund, sondern die Österreicherinnen und Österreicher sind mehrheitlich entweder im eigenen sozialen Umfeld gebunden (‚Bin durch familiäre Aufgaben ausgefüllt') oder bekamen noch keinen diesbezüglichen Anstoß (‚Bin niemals gefragt worden' bzw. ‚Hab nie darüber nachgedacht')" ([Joest, 2002], 89).

Gründe, keine formelle und/oder informelle Freiwilligenarbeit zu leisten

Jene Personen, die keine Freiwilligenarbeiten leisten, sollten für jeden der ausgewählten Gründe angeben, ob er zutrifft oder nicht.

- *„Bin durch familiäre Aufgaben ausgefüllt"* wurde von 69 Prozent der nicht freiwillig Tätigen als zutreffend genannt.
- 58 Prozent gaben als Erklärung für ihr fehlendes Engagement *„Bin niemals gefragt oder gebeten worden"* an.
- *„Habe nie darüber nachgedacht"* trifft auf 46 Prozent der Personen zu, die keine Freiwilligenarbeit leisten.

  Geringe geschlechtsspezifische Unterschiede sind festzustellen:
- Von 53 Prozent der Männer wurde auch *„Lässt sich mit meinem Beruf zeitlich nicht vereinbaren"* angegeben und liegt damit noch vor *„Habe nie darüber nachgedacht"*.
- Von den Frauen sind es sogar 73 Prozent, die aus familiären Gründen keine Freiwilligenarbeit leisten (können).
- Zu 94 Prozent wurde der Grund *„Habe schlechte Erfahrungen gemacht"*, als nicht zutreffend bezeichnet.
- Die Aussage *„Habe das Gefühl, dass ich keinen nützlichen Beitrag leisten kann"*, wird von 87 Prozent für ihre Person abgelehnt.
- 83 Prozent stimmen *„Kann mir das nicht leisten, da es für mich mit zu hohen Kosten verbunden ist"* nicht zu.

(Diese Gründe gelten für Männer und Frauen, wieder mit etwas abweichenden Prozentwerten.)
([STATISTIK AUSTRIA, 2008], 33 f.)

Das Potential für ein ehrenamtliches Unterstützer_innennetzwerk für den filialreichen Einzelhandel dürfte also gegeben sein.

5.9.2.7 Zugangswege zu bürgerschaftlichem Engagement

Joest stellt fest, dass im Allgemeinen davon ausgegangen wird, *„dass dem freiwilligen Engagement in erster Linie eine persönliche Motivation zugrunde liegt. Unter dieser Voraussetzung wäre das Engagement ein wesentliches Element individueller Biographien, über Sozialisation direkt vermittelt und durch das soziale Umfeld allenfalls stabilisiert."* ([Joest, 2002], 92) Die Ergebnisse der Mikrozensusbefragung besagen allerdings, dass der Großteil der Nichtaktiven nur einen Anstoß bräuchte. Dafür wäre jemand aus demselben Milieu bzw. des sozialen Umfeldes förderlich, aber auch die politische Kommunikation innerhalb der GPA-djp kann dabei eine massive Unterstützung liefern.

Zum Abschluss dieses Abschnitts folgen nun noch interessante Details der Befragung für die Rekrutierung von Unterstützer_innen.

Definition formeller und informeller Leistung

- *„Formelle Freiwilligenarbeit"* wird im Rahmen einer Organisation, eines Vereines, einer Institution erbracht.
- „Informelle Freiwilligenarbeit", (auch oft *„Nachbarschaftshilfe") basiert auf persönlicher* Initiative und ohne jeden institutionellen Rahmen.

([STATISTIK AUSTRIA, 2008], 10)

In Österreich leisten 27,9 Prozent (1,93 Millionen) formelle (in Organisationen/Vereinen) und 27,1 Prozent (1,87 Millionen) informelle Freiwilligenarbeit.

- „Formelle Freiwilligenarbeit leisten deutlich mehr Männer (33,0 Prozent) als Frauen (23,2 Prozent).
- Anteilsmäßig über dem Durchschnitt liegt mit 30 Prozent die Beteiligung der 40- bis 59-Jährigen und auch der 15- bis 24-Jährigen.
- Anteile über 30 Prozent weisen außerdem die Schüler_innen/Student_innen, Präsenz- /Zivildiener, Personen mit anderem Lebensun-

terhalt und Erwerbstätigen auf. Bei den Frauen muss auch die große Gruppe der Haushaltsführenden (27 Prozent) genannt werden."
([STATISTIK AUSTRIA, 2008], 16)

Freiwillig Tätige im Bereich „Bürgerliche Aktivitäten und Gemeinwesen"

- Der Bereich weist vergleichsweise die geringste Anzahl an Freiwilligen auf.
- Von den 146.000 Freiwilligen sind etwas mehr Männer als Frauen freiwillig tätig.
- 88,6 Prozent engagieren sich nur in einer Organisation, acht Prozent in zwei.
- 50- bis 69-Jährige, Erwerbstätige und Pensionist_innen leisten anteilsmäßig häufiger Freiwilligenarbeit.
- 60,3 Prozent engagieren sich nur für ein zeitlich begrenztes Projekt, nicht ganz ein Drittel hilft regelmäßig und nur acht Prozent sowohl als auch.

([STATISTIK AUSTRIA, 2008], 29)

Freiwillig Tätige im Bereich „Politische Arbeit und Interessenvertretung"

- 242.200 Personen in Österreich engagieren sich in diesem Bereich.
- Die Mehrzahl davon sind Männer.
- 82,3 Prozent der Freiwilligen sind nur in einer Organisation/einem Verein tätig, 11,5 Prozent in zwei und 6,2 Prozent in drei und mehr.
- Die Gruppe der 20- bis 24-Jährigen und der Erwerbstätigen weisen anteilsmäßig höhere Werte auf.
- Vor allem die Erwerbstätigen sind besonders aktiv.
- „Etwa gleich groß ist der Anteil der freiwillig Tätigen für regelmäßig bzw. gelegentlich geleistete Hilfe. Die Hälfte der 15- bis 19-Jährigen und der 30- bis 39-Jährigen engagiert sich in einmaligen Projekten. Bei den 70- bis 79-Jährigen ist die Mehrfachunterstützung besonders ausgeprägt."

([STATISTIK AUSTRIA, 2008], 28 f.)

Vergleicht man diese Ergebnisse mit der demographischen Struktur des ehrenamtlichen Engagements in der GPA-djp, so kann man feststellen, dass bei den 20- bis 24-Jährigen und Pensionist_innen ein kaum genutztes Potential liegt. Die Herausforderung besteht darin die Angebote an die Lebensrealitäten anzupassen.

5.10 Empirische Beschreibung des Aktionsforschungsprojekts

Diese Arbeit ist das Ergebnis eines dreijährigen Prozesses, in dem, ausgehend von persönlichen beruflichen Herausforderungen (siehe Kapitel 5.5.3) unter Zuhilfenahme von sozialwissenschaftlichen Methoden (siehe Kapitel 5.8) und bereichert um sozialwissenschaftliche Erkenntnisse (siehe Kapitel 5.9), Erfahrungswissen gehoben und neue Erfahrungen gewonnen wurden. (Siehe Kapitel 5.6 und 2.1)

Die Methode der Aktionsforschung entfaltete dabei ihren zyklischen Charakter, indem immer wieder reflektiert und darauf aufbauend die Intervention adaptiert wurde.

Letztendlich liegt nun eine Studie vor, welche durch Beantwortung der eingangs gestellten Forschungsfragen (siehe Kapitel 4.1) unterstützen soll, alternative gewerkschaftliche Betreuungsstrategien für das Forschungsfeld „filialreicher Einzelhandel" (siehe Kapitel 5.4) zu produzieren. Außerdem dient diese Arbeit als Sammlung gewerkschaftlicher Erfahrungen in diesem Segment (siehe Kapitel 5.3 und 5.5.1).

Diese Arbeit stellt den Anspruch, sowohl Personen, die keinerlei Erfahrung mit Gewerkschaften und deren Herausforderungen mitbringen, als auch Berufskolleg_innen, welche diesen Betreuungsbereich bearbeiten, wertvolle Informationen zu vermitteln.

5.10.1 Die Forscher_innengruppe: Auswahl der Unterstützer_innen

Mit der Auswahl der Unterstützer_innen sollte, wie oben erwähnt, gewährleistet werden, relevante Schlüsse aus einer größtmöglichen Datenmenge ziehen zu können. Dafür achtete ich unter Berücksichtigung meiner bei der Analyse des Forschungsfeldes der Unterstützer_innen gesetzten Parameter (siehe ab Kapitel 5.7) auf größtmögliche Heterogenität. Das Sampling, also die unterschiedlichen zu erfüllenden Kriterien, umfasste Geschlecht, Alter, Anbindung an die Gewerkschaftsorganisation, Art der Beschäftigung bzw. Beschäftigungslosigkeit. Ich konfrontierte mein Umfeld mit dem Inhalt meines Forschungsprojektes, nämlich der Unterstützung der Beschäftigten im filialreichen Einzelhandel im Rahmen des regelmäßigen Einkaufs, und beobachtete die Reaktionen. Ergab sich eine positive Reaktion und passte die Person ins Sampling ([Flick, 2010], 154), also die heterogene Konzeption meiner Forschungsgruppe, so stellte ich die Möglichkeit der Teilnahme am Forschungsprojekt in Aussicht. Bei positiver Rückmeldung bat ich im Anschluss um ein ausführliches Interview, um die Motivation und die gewünschten Rahmenbedingungen zu erheben.

Wie beim Sampling (siehe Kapitel 5.7.2.5) bereits erörtert, habe ich die Gruppe der Betriebsrät_innen aufgrund der befürchteten Gefahr, deren Involvierung könnte die Arbeit der Betriebsratskörperschaften des beforschten Einzelhandelsbetriebes erschweren, anfänglich nicht als Mitforscher_innen in Betracht gezogen.

Im Rahmen der zyklischen Forschung nutzte ich allerdings die Möglichkeit, die Forschungsgruppe während des Forschungsprozesses zu verändern. Nach einer E-Mail-Aussendung an Personen, die sich in einem anderen Rahmen als gewerkschaftliche Aktivist_innen auf einen Verteiler eingetragen hatten, wurde die Gruppe nach einigen Monaten um zwei Mitforscher_innen erweitert. Damit hatte ich den größten Teil der in Frage kommenden Personenkreise (siehe Kapitel 5.7) eingebunden.

Die Forscher_innengruppe umfasste im Februar 2011:

- P1: Einfaches Mitglied – Angestelltendienstverhältnis – 30–35 Jahre – weiblich
- P2: Einfaches Mitglied – neue Selbstständige – 30–35 Jahre – weiblich
- P3: Einfaches Mitglied – Journalist – neuer Selbstständiger – 55–60 Jahre – männlich
- P4: Assistentin in GPA-djp – 45–50 Jahre – weiblich
- P5: Pensionistin – ehemalige Sekretärin in GPA-djp für den Bereich Schuhhandel – 70–75 Jahre
- P6: Forschungsleiter – Sekretär in GPA-djp schlüpft in die Rolle eines „normalen Konsumenten" 30–35 Jahre

Im Juli 2011 verzeichnete das Forscher_innenteam zwei Neuzugänge

- P7: Pensionistin – ehemalige Betriebsratsvorsitzende – als Referentin für die Gewerkschaft tätig – zwischen 55 und 60 Jahre
- P8: Betriebsratsvorsitzender – eingetragen als Interessent für gewerkschaftliche Aktionen auf einem Aktivist_innen-E-Mail-Verteiler – 35–40 Jahre

Wie bereits erwähnt, bediente ich mich des Mittels des episodischen Interviews (siehe Kapitel 5.8.1.1), um die Forscher_innen vor Beginn der Feldforschung zu essentiellen Themen zu befragen. Dabei legte ich die Schwerpunkte Solidarität, Konsumverhalten und Rahmenbedingungen für das Netzwerk als Pflichtthemen fest.

5.10.2 Inhaltsanalyse nach Mayring

Mein Ziel war es, aus den in den episodischen Interviews erhobenen Daten wesentliche Informationen zu destillieren, das Material zu reduzieren und ein überschaubares Gerüst von Anschauungen und Meinungen zu konstruieren.

1. Der erste Schritt war die Festlegung des Ausgangsmaterials: Dieses stellten die episodischen Vorstellungs-/Motivations-/Rekrutierungsinterviews dar. Die Interviews erfolgten in der Regel in einer

ruhigen, entspannten Atmosphäre und ich versuchte zeitlichen Druck und störende Unterbrechungen zu vermeiden.

2. Der nächste Schritt war die Definition der Fragestellung:
   Da der Fokus der Forschung auf der Beschaffenheit des Unterstützer_innennetzwerks lag, galt es, die Motivation, bei so einer Initiative mitzumachen, herauszuarbeiten.
   - Was bewegt mich mitzumachen?
   - Welche Anforderungen gibt es an die Projektkoordination?
   - Wie muss im Netzwerk kommuniziert werden?

   Zur Einleitung stellte ich die Idee, ein Unterstützer_innennetzwerk für die Arbeitnehmer_innen im filialreichen Einzelhandel im Rahmen eines Forschungsprojektes zu erproben, nochmals vor, erklärte die aus meiner Sicht herrschenden Bedingungen in der Branche und unsere Möglichkeiten, durch Präsenz und Vernetzung von Informationen über die Arbeitssituationen Verbesserungen bewirken zu können. Danach bat ich zu reflektieren:
   - Was persönlich an diesem Konzept anspricht?
   - Welchen persönlichen Mehrwert man sich aus einem derartigen Engagement erwartet?
   - Wie die Anforderungen an die Rahmenbedingungen in puncto Information und Kommunikation aussehen?

   Um möglichst viele Daten zu bekommen, trachtete ich danach, das Interview umgehend in eine narrative Form zu lenken. Dafür ließ ich die potentiellen Forscher_innen mit regelmäßiger Fokussierung auf ihre eigene gesellschaftliche Position im sozialen Umfeld über
   - die persönliche Definition von Solidarität und deren Entstehung,
   - erlebte Diskriminierung und
   - Erfahrungen mit dem Forschungsfeld des filialreichen Einzelhandels

   berichten.
3. Schritt drei war die Bestimmung der Analysetechnik:
   Ich entschied mich dafür, die transkribierten Interviews zu codieren und im Anschluss die Aussagen zu paraphrasieren und zu generalisieren. Schließlich fasste ich die aufgearbeiteten Aussagen in einem

Analyseraster in folgende Kategorien zusammen ([Unterstützer_inneninterviewauswertung]):

- Familie
- soziokulturelles Umfeld
- Vertreterfunktion (z. B. Schulsprecher_in, Betriebsrat)
- Ausbildung
- persönlicher Bezug zum Handel
- erlebte Ungerechtigkeit
- Solidarität
- Motivation
- Konsumverhalten
- Gewerkschaftserfahrungen.

Die Ergebnisse dieser Auswertung finden sich nachstehend nach Themengebieten geordnet:

Familie/soziokulturelles Umfeld:

In der Kategorie Familie ist festzuhalten, dass durchwegs intakte Familienverhältnisse in der frühen Phase der Sozialisation vorzufinden waren. Ansonsten waren aber ganz unterschiedliche Bedingungen vorhanden. Keiner kam aus einer wirklich wohlhabenden Familie, es fanden sich sowohl dörfliche als auch städtische Hintergründe, kleine wie große Familien.

Aus dieser Kategorie zog ich also vorerst den Schluss, dass eine intakte primäre Sozialisation in der Familie offensichtlich für das Engagement förderlich war, was in Joests Studien Bestätigung findet. So wies z. B. P1 aufgrund eines familiären Hintergrundes, wo die politische Analyse durchaus als selbstverständlicher Teil der Kommunikation gepflegt wurde, ein ausgeprägtes Bild von Solidarität auf.

Vertreterfunktion/Ausbildung:

Bis auf eine Ausnahme waren sämtliche Teilnehmer_innen in irgendeiner Form in Vertreter_innenfunktionen. Obgleich sich die beruflichen und schulischen Werdegänge gänzlich unterschieden, fanden sich Schulsprecher, Klassensprecher_innen bzw. -stellvertreter_innen, Bandleader, Betriebsrät_innen wieder.

Offensichtlich motiviert die Erfahrung, sich in seinem Leben schon einmal vor eine Gruppe gestellt zu haben, sich für die Gesellschaft auch weiterhin zu engagieren, was auch im theoretischen Kapitel politische Sozialisation in sozialen Gruppen ab S. 194 bestätigt wird. Außerdem trug der Diskurs innerhalb des sozialen Umfelds zur Ausbildung eines differenzierten politischen Empfindens bei, wie es z. B. eine Person im Rahmen des Studiums der Politikwissenschaften erlebte.

Persönlicher Bezug zum Handel

In dieser Kategorie konnte ich keine entscheidenden Parallelen feststellen, außer, dass aufgrund der Größe des Segments Handel am Arbeitsmarkt die Hälfte der Befragten Bekannte hatten, welche in dieser Branche tätig waren. Festzuhalten ist jedoch, dass die Situation der Beschäftigten im filialreichen Einzelhandel den Forscher_innen, unter anderem aufgrund der intensiven gewerkschaftlichen Öffentlichkeitsarbeit, nicht neu war.

Erlebte Ungerechtigkeit/Solidarität

Jede/r Teilnehmer_in gab an, schon einmal Ungerechtigkeit erlebt zu haben, welche massiv in Erinnerung geblieben war. Die Erlebnisse wurden sehr bunt und lebhaft geschildert. Offensichtlich hatten diese Erfahrungen viel bewegt und waren deswegen nach wie vor auf Abruf präsent.

Definition von Solidarität

Die Auswertung dieses Themenkomplexes ergab ein äußerst uneinheitliches Bild.

Die unterschiedlichen Definitionen von mechanischer und organischer Solidarität (siehe Kapitel 5.9.1.3) fanden sich auch bei den Befragten wieder.

Alle sprachen sich für die Hilfe für Schwächere aus. Wie weit diese allerdings vom persönlichen Umfeld entfernt sein konnten, hing mit der jeweiligen intellektuellen Auseinandersetzung mit diesem Thema zusammen. Diese Auseinandersetzung wurde immer durch Dritte initiiert. Konkret waren die ausschlaggebenden Faktoren:

- der politische Diskurs in der Familie
- die gelebte Vorbildwirkung in der Familie
- der Diskurs mit dem sozialen Umfeld, etwa im Rahmen des Politikwissenschaftsstudiums bzw. im Rahmen der Sozialisation im sozialdemokratischen Umfeld.

Lag diese Ebene nicht vor, fand sich mehrheitlich der altruistische Ansatz der Nächstenliebe. P3, der die Blütezeit der sozialdemokratisch geführten Politik in den 1970er Jahren als Jugendlicher/junger Erwachsener erlebte, konnte am wenigsten greifbare Beispiele für die persönliche Definition von Solidarität geben. Er erklärte sie über eine historische Herleitung. Das könnte man so interpretieren, dass in industriellen Gesellschaften mit abnehmenden Gegensätzen der sozialen Schichten die Notwendigkeit der bewussten aktiven Solidarität abnimmt, und damit das konkrete Bild von Solidarität sich schwächer ausprägt. Um genauere Aussagen zu treffen, bedürfte es allerdings einer eigenen Studie.

Motivation

Beim Themenfeld Motivation teilten sich die Ergebnisse in zwei Gruppen:

- P1 und P2 waren von der Verbesserung des täglichen Umfelds motiviert. Sie waren neugierig auf neue Erfahrungen. Sie differenzierten sich durch die erwartete Gegenleistung. Wurde es von P1 als altruistische Aufgabe gesehen, für die Gesellschaft, im Sinne der organischen Solidarität nach Zoll (siehe Kapitel 5.9.1.3), etwas Gutes zu tun, so erwartete sich P2 ohne nähere zeitliche Bestimmung einen sozialen Tausch, im Sinne von Unterstützung gegen Anerkennung. Beide folgten ihrem Empfinden von Solidarität und hatten insofern einen humanistischen, also individuell selbstverwirklichenden Ansatz der Motivation. ([Schwarz, 2005], 226)
- Die Motivation von P3 war konsument_innenorientierter. Er wollte durch ein Feedback über die Arbeitsleistung ein positives Klima für die Beschäftigten schaffen und gleichzeitig das eigene Einkaufserlebnis verbessern. Für P4 sollte es eine interessante Abwechslung zur Bürotätigkeit und die Möglichkeit, den Menschen praktisch zu helfen, sein.

- P4 bis P8 sahen den gewerkschaftlichen Kontext der aufzubauenden Gegenmacht als Motivation, allerdings aus unterschiedlichen Perspektiven. P5 und P7 führten, geprägt durch eigene Erfahrungen, den Kampf gegen ausbeuterische Arbeitgeber weiter, P8 sah es selbstreflektiert auch als prestigeförderlich im eigenen politisch aktiven Umfeld.

(Vgl. Kapitel 5.9.2.6)

Konsumverhalten:

Alle Interviewten konnten der Kategorie „bewusste Kosument_innen" zugeordnet werden. Alle versuchten, durch ihre Kaufentscheidungen in gewisser Weise positive Impulse zu setzen. Die Bandbreite reichte dabei von: österreichische Ware wegen der Förderung heimischer Arbeitsplätze und Ökologie bis zur Entwicklungshilfe durch FAIRTRADE-Produkte. Sie stellten somit ein größer werdendes Segment der Käufer_innenschicht dar (siehe Kapitel 5.4.2.3) und hatten offenbar den demokratischen Vorgang, der mit jeder Kaufentscheidung passiert, zumindest unbewusst, verinnerlicht (siehe Kapitel 5.6.1.4).

Den Rekrutierungsprozess zusammenfassend konnte ich feststellen, dass meine These, es gäbe eine hohe Bereitschaft, die Idee zu unterstützen, von meinem Umfeld bestätigt wurde. Von allen angesprochenen Personen erteilten nur zwei Personen eine Absage und nachdem die Forschungsphase begonnen hatte, bekam ich noch von vielen, vor allem im betriebsrätlichen Umfeld, aber auch in politisch interessierten Kreisen, potentielle Bereitschaft zur Teilnahme signalisiert. Sogar mir vorher unbekannte Personen wie P2 und andere ohne politisches Engagement hielten die Idee für unterstützenswert.

Die Motive unterschieden sich allerdings stark, was im Zuge des Projektes zu interessanten Rückschlüssen führte.

5.10.3 Filialauswahl

Die Filialauswahl ergab sich aufgrund der Forschungszielsetzung und auf Grundlage der Einkaufsgewohnheiten der Mitforscher_innen. Vorher holte ich allerdings das Einverständnis der zuständigen Betriebsratskörperschaften ein.

Dieser Schritt war meines Erachtens notwendig, da ich potentielle Problemfelder aufgrund der beschriebenen Schwierigkeiten bei der Betreuung einer so verzweigten, weitläufigen Struktur (siehe Kapitel 5.4.1.2), aber auch aufgrund des Misstrauens der Angestellten gegenüber den Betriebsrät_innen sah, die den Mitforscher_innen nicht notwendigerweise bekannt waren. Damit zusammenhängende Beratungsleistungen müssten mit dem Betriebsrat abgestimmt werden.

Um sozioökonomische Unterschiede bei Filialen herausarbeiten zu können, übernahm ich die Betreuung von Filialen in zwei sehr unterschiedlichen Gebieten Wiens. Einerseits Ober St. Veit, ein bürgerlicher Wohnort im 13. Wiener Gemeindebezirk Hietzing, wo wenige Gemeindebauten (sozialer Wohnbau der Stadt Wien) von vielen hochpreisigen

Abbildung 17: Foto Zielpunkt Ober St. Veit

Eigentumsobjekten umgeben sind und das Durchschnittseinkommen pro Kopf um 29 Prozent höher liegt ([OGM, 2009], 155) als im 3. Wiener Gemeindebezirk Landstraße, wo meine zweite beforschte Filiale lag.

Diese zweite Filiale befand sich in der Nähe meines Arbeitsplatzes, genauer gesagt in der Schlachthausgasse, einer relativ stark befahrenen Verkehrsverbindung im dritten Wiener Gemeindebezirk. Die Umgebung ist einerseits von großen Gemeindebauten und andererseits von einem riesigen Verwaltungskomplex, nämlich den zusammengezogenen Verwaltungseinrichtungen der Stadt Wien, geprägt. Ich traf diese Auswahl, weil es in das Forschungsdesign passte. In der Schlachthausgasse arbeitete ich und konnte im Zuge meiner Mittagspausenversorgung dementsprechend oft die Filiale besuchen und in Ober St. Veit wohnte ich, konnte also meinen regulären Haushaltseinkauf dort erledigen. Der Vollständigkeit halber muss allerdings ergänzt werden, dass ich in beiden Geschäften kein Stammkunde war, da ich meine Einkäufe vor Beginn meiner Forschungstätigkeit im Rahmen dieses Projektes eher unregelmäßig erledigte (siehe unter Problematik Regionalsekretär 5.7.1.1).

Abbildung 18: Foto Zielpunkt Schlachthausgasse

Trotzdem waren mir die Filialen nicht unbekannt, denn ich tätigte, wenn auch nicht regelmäßig, immer wieder Einkäufe in diesen Geschäften.

5.10.4 Einschulung

Bei der Frage der Einschulung bzw. Vorinformation der Unterstützer_innen bediente ich mich einer dialogbasierten Erhebung. In Interviews erhob ich in regelmäßigen Abständen die gewünschten Informationen. Dabei ergab sich folgendes Bild:

Alle Teilnehmer_innen begrüßten die Möglichkeit, grundlegende Informationen über das Forschungsfeld „filialreicher Einzelhandel" aus Sicht des betreuenden Sekretärs zu bekommen. Es wurde ein grober Überblick über aktuelle Vorfälle und Entwicklungen gewünscht. Was interessanterweise nicht nachgefragt wurde, waren detaillierte Informationen über den zu betreuenden Konzern selbst. Ich bereitete also zu diesem Zweck eine Zusammenfassung der Kapitel Forschungsfeld: filialreicher Einzelhandel 5.4 und Lebensraum Arbeitsplatz filialreicher Einzelhandel 5.4.3 auf.

Das erste Forscher_innentreffen inkludierte eine Einführung im Bereich der Kommunikation mit Beschäftigten dieser Branche. Sehr hilfreich waren diesbezüglich die Vorerfahrungen durch den schon früher gestarteten Selbstversuch. Ich versuchte allerdings, meinen diesbezüglichen Bericht knapp zu halten, um die Objektivität der Mitforscher_innen nicht zu gefährden und ein Maximum an unvoreingenommenen Eindrücken zu gewährleisten. Trotzdem kann ich heute feststellen, dass gewisse Handlungsanleitungen vor möglicher Frustration schützen können. Der routinemäßige Umgang mit Menschen und die Kommunikation mit Unbekannten bringen einen Erfahrungsschatz mit sich, den aktiv gewerkschaftlich engagierte Personen oft als selbstverständlich erachten.
Die wichtigen Hinweise waren also:

- sich beim ersten Mal Zeit zu nehmen
- nicht davon auszugehen, alle Beschäftigten anzutreffen, geschweige denn, ansprechen zu können
- Empathie für die Arbeitssituation der Beschäftigten zu entwickeln
- nicht zu viel Information auf einmal weiterzugeben.

Ein weiterer wichtiger Punkt war die Aufzeichnung der persönlichen Erfahrungen. Ich forderte die Forscher_innen von der ersten Sitzung bis zum Abschlussworkshop auf, den Filialbesuch unmittelbar vor und nach den Feldforschungseinheiten zu dokumentieren. Jede/r Forscher_in bekam ein Forschungstagebuch, wo die Erwartungen und die Erfahrungen reflektiert werden sollten. Ich stellte es allerdings frei, auch andere Formen der Dokumentation zu nutzen. Persönlich verwen-

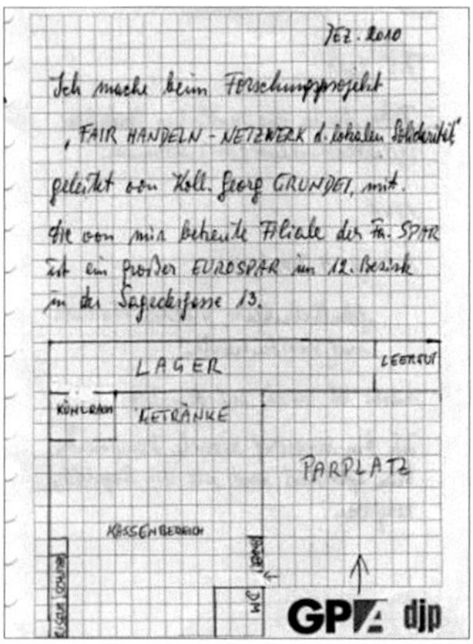

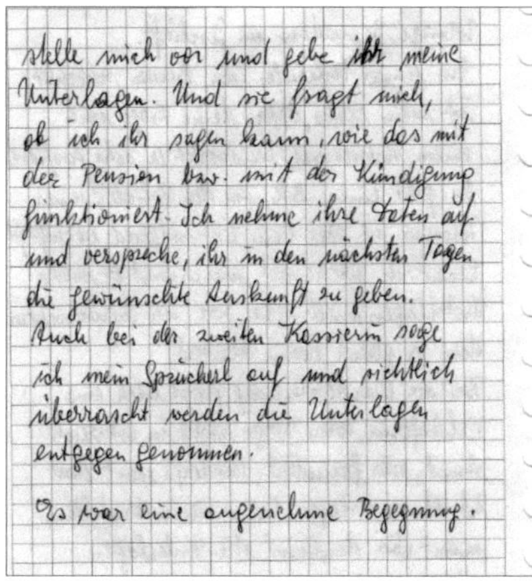

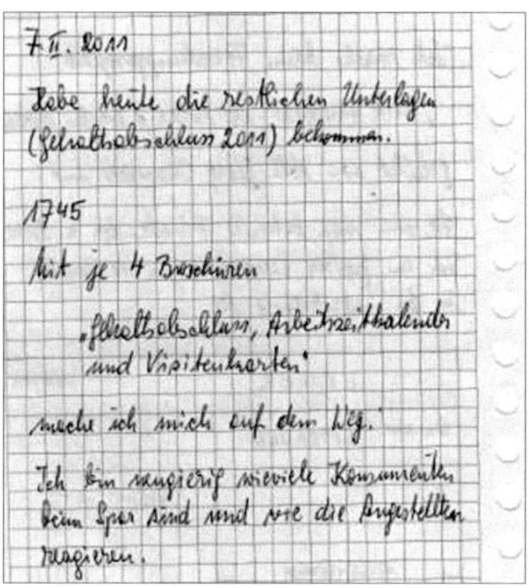

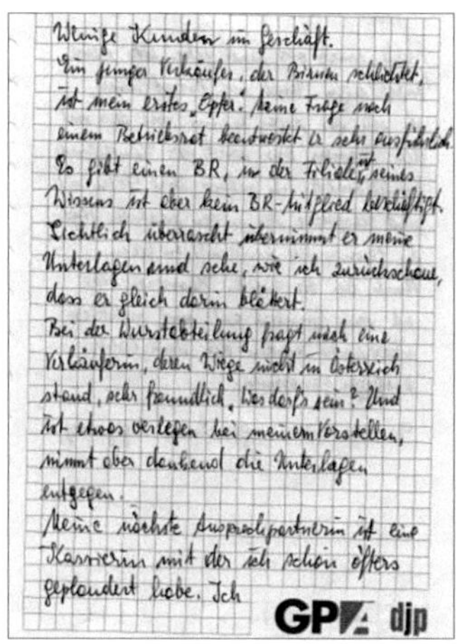

Abbildung 19–22: Forscherinnentagebuch von P5

dete ich ein Aufnahmegerät, mit dem ich unmittelbar vor und nach einer Forschungseinheit meine Eindrücke mündlich sicherte.

5.10.5 Regelmäßige Gruppeninterviews – Forscher_innenmeetings

Abbildung 23, 24: Forscher_innengruppenmeeting/Gruppeninterview

Ich lehnte mich, was die regelmäßige Qualitätskontrolle anbelangt, an Strukturen aus meiner Zeit in der AKS an. (Siehe Kapitel 5.6.2) Die Forscher_innentreffen fanden zwar anders als bei der AKS monatlich statt, aber ich versuchte an den Prinzipien festzuhalten. Jede/r war gleichwertig und gleichberechtigt. Nach einem Erfahrungsaustausch mit ausgiebiger Möglichkeit des gegenseitig bereichernden Feedbacks, stellte ich Thesen zur Diskussion, forderte Anregungen ein und bot Unterstützungsleistung an. Als Forscher_innengruppe trafen wir allfällige Entscheidungen immer im Zuge eines demokratischen Prozesses. Wichtig war es, sich einen Zeitrahmen zu setzen und die Struktur für alle Beteiligten offen zu lassen. Als zur Hälfte der Erhebungszeit neue Forscher_innen dazukamen, wurden diese unmittelbar als gleichberechtigte Mitglieder in die Gruppe integriert. Bei jedem

Treffen vermittelte ich die neuesten Entwicklungen innerhalb des Wirtschaftsbereichs aus Sicht der GPA-djp und erläuterte das aktuelle Kampagnenmaterial.
Zusammengefasst ist zur Einschulung festzuhalten, dass es sich als vorteilhaft erwies:

- Grundlagen der Kommunikation zu vermitteln
- einen Basiswissensstand über das Betreuungsfeld zu schaffen
- aktuelle Entwicklungen zu erläutern
- das Kampagnenmaterial zu erklären.

5.10.6 Beziehungsentwicklung bei der Feldforschung

Im Februar 2011 startete die Feldforschung mit der Aufgabe, Kontakt mit den Arbeitnehmer_innen der Filialen aufzunehmen. Wie eingangs erwähnt, sollten die Forscher_innen ihre Erwartungen kurz vor und kurz nach dem Filialbesuch in ihrem Forschungstagebuch festhalten. Ziel war es, im Sinne des offenen Forschungsprozesses eine größtmögliche Datenmenge zu erhalten, um in Gruppenreflexionsphasen Schlüsse ziehen und Adaptionen vornehmen zu können.

Die romantischen Vorstellungen der erwünschten „Nachbarschaftshilfe“ trafen dabei auf die Realität der Arbeitssituation der Zielgruppe. Meine Ausgangsthesen basierten auf unzähligen positiven Kontakten zu den Beschäftigten dieser Branche bei gewerkschaftlichen Aktionen. Ich war davon überzeugt, dass die Unterstützer_innen ein freundliches positives Feedback bekommen würden.

Der erste Kontakt

[Protokoll der ersten Forscher_innengruppensitzung, 28. Jänner 2011]

Für P1, P2 und P3 bestand das größte Problem darin, sich der Herausforderung zu stellen, das erste Mal in Kontakt mit den Angestellten der jeweiligen Filialen und als Teilnehmer_in des Unterstützer_innennetzwerks in Erscheinung zu treten. Von meinen vorausgehenden teilnehmenden Beobachtungen wusste ich, dass es förderlich war, die bei der ersten Kontaktaufnahme zu übermittelnden Informationen durch einen kompakten zu übergebenden Informationsträger zu unterstützen. Bei meinen ersten Filialbesuch ortete ich nämlich Signale der Überforderung seitens der angesprochenen Beschäftigten. Vor allem aber wurde mir bewusst, dass ich mir selbst noch keine konstante Formulierung zur Vorstellung des Projekts zurechtgelegt hatte. Außerdem war die Zeit, das Projekt vorzustellen, vor allem an der Kasse, sehr beschränkt und Gewerkschaft für manche, vor allem junge Angestellte, sehr abstrakt.

Speziell für die Initiative erstelltes Kommunikationsmaterial

Ich schlug also in der ersten Forscher_innengruppensitzung vor, Visitenkarten mit Logo und Slogan samt E-Mail-Adressen und dazu passende Etuis, auf denen unser Vorhaben beschrieben war, zu erstellen. Die Betitelung „FAIR HANDELN“ ergab sich, da ich diesen Slogan im Zuge einer gewerkschaftlichen Intervention bei IKEA genutzt hatte. Nach einer Feedbackrunde, wo vor allem von P1, P2 und P3 der Wunsch kam, das Gewerkschaftslogo möglichst klein zu gestalten, produzierte die GPA-djp für jede/n Forscher_in 20 Visitenkarten und Etuis. Gleichzeitig bekam jede/r eine FAIR HANDELN-E-Mail-Adresse. Überraschenderweise war es niemandem unangenehm, seinen Namen mit der Karte weiterzugeben. Alle nahmen die Visitenkarten an sich und meinten, dass diese wahrscheinlich eine gute Hilfe sein werden.

Abbildung 25: Fair handeln fair Teilen Logo der GPA-djp IKEA Kampagne 2009

Abbildung 26: Visitenkarten der FAIR HANDELN-Ansprechpartner_innen

Abbildung 27: Visitenkartenetui der FAIR HANDELN-Ansprechpartner_innen Außenseite

Abbildung 28: Visitenkartenetui der FAIR HANDELN-Ansprechpartner_innen Innenseite

Nach sechs Wochen:

[Protokoll der zweiten Forscher_innengruppensitzung, 14. März 2011] Beim zweiten Forscher_innentreffen hatte P5 bereits erste Kontakte zu den einzelnen Beschäftigten der Filiale aufgenommen und erweiterte selbstständig ihren Zuständigkeitsbereich um die naheliegende DM-Filiale, sie knüpfte offensichtlich an ihre frühere Tätigkeit als branchenbetreuende Gewerkschaftssekretärin an.

P1, P2 und P3 hatten nach ihren Angaben noch nicht den richtigen Zeitpunkt gefunden, Beschäftigte in den Filialen anzusprechen. Von P3 kam der Vorschlag, das Vorstellungsgespräch nicht mit dem Kommunikationsmaterial zu beginnen, sondern den Einstieg über ein Gespräch über die Arbeitssituation des Angestellten in der Filiale zu versuchen.

Ein Ergebnis dieses Forscher_innentreffens war die Feststellung, dass zwischen 15:00 und 17:00 Uhr die beste Zeit war, um mit möglichst vielen Arbeitnehmer_innen in Kontakt zu treten.

Beim zweiten Forscher_innentreffen wurde außerdem die Idee geboren, den Erstkontakt zu erleichtern, indem man sich den Vorgang bei einem „Erfahrenen" ansieht oder dass ein Erfahrener beim ersten Mal mitkommt und bei der Kontaktaufnahme unterstützt.

P4 war aufgrund arbeitsbedingter Verhinderung beim Forscher_innentreffen nicht anwesend, wie ich aber den Aufzeichnungen entnehmen konnte, nahm sie zu den Beschäftigten Kontakt auf und hatte wie auch ich die Schwierigkeit, in der Rolle der Forscherin zu bleiben und z. B. nicht in das gewerkschaftlich übliche „Wir" bei der Ansprache zu verfallen. Ihre Kontaktversuche funktionierten aber offenbar.

Nach zweieinhalb Monaten:

[Protokoll der dritten Forscher_innengruppensitzung, 18. April 2011]
Beim dritten Forscher_innentreffen im April, also nach zwei Monaten, hatten schließlich alle einen konkreten Versuch der Kontaktaufnahme hinter sich gebracht.

P1 hatte die Erfahrung gemacht, dass ein Einkaufswagen für sie eine psychologische Unterstützung darstellte, an der man sich anhalten kann – die Zuflucht bietet. Sie machte die von mir angekündigte Erfahrung, dass die FAIR HANDELN-Initiative positiv aufgenommen wurde. Bemerkenswert ist, dass es P1 leichter fiel, die Initiative als eine Freundschaftsleistung bei einem Projekt zu erklären und nicht als Tätigkeit im Rahmen der Gewerkschaftsorganisation. Ich registrierte diese Beobachtung, konnte allerdings zu diesem Zeitpunkt noch keine relevanten Schlüsse daraus ziehen.

P2 machte die Erfahrung, dass die Fluktuation in ihrer Filiale und die damit immer wiederkehrende Situation sich und die Initiative vorstellen zu müssen, sehr demotivierend wirkten. Ihr fiel es schwer, fremde Personen anzusprechen, und die dem Projekt zu Grunde liegende These, dass Stammkunden zum Personal ein Vertrauensverhältnis aufbauen könnten, wurde in dieser Konstellation nicht nachvollziehbar.

Ich machte zu diesem Zeitpunkt den Vorschlag, Buttons zu produzieren, um auch bei Einkäufen ohne Verteilmaterial einen Wiedererkennungseffekt der Initiative zu erreichen. Der Vorschlag wurde angenommen.

P3 fand den von ihm für den Erstkontakt ausgesuchten Angestellten ständig in einer hektischen Situation am Arbeitsplatz vor. Er wirkte gereizt und deswegen wollte ihn P3 nicht ansprechen.

P4 hatte mittlerweile Kontakt zu weiteren Beschäftigten ihrer Filiale aufgenommen und eine positive Rückmeldung zur Initiative bekommen. Sie machte ebenfalls die Erfahrung, dass 15:00 Uhr eine gute Zeit für die Kontaktaufnahme, vor allem mit dem Personal im Kassenbereich, war.

P5 sah sich mit 50 Prozent neuem Personal in der Filiale konfrontiert, ließ sich aber davon nicht entmutigen. Offensichtlich kompensierten das Wissen über die Branche und die Motivation, sich als Teil der Gewerkschaftsbewegung für ein größeres Ziel einzusetzen, die Mühe, wieder neue Kontaktversuche unternehmen zu müssen.

Nach drei Monaten:

[Protokoll der vierten Forscher_innengruppensitzung, 31. Mai 2011]
Ende Mai fand das vierte Forscher_innentreffen statt.

P1 schaffte es aufgrund beruflich und privat turbulenter Zeiten nicht, regelmäßige Einkäufe in der ausgesuchten Filiale durchzuführen. Daraus verfestigte sich der Hinweis, dass die jüngere Generation der Mitforscher_innen nur mit Mühe regelmäßig dieselben Geschäfte frequentierte. Eine Erfahrung, die ich teilen konnte und auch von P2 öfters eingebracht wurde. Allerdings vergegenwärtigte erst die praktische Forschung diesen Umstand.

P2 und P3 stellten in dieser Sitzung fest, dass sie sich beide nicht im nötigen Ausmaß mit der Gewerkschaft identifizierten und deswegen lieber als Kunde auftreten würden. P2 wechselte außerdem den Wohnort und besuchte im Zuge dessen ein letztes Mal ihre BILLA-Filiale, um gewerkschaftliches Kampagnenmaterial (in diesem Fall Stanleymesser der GPA-djp) zu übergeben. Dabei gab es keine besonderen Reaktionen. Die Beschäftigten wussten, was bzw. wer die GPA-djp war und ihnen war bewusst, dass sie sich bei Schwierigkeiten an die Gewerkschaft wenden könnten. Zu diesem Zeitpunkt waren die Buttons fertiggestellt und jede/r Forscher_in hatte die Möglichkeit, diese zur Unterstützung zu nutzen.

Abbildung 29:
Erkennungsbutton Fair handeln

Halbzeit ... das Forscher_innenteam wird verändert

[Protokoll der fünften Forscher_innengruppensitzung, 18. Juli 2011]
Beim fünften Forschungstreffen wurde demokratisch entschieden, das Forschungsteam zu erweitern.

P5 fand heraus, dass ein Vorteil der FAIR HANDELN-Ansprechpartner_innen für die Beschäftigten die Unverbindlichkeit war. Würde man seine Beschwerde dem Betriebsrat mitteilen, müsste man dafür gerade stehen und möglicherweise in eine konfrontative Situation kommen.

Bei den Erfahrungen in den Filialen kristallisierten sich zwei Trends heraus. P4, P5 und ich selbst fanden sich mit der Situation des Ansprechpartners gut zurecht. Obgleich wir alle mit Fluktuationen konfrontiert waren (bis zu diesem Zeitpunkt hatte sich das Personal in der Filiale Schlachthausgasse einmal fast komplett erneuert und in Ober St. Veit war die halbe Mannschaft neu), war es keine große Herausforderung, die Personen anzusprechen. Für uns stellte das gewerkschaftliche Informationsmaterial eine gute Unterstützung dar, an die Beschäftigten heranzutreten.

P2 und P3 konnten dies nicht nachempfinden. Sie setzte das themenbezogene Material eher unter Druck. Obgleich in den Forschungsgruppenmeetings jedes Mal erwähnt wurde, dass es nicht Teil des Konzepts war, Fragen zu arbeitsrechtlichen Themen beantworten zu müssen, konnten sie den Anspruch an sich selbst, bezüglich dieser Fragen kompetent zu sein, nicht ablegen.

Entgegen ihrer ursprünglichen Einschätzung stellte P1 schließlich definitiv fest, dass sie kein regelmäßiges Einkaufsverhalten in ihrer BILLA-Filiale hatte. Sie zog sich aus dem Forschungsprojekt zurück.

P5 war mittlerweile in ihrem Element und übernahm neben den beiden bereits betreuten Filialen eine Penny-Filiale, um die dortige Arbeitssituation zu bewerten und mich damit als konzernbetreuenden Sekretär zu unterstützen. Sie konnte an ihre frühere berufliche Tätigkeit anknüpfen und stellte fest, dass der Zeitraum, bis sich ein Wiedererkennen einstellt, vier bis sechs Besuche waren. Dies deckte sich mit meinen Erfahrungen in beiden Zielpunktmärkten.

P4 erledigte das Verteilen des gewerkschaftlichen Kampagnen-/Agitationsmaterials, hatte auch freundlichen Kontakt zu den Beschäftigten, konnte aber an den Forscher_innensitzungen nicht teilnehmen, da ihre beruflichen Verpflichtungen zu viel Zeit in Anspruch nahmen.

Meine persönliche Erkenntnis zu diesem Zeitpunkt war, und dies bestätigte sich auch in den Beobachtungen sämtlicher Forscher_innen, dass der Beziehungsaufbau zu den Angestellten der Feinkost-Abteilungen bei Weitem am leichtesten fiel. Erstens ließ sich das Gespräch an der Theke im Zuge der Kundenbedienung einfach einfädeln und zweitens veränderte sich der Personalstand kaum.

Neue Erfahrungen mit neuen Forscher_innen – Monat 8

[Protokoll der sechsten Forscher_innengruppensitzung, 29. September 2011]

Bei der sechsten Forscher_innengruppensitzung stießen zwei neue Forscher_innen zum Team.

Nachdem sich in dieser qualitativen Studie bis dahin gezeigt hatte, dass Personen, die keine nähere Beziehung zur Gewerkschaft aufwiesen, größere Schwierigkeiten bei der Erfüllung der Aufgabe hatten, setzte ich eine Intervention und band entgegen meines ursprünglichen Samplings (Kapitel 5.7.2.5) eine ehemalige und einen aktiven Funktionär_in und Betriebsrät_in ein. P7 betrieb Lehrtätigkeit für die Gewerkschaftsschule und P8 war Betriebsratsvorsitzender, welcher zu diesem Zeitpunkt gerade die Betriebsrät_innenakademie, einen dreimonatigen Vollzeitlehrgang, absolvierte. Es war für mich zu diesem Zeitpunkt spannend zu beobachten, wie die beiden mit der Rolle als gewerkschaftliche Vertrauensperson auf fremden Terrain zurechtkommen würden.

P2 übernahm nach dem Wohnungswechsel eine neue Filiale, woraufhin wir das, im zweiten Forscher_innenmeeting angedachte, gemeinsame Vorstellen der Initiative FAIR HANDELN probierten. Tatsächlich erleichterte es P2 den Einstieg, trotzdem stellte sie nach wie vor eine Hemmschwelle fest, die sie die Aufgabe als nicht freudvoll erleben ließ. Sie hoffte auf ein merkliches Wiedererkennen, das würde ihr Auftrieb und Ansporn bringen.

Selbst befand ich zu diesem Zeitpunkt, dass ein Bekanntheitsgrad meiner Person in den Filialen definitiv gegeben war. Ich wurde zu diesem Zeitpunkt bereits mit: „was bekommen wir heute" empfangen [Protokoll Feldforschung 22. September 11]. Dies bestätigte nochmals die Annahme von P5, das vier bis sechs Kontaktversuche nötig seien, um eine Wiedererkennung zu erreichen, da meine Einkaufshäufigkeit sich auf ein- bis zweimal pro Monat beschränkte und in der Filiale Schlachthausgasse mittlerweile eine komplett neue Mannschaft anzutreffen war.

P5 bevorzugte im Unterschied zu mir den Kontakt zu Kassierer_innen, da sich zu ihren Einkaufszeiten weniger Kund_innen in den Geschäften befanden.

Die Kollektivvertragsverhandlungen beginnen – Monat 9

[Protokoll der siebenten Forscher_innengruppensitzung, 7. November 2011]

Das siebente Forscher_innentreffen war geprägt von den Kollektivvertragsverhandlungen. Dafür gab es spezielles Kampagnenmaterial.

P7 und P8 rüsteten sich für die ersten Versuche, ihre regelmäßig frequentierten Filialen als Ansprechpartner_in zu besuchen. P8 konnte sich noch nicht überwinden und obgleich er Betriebsrat war, fühlte er eine Hemmschwelle, sich darauf einzulassen, Personen außerhalb des üblichen Umfeldes anzusprechen. Er meinte, dass Personen, die im Verkauf tätig waren, damit einfacher umgehen könnten und stellte fest, dass es ihm leichter fiele, Gewerkschaftsmitglieder im eigenen Betrieb zu werben, als fremde Beschäftigte anzusprechen.

P3 wartete mit einem motivierenden Ereignis auf, wo er durch eine Diskussion über die Beschaffenheit des Verkaufsraums bei einer von ihm oft frequentierten Hofer-Filiale ein Gespräch über die Arbeitsbedingungen einfädeln konnte. Das wäre ihm als Vertreter einer Interessenvertretung nicht passiert. Als Stammkunde ergab sich offenbar das Vertrauen.

P2 hatte mittlerweile schon mit einigen Beschäftigten der Filiale gesprochen und alle hatten angegeben, bereits Mitglied in der GPA-djp zu sein.

Weihnachtszeit – Monat 10

[Protokoll der achten Forscher_innengruppensitzung, 12. Dezember 2011]

Beim achten Forscher_innentreffen wurde versucht, erste Schlüsse aus dem Forschungsjahr zu ziehen.

Vorab wurde festgestellt, dass der mediale Transport des Kollektivvertragsergebnisses gut funktioniert hatte. Zu diesem Zeitpunkt war den Beschäftigten auf jeden Fall klar, dass die Gewerkschaft sich um die Gehaltserhöhungen kümmerte.

P5 ging ein- bis zweimal wöchentlich in die Geschäfte. Sie übergab das Etui und die Visitenkarte nach 14 Tagen, da sie sich zu diesem Zeitpunkt ausreichend bekannt fühlte. Auf die Frage, ob sich in ihrer persönlichen Behandlung seitens der Beschäftigten etwas verändert hätte, verneinte sie zuerst, und gab dann an, dass sie vielleicht doch bei der Feinkost eine leicht bevorzugte Bedienung erfahren hatte.

P2 resümierte, dass die Fluktuationen bei den Beschäftigten, der Filialwechsel, aber auch die zu langen Intervalle dazu geführt hatten, dass eigentlich nie eine wirklich vertrautere Atmosphäre entstanden war.

Ich persönlich empfand die Etuis als äußerst hilfreich und hatte auch welche in der Ober-St.-Veiter-Filiale an der Kasse gesehen. Das motivierte mich.

Gemeinsam resümierten wir, dass die Kontaktaufnahme per E-Mail nie genutzt wurde.

Das Finale – Monat 12

([Transkript Forscher_innengruppenworkshop, 13. Februar 2012], alle im Anschluss mit Timecode versehenen Originalzitate stammen von diesem Forscher_innenworkshop)
Das letzte Forscher_innengruppentreffen diente einerseits dem Erfahrungsaustausch, andererseits der Diskussion zwischenzeitlich aufgestellter Thesen.

Dabei stellte sich heraus, dass P8 nach Beendigung seiner Ausbildung mit der Forschungsarbeit in den von seinem Wohnort aus nächstgelegenen BILLA-, Eurospar-, DM-, BIPA- und Gourmetspar-Filialen begonnen hatte. Seine Erfahrung war, dass viele Beschäftigte kaum Zeit für ein Gespräch hatten. Trotzdem gab ihm eine positive Reaktion einer Gourmetspar-Mitarbeiterin die Motivation, weitermachen zu wollen. *P8: „...und beim Gourmet-Spar ... die Kollegin war sehr erfreut, dass ich da war. Sie hat schon bei der GPA nachgefragt wegen Arbeitszeitkalender, die sie noch nicht mit der Post zugeschickt bekommen hat. Ich hab sie glücklicherweise dabeigehabt.“* 00:03:07-2 ... *„von dem her find' ich es wichtig, dass ich weiter mach ... weil jetzt macht's erst Sinn.“* 00:03:27-9 Die Angestellten konnten etwas mit dem Begriff Gewerkschaft anfangen.

Für P5 war die Kontaktaufnahme bei Pennymarkt aufgrund der ständigen Personalknappheit und der schlechten Deutschkenntnisse immer wieder eine besondere Herausforderung. Außerdem herrschte eine hohe Fluktuation. *P5: „Ja, viel schwieriger ... nachdem dort immer neue sind, kann sich der eine oder andere vielleicht an mich erinnern, aber da immer neue Leute sind ... weiß ich gar nicht, ob ich mit denen geredet hab.“*

00:18:16-8 Bei Spar und DM lief es von Anfang an gut. Sie wollte ebenfalls weitermachen: *P5: „Ja, weil jetzt kennen die mich ja schon. Ich bin im Rahmen der neuen Pensionsgeschichte gleich angeredet worden. Nur, ich hab keine Zeit gehabt. Ich muss jetzt mal zu einem Zeitpunkt gehen, wo weniger Leute sind und die Kollegin dort ist."* 00:45:06-0

P7 hatte einen ernüchternden Start. Sie nahm sich Zielpunkt, Anker, Lidl und Hofer vor. In der jahrelang gewohnten Form, nämlich wie sie es als aktive Funktionärin des Wirtschaftsbereichs Handel gewohnt war, trat sie an die Beschäftigten heran, doch die Unterstützungsangebote fielen nicht immer auf dankbaren „Boden". *P7: „Die hat dann gemeckert und ich hab zurückgemeckert ... da hat's geschaut ... is wurscht..."* 00:20:54-2 Doch auch P7 stieß auf Reaktionen, die zum Weitermachen animierten: *P7: „Über die Arbeitszeitkalender hat sie sich so gefreut. Da hab ich ihr die Folder reingelegt mit dem KV und wenn's was braucht, dann soll's mich halt anrufen. Die Schleifen* (Visitenkarten und Etui) *hab ich auch reingelegt ... am Anfang hab ich ihnen die Schleifen noch nicht gegeben, weil ich wusste ja nicht, was ihnen einfällt."* 00:21:24-4 Auch P7 erlebte das Problem der Fluktuation: *P7: „Problem ist die Fluktuation. ... die ist beim Zielpunkt auch sehr stark ... und dann die Kollegen, die nicht gut Deutsch können."* 00:26:26-1

P3 konnte über die eine positive Rückmeldung bzw. Konversation Kampagnenmaterial an die Beschäftigten weitergeben. Dazu P3: *„Im Hofer gibt es drei Angestellte und eine an der Kassa. So gesehen, wenn da ein Stress ist, ist es ganz schwer. Ich hab dem die Smarties* (Kampagnenmaterial der GPA-djp für Dezember in Form eines Adventkalenders) *gegeben und gesagt: auch für die Kollegen ... und wenn sie mal was brauchen. das wusste der aber eh."* 00:29:53-1

P2: hatte erkannt, dass ein massives Erschwernis, wie bei P1, die Unregelmäßigkeit beim Einkauf darstellte. P2: *„Hab mich auf eine Filiale beschränkt. Von der Häufigkeit reicht eine aber eh schon. Bin drauf gekommen, dass ich doch sehr selten hinschaue, weil wir machen unter der Woche einen Großeinkauf und dazwischen geh ich nur sporadisch hin."* 00:32:04-3

Dadurch ergab sich die Unsicherheit über den Erfolg: P2: *„Und wenn ich dann dazwischen dort bin, dann ist kein extra Erkennungs-*

merkmal zu finden. Die Arbeitszeitkalender sind wie überall, sie werden genommen." 00:33:55-7

Ich selbst sah abschließend ebenfalls die Fluktuation als großes Problem: P6: „*Ganz anders das fluktuierende Personal in der Verkaufsfläche. Die muss man aufs Neue ansprechen, dann muss wieder die Schleife übergeben werden. Und selbst dann ist sie zuerst desinteressiert* .... 00:37:22-0. *Es ist jetzt das dritte Mal neues Personal bei der Schlachthausgasse. eine hat mich sogar später wiedererkannt, aber es ist halt mühsam.*" 00:37:46-3 und ich ergänzte, dass auch die Tagesform zu beachten sei: „... *des is auch nicht jeden Tages Sache. Heute bin ich unterzuckert dort hingewankt und wollte eigentlich nur meine Einkäufe erledigen ... mir schnell was zum Essen holen. Hab dann aber auch trotzdem den Folder an der Kassa übergeben ... hatte dann auch gleich ein negatives Erlebnis. Die hat mich nämlich sicher schon zehn Mal gesehen und sie hat's gleich wieder weggeben und mich gar nicht angesehen.*" 00:40:13-6

5.10.7 Themenstellungen in der Kommunikation

Die Themenfelder bei der Kommunikation mit den Beschäftigten in den Filialen ergaben sich in erster Linie aus dem gewerkschaftlichen Aktionsmaterial.

So wurden in diesem Jahr unter anderem:

- Arbeitszeitkalender
- 700-Euro-Kollektivvertragsabschluss-Folder
- 3 x Aktionswochen-Kampagnenmaterial
- Infomaterial zu Urlaub und
- Sonntagsarbeit

verteilt. Ich beobachtete dazu „*Für mich sind die Materialien eine einfache Form, von einer Einweg- zu einer Zweiwegkommunikation zu kommen. Bei den 700-Euro-Foldern ist es halt aufgelegt, darüber zu reden ... vor allem wenn man dabei mitgemacht hat*".

P2 meinte: „*Ich geb das Material ab und ziele auch nicht auf ein Gespräch ab.*" 00:38:08-1

Die Themenfelder, die von den Beschäftigten angesprochen wurden, waren:

- Pensionen
- Pausen
- Abfertigung
- mehr Urlaub in Reaktion auf eine Aktionswoche der GPA-djp
- Elternteilzeit

Es stellte sich also heraus, dass die Nachfrage nach arbeitsrechtlichen Themen, also Themen, die die Gewerkschaft bearbeitet und bei welchen ein Unterstützer_innennetzwerk hilfreich sein könnte, durchaus gegeben war.

5.10.8 Soziokulturelle Unterschiede (Gebiete)

Es galt für meine Forschungstätigkeit herauszuarbeiten, ob zwischen der Filiale Schlachthausgasse und Ober St. Veit Unterschiede feststellbar waren.

Meine ursprüngliche These war, dass die unterschiedliche Klientel, nämlich:

- in der Schlachthausgasse: Bewohner aus Gemeindebauten, niedrigere Einkommensschicht, viel Laufkundschaft aus den umliegenden Büros
- in Ober St. Veit: reines Wohngebiet mit einem hohen Eigentumsanteil und hoher Einkommensschicht

eine unterschiedliche Situation für das Unterstützer_innennetzwerk mit sich brachte.

Tatsächlich konnte ich einen großen Unterschied bei der Arbeitssituation der Beschäftigten erkennen. *„Zielpunkt Ober St. Veit ... da gibt es keinen Stress. Beim Ober St. Veiter wartet man, lässt man sich vor und die Frau an der Kassa gibt einem den Einkauf noch ins Sackerl.“* 00:35:56-3

In der Schlachthausgasse hingegen erlebte ich entweder absolute Leere oder eine hektische Schlange an der Kassa.

Was die Umstände für das FAIR HANDELN-Netzwerk anbelangt, musste ich jedoch feststellen, dass die ausgefransten Arbeitszeiten und die Fluktuation in beiden Filialen gleich waren. Man traf oft andere Personen und in beiden Filialen wurde zumindest einmal das komplette Personal gewechselt. Dies birgt natürlich Schwierigkeiten für die Unterstützer_innen.

Anders stellte sich die Betreuung der Beschäftigten der Feinkostabteilungen dar:

„Bei Schirnhofer sind in beiden Filialen bis auf eine immer noch die selben und es bedarf zwei bis drei Monate, um Vertrauen aufzubauen. Und dann geht's aber voran und wenn ich da reinkomm, dann ist immer die Frage: Gibt es was Neues.“ 00:36:40-0

„Bin ja auch oft so dort. Kauf mir dort ein Mittagessen oder eine Leberkässemmel, dann gibt es einen kleinen Austausch.“ 00:37:04-0

Die Kontinuität und die bessere Möglichkeit, ein Gespräch einzuleiten, machten die Betreuung von Feinkostbereichen weitaus einfacher und angenehmer.

5.10.9 Entwicklung im ehrenamtlichen Netzwerk

Um die Entwicklungen im Forscher_innennetzwerk zu analysieren, stellte ich drei, aus den persönlichen Beobachtungen bei der Feldforschung zugespitzte Thesen auf, und reflektierte diese mit der Gruppe beim abschließenden Gruppeninterview:

These 1: Die Rolle des FAIR HANDELN-Ansprechpartners erhöhte die an sich selbst gerichteten Moralansprüche aufgrund des Auftretens als Vertreter_in der Gewerkschaft → Rollen- und Identitätsveränderung bei Ehrenamtlichen

Wie bereits weiter oben eingeleitet, beobachtete ich, dass sich manche Menschen beim Einkauf verändern. Im Geschäft sind sie Kunden und können z. B. im Vergleich zum üblichen Büroalltag als unselbstständig

Erwerbstätige „anschaffen“. An mir selbst konnte ich beobachten, dass ich entgegen meines üblichen Habitus in der Rolle als Unterstützer etwa bei vergessenen Rabatten, falschen Rechnungsposten etc. nachsichtiger wurde. Ich bemerkte, dass ich plötzlich auch die Initiative repräsentierte. Um die Angestellten nicht zu kompromittieren und dadurch das aufgebaute Vertrauensverhältnis zu gefährden, verzichtete ich darauf, sie auf Fehler aufmerksam zu machen. Ich nahm an, dass das Unbehagen von P1, P2 und P3, sich als Teil einer gewerkschaftlichen Initiative vorzustellen, möglicherweise auf eine Änderung des sozialen Status im persönlichen Umfeld zurückzuführen war. Um diese Begrifflichkeiten besser einordnen zu können, soll an dieser Stelle auf soziologische Rollentheorie Bezug genommen werden.

Rollentheorie

In Goffmans Buch „Wir alle spielen Theater“, das die soziologische Rollentheorie beschreibt, wird der „Einzelne stillschweigend zweigeteilt: Er wird einerseits als Darsteller betrachtet, als Erzeuger von Eindrücken, der mit der Aufgabe beschäftigt ist, ein Schauspiel zu inszenieren; andererseits wird er als Figur dieses Schauspiels betrachtet, deren Eigenschaften durch die Darstellung offenbart werden sollen. Die Eigenschaften des Darstellers und die seiner Rolle gehören grundlegend verschiedenen Bereichen an, und doch haben beide ihre Bedeutung für das Schauspiel.“ ([Goffman, 2009], 218) Die soziologische Rollentheorie beschreibt, welche Spiel- und Handlungsfreiräume dem Individuum in einer Rolle offenstehen und wie es die gesellschaftlich vorgegebenen Rollen ausfüllt. Dazu gehören unter anderem von der Gesellschaft respektive vom sozialen Umfeld abhängige Erwartungen, Werte und Verhaltensweisen, die an den/die den entsprechenden Status einnehmende/n Akteur_in gestellt bzw. diesem/r zugeschrieben werden. Die Rollen bestimmen maßgeblich unser Handeln und Empfinden. (Vgl. [Giddens, Fleck, Egger de Campo, 2009, 121 ff.]

Bei den regelmäßigen Gruppeninterviews und der Analyse der Eingangsinterviews mit den Forscher_innen hat sich herausgestellt, dass es für manche wesentlich angenehmer war, die Initiative als ein Forschungsprojekt im Zuge eines Hochschulstudiums zu bezeichnen, als eine Aktion der GPA-djp. (Siehe nach drei Monaten S. 218) Ich fragte mich, worauf dies zurückzuführen war: Sie waren alle überzeugte Gewerkschaftsmitglieder, zahlten regelmäßig ihren Beitrag und hatten in den letzten Jahren vor dem Projekt keine negativen Erlebnisse mit dieser Organisation gehabt. Trotzdem wurde es als merklich unangenehm empfunden, als Kontaktperson eines Vertrauensnetzwerkes der GPA-djp aufzutreten.

Bei der Auswertung der Gruppeninterviews stellte ich dann allerdings fest, dass dieses Empfinden bei den ehemaligen Hauptamtlichen und Funktionär_innen nicht vorhanden war.

Ich beleuchtete diese Unterschiedlichkeit also unter dem analytischen Fokus der Rollentheorie. Von Beginn an war ich der Ansicht, dass es ein größerer Schritt sei, als es scheint, aus der Rolle des normalen Konsumenten herauszutreten und sich als Ansprechpartner_in zu deklarieren. (Siehe Theoretische Grundlagen S. 165) Diese These erstreckte sich auf das gesamte Forschungsfeld Unterstützer_innengruppen. (Siehe Kapitel 5.7)

Als Unterstützer_in würden neue Erwartungen auf die Person selbst einwirken. Manche an sich selbst, wie die Erwartung kompetent zu sein oder in einem Konflikt mit einem Vorgesetzten zu bestehen, andere von außen wie z. B. jemandem zu seinem Recht zu verhelfen. Um herauszufinden, warum jemand so einen Schritt setzt, beschäftigte ich mich mit den Themen Motivation (siehe Kapitel 5.9.2) und Solidarität (siehe Kapitel 5.9.1). In den Interviews konnte ich dann auch die individuellen Beweggründe eruieren (siehe Motivation S. 179) und in den Gruppeninterviews verfolgte ich die Änderungen bei den empfundenen Erwartungshaltungen. (Siehe regelmäßige Gruppeninterviews – die Forscher_innenmeetings S. 213)

All das erklärte aber nicht, warum jemand sich scheuen würde, als Mitwirker_in/Aktivist_in bei einer Initiative der Gewerkschaft in Erscheinung zu treten.

Erst eine erneute Analyse auf Basis der Rollentheorie eröffnete mir die Einsicht, dass auch die Ausweisung als Ansprechpartner_in einer Initiative der GPA-djp zu einer Veränderung des Status führte. Plötzlich inkludierte der persönliche Status nämlich die Rolle, eine Organisation mit 270.000 Mitgliedern zu repräsentieren, die sich regelmäßig in der öffentlichen Auseinandersetzung befindet. Eine Person, die nicht aufgrund einer haupt-/oder ehrenamtlichen Tätigkeit in diese Statusänderung/neue Rolle eingeführt wurde, stand ganz plötzlich vor dieser Situation, nicht nur Konsument_in und Unterstützer_in, sondern auch Repräsentant_in einer oft kritisierten Organisation zu sein. Im Unterschied zu Betriebsrät_innen, Funktionär_innen und Hauptamtlichen sieht die Aufgabe beim FAIR HANDELN-Unterstützer_innennetzwerk für die „einfachen" Mitglieder keine langsame Annäherungsphase an diese Rolle vor. Ab dem Zeitpunkt des Vorstellens als Ansprechpartner_in könnte, subjektiv empfunden, der Status für immer verändert sein. Man würde danach immer als Vertreter_in dieser großen Organisation wahrgenommen, was den persönlichen Anspruch erwecken kann, dieser Organisation auch mit keiner Handlung schaden zu wollen. Dies schränkt natürlich die persönliche Freiheit im oben angeführten Sinn ein.

Ich stellte diese These also im Rahmen des Abschlussworkshops zur Diskussion und tatsächlich bestätigten die Teilnehmer_innen ohne GPA-djp-Karriere meine Annahme.

P3: „Ja, das hab ich auch geschrieben. wenn sich nämlich jemand beschweren möchte, dann kommt das vielleicht nicht so gut. Wenn ich nämlich als Gewerkschafter gebrandet [ausgewiesen] bin. dann denkt sich der vielleicht … der braucht jetzt nicht viel reden. So ungefähr." 00:55:46-1

P3: Ich kann leichter Dampf ablassen oder mich ärgern, wenn etwas nicht in Ordnung war. 01:01:57-0

Die Rolle FAIR HANDELN-Ansprechpartner_in bedingte einen erhöhten persönlichen und moralisch-ethischen Anspruch.

P4 bis P8 empfanden eine Veränderung, betonten aber, dass *„sie kein Problem damit hatten, als Gewerkschafter_in erkannt zu werden"*. 00:53:38-3

Diese Erkenntnis war essentiell, um weitere Schlüsse für die Zusammensetzung der zukünftigen Vertrauenspersonenstruktur zu treffen.

Für mich ergab sich daraus, dass Mitglieder, welche nicht nahe an die Organisation GPA-djp angebunden sind, Schwierigkeiten erleben könnten, dauerhaft die Funktion als Unterstützer_in einzunehmen.

Der Mensch reflektiert einerseits seine Umwelt, er antizipiert allerdings auch die Erwartungen an ihn. Er versucht diesen Erwartungen zu entsprechen. (Vgl. [Giddens, Fleck, Egger de Campo, 2009], 120) Dies kann als spannende Herausforderung angesehen werden, kann aber eben auch zu einer unkomfortablen Einschränkung der persönlichen Freiheit führen.

Die Forscher_innen ohne „GPA-djp Karriere" erlebten unbewusst diese Einschränkung. Ab dem Zeitpunkt, an dem sie sich tatsächlich das erste Mal mit der praktischen Ausübung der Funktion als Ansprechpartner_in auseinandersetzten, kam der persönliche Anspruch auf: „Ich muss als Vertreter_in der GPA-djp die Themenfelder der zu übergebenden Informationsmaterialien beauskunften können." (Siehe S. 219 Halbzeit – Das Forscher_innenteam wird verändert) Das wurde als unangenehm empfunden. Dieser Schwierigkeit wurde versucht zu entgehen, indem man die Initiative als Forschungsprojekt betitelte und anstatt über gewerkschaftliche Themen zu reden, über die Bedingungen der Verkaufsfläche geredet wurde. Die Forschungsfragestellung wurde darauf reduziert, ob es möglich wäre, mit den Arbeitnehmer_innen ins Gespräch über die Arbeitssituation zu kommen.

Dieser Versuch war dann auch von Erfolg gekrönt, woraus ich schließe, dass mit einem Netzwerk von aktivierten Konsument_innen eine einseitige Informationsstruktur etablierbar wäre.

> Mein Forschungsziel war allerdings, Erkenntnisse zu erlangen, die eine hilfreiche Grundlage für die Entwicklung einer den Anforderungen an die Gewerkschaftsbewegung im filialreichen Einzelhandel in Österreich entsprechenden Betreuungsstruktur darstellen. So ziehe ich also den Schluss, dass

dies mit Mitgliedern ohne nähere gewerkschaftliche Anbindung nicht umsetzbar erscheint. Der ständige Rollenkonflikt der antizipierten Erwartungen der GPA-djp, der Beschäftigten im Handel und der eigenen konterkarieren die auf Solidarität basierende Motivation.

Gänzlich unterschiedlich stellt sich die Situation für ehemalige Hauptamtliche und Funktionär_innen dar. Viele sind erst über die Rolle als Repräsentant_in der GPA-djp zu dem gewünschten sozialen Status gelangt. Man hat sich den Erwartungen schrittweise angenähert, bis man die Rolle vollkommen verinnerlichte, so wie es die Organisation bzw. die Menschen, die diese verkörperten, erwartet hatten.

Abschließend ist festzuhalten, dass das Beherrschen seiner sozialen Rollen Sicherheit bietet. Eine neue Rolle ist einzustudieren oder anders gesagt, man versucht, den relevanten Erwartungen zu entsprechen. Um diesen Prozess zu durchlaufen, bedarf es Motivation bzw. eines angestrebten Zieles, das den Aufwand rechtfertigt.

These 2: Mit zunehmender Bildung entwickelt man eine andere begriffliche Einschätzung bzw. ein anderes Empfinden für Solidarität

Diese provokante These/Fragestellung zielte auf eine Veränderung des Empfindens der Solidarität vom mechanischen, also dem Empfinden unter offensichtlich sozial Gleichgestellten, zum organischen Ansatz, also jenem, wo die arbeitsteilig organisierte Gesellschaft sich als voneinander abhängiges Ganzes empfindet, ab. (Siehe Kapitel 5.9.1.3) Dazu gab es keine einheitliche Meinung. Erkennbar war, dass die persönlichen Einschätzungen der Gruppenmitglieder über das Wesen der Solidarität nach wie vor unterschiedlich waren. Wahrzunehmen war allerdings, und das trug zur Beantwortung der Forschungsfrage nach der veränderten Identifikation mit der Gewerkschaftsbewegung bei, dass sich das Wissen über das Wirken und die Bedeutung der Gewerkschaftsbewegung im Zuge des Engagements für das FAIR HANDELN-Unterstützer_innennetzwerk verändert hatte.

P3 und P2 erarbeiteten diskursiv einen Hinweis, der die in den Raum gestellte These nach der Verknüpfung von Bildung und einem veränderten Empfinden von Solidarität unterstützte. Sie diskutierten über die Rolle und das Auftreten der Gewerkschaften in Griechenland im Zuge der Sparmaßnahmen im Rahmen der Krise. P3 merkte an, dass er das Vorgehen der Gewerkschaft als für die Öffentlichkeit nicht nachvollziehbar empfand und dass sie gut beraten wäre, dieses zu ändern. Es würde auch ein schlechtes Bild auf die GPA-djp werfen.

P2 erwiderte daraufhin: *„Ein perfektes Beispiel für die Ansätze. Es geht darum Griechenland zu unterstützen, weil sonst geht die ganze EU den Bach runter.“*

Der mechanische Ansatz ist *„... wir Österreicher ... warum sollen wir für die zahlen, wir haben selber eine schwierige Situation. Der organische lautet natürlich: wir alle zahlen, weil wir alle in der EU verbunden sind.“* 00:15:44-8

Sie unterstrich damit einerseits, dass die Empfindung der Gesellschaft als organische Masse vom persönlichen Horizont abhängt und wies darauf hin, dass auch organische Solidarität im Endeffekt nicht auf Altruismus basiert. (Vgl. ab Kapitel 5.9.1.2) Ein gewisser Eigennutz steckt in den meisten Handlungen. Das soziale Umfeld, das Wissen und die politische Kombinationsfähigkeit lassen einen weiteren Blick entstehen, der dann von einer Solidarität mit den Nächsten zur Solidarität mit weiter entfernten Teilen unserer global zusammengerückten Welt leitet.

These 3: „Die Motivation, etwas Gutes zu tun, hängt von einer positiven Lebenssituation/Biographie ab"

In erster Linie deckt diese These das Themenfeld Sozialisation ab: Bestätigt sich, was schon in den Eingangsinterviews erkennbar war, nämlich, dass Bereitschaft für Solidarität und Engagement im Rahmen der Sozialisation begründet wurde?

In zweiter Linie stellte sich die Frage, ob die aktuell unterschiedlichen Lebens- und Einkommenssituationen einen Einfluss haben.

Außerdem bot diese These einen Ausblick auf den gesellschaftsverändernden Charakter des Unterstützer_innennetzwerks. Welchen Einfluss könnte erlebte Solidarität dieser zivilgesellschaftlichen Initiative für die Zielgruppe haben? (Siehe Kapitel 5.6.1)

Die ersten beiden Antworten bezogen sich auf erlebte Solidarität mit Vorbildwirkung im Zuge der Sozialisation: (Siehe auch Definitionen der Sozialisation ab S. 189)

P5, die ihre Jugend in der Nachkriegszeit erlebte, fand eine klare Aussage zu diesem Thema, indem sie sich als Beispiel nahm: *„Mein Motto: Es gibt nichts Gutes, außer man tut es. Ich hab das in der Kindheit schon mitbekommen, wie Österreich geholfen wurde … und das ist irgendwo in mir drinnen. Ich hab das als Schulkind mitbekommen. Irgendwie haben die uns geholfen, sonst wären wir vielleicht verhungert. Daher find ich das richtig, egal ob als Nation oder als Einzelner, anderen Menschen zu helfen.“* 00:40:36-8

P7 meinte dazu: *„Ich denke, dass es damit zu tun hat, wie Werte geprägt werden und da kanns dir auch ganz schlecht gehen und du hast eine üble Biographie. Der Wert kann von einer Person geprägt sein und diesen Wert lebst du dann.“* 00:51:10-1 und zielte damit meines Erachtens auf die Wichtigkeit der Primärsozialisation ab.

Beides deutet auf den enormen Einfluss der Sozialisation hin: In jungen Jahren wird von Familie, Schule und Freunden ein Wertebewusstsein entwickelt, welches das restliche Leben als Richtschnur bei täglichen Entscheidungen dient. Diese Werte haben dabei eine umso stärkere Ausprägung, je mehr man sie vorgelebt bekommen hat. Abstrakt erklärte Werthaltungen haben einen schwächeren Einfluss.

Die Sozialisation ist allerdings ein fortlaufender Prozess, der sich im Berufsleben fortsetzt. So können auch durch Initiativen und Organisationen die Werthaltungen im Alter beeinflusst werden.

P2, welche erst im Rahmen der Forschung mit der Gewerkschaft in engeren Kontakt kam, meinte zu diesem Thema: *„In so einer Organisa-*

tion (Gewerkschaft) *oder Berufsfeld entwickelt sich das anders.*" 00:51:27-3

P8 ergänzte einen Beitrag zum Einfluss der Medien: *„Wenn ich langzeitarbeitslos bin und mir zwölf Stunden Unterschichtfernsehen reinzieh […] aufgrund der Situation hab ich wenig Angebote und Anknüpfungspunkte, um solidarisch zu handeln.*" 00:51:59-4

Die Gruppe stellte fest, dass sich die persönliche Sichtweise auf den Lebensraum „Arbeitsplatz filialreicher Einzelhandel" verändert hatte, aber auch das Bewusstwerden der empfundenen Solidarität bereichernd war. Um so einen Prozess zu durchlaufen, bedurfte es dieser Initiative.

P8: *„Es geht um konkrete Angebote.*" 00:51:39-5

P2: *„Um konkrete Anlässe.*" 00:51:41-1

6. Beantwortung der Forschungsfragen

Motivation/Solidarität:

- **Was motiviert jemanden, sich ehrenamtlich zu engagieren?**

Wie ich anhand von Erhebungen (siehe Kapitel 5.9.2.6, 5.9.2.3), Theorien (siehe Kapitel 5.9.2, 5.9.1) und praktischer Forschung (siehe Kapitel 5.10.2, 5.10.9) feststellen konnte, hängt die Motivation, sich ehrenamtlich zu engagieren, von Werten und vom Angebot ab. Menschen erwerben im Laufe der Sozialisation ein Wertegerüst, welches sich auch aufgrund sozioökonomischer Rahmenbedingungen ändern kann. Prinzipiell hatte die von den Mitgliedern der Forschungsgruppe vorher, aber auch während der Forschung erlebte und dargestellte Solidarität den stärksten förderlichen Einfluss auf das ehrenamtliche Engagement. Festzustellen ist allerdings, dass ein gewisser Eigennutz als Triebfeder immer mitschwang.

- **Wird die Unterstützer_innenstruktur als solche identifiziert bzw. was braucht es dafür?**

Maßgeblich für die Wahrnehmung einer Unterstützer_innenstruktur wie FAIR HANDELN ist die Regelmäßigkeit der Filialbesuche und die unternommenen Konversationsversuche. Im Sinne der Ausgangsproblemstellung, eine gewerkschaftliche Betreuungsstruktur zu etablieren, waren die produzierten Kommunikationsmaterialien (Visitenkarten, -etuis, Button) und das gewerkschaftliche Kampagnenmaterial hilfreich. Sie unterstützen zu Beginn der Initiative dabei, ihr einen offiziellen Charakter zu verleihen, und halfen den Unterstützer_innen ihre Botschaft zu überbringen. Entscheidend war allerdings im Endeffekt die Person selbst.

- **Kann ein Vertrauensverhältnis aufgebaut werden, wenn ja, wann und was ist dabei förderlich?**

Ein Vertrauensverhältnis konnte nach etwa sechs Filialbesuchen aufgebaut werden. Dabei hat sich herausgestellt, dass maßvoll vorgegangen werden muss. Das vorhandene Misstrauen wurde erst nach mehrmaliger Einwegkommunikation überwunden. Was den Bemühungen entgegenwirkte war die hohe Fluktuation. Oft wandelte sich das Personal mehrmals innerhalb des Forschungszeitraums von ca. einem Jahr. Regelmäßiger Einkauf ist eine weitere wichtige Grundlage. Die jüngeren Forscher_innen stellten fest, dass ihr Einkaufsverhalten sehr unterschiedlich und unregelmäßig war. Sie frequentierten wesentlich seltener das selbe Geschäft. Gerade diese Regelmäßigkeit war aber der entscheidende Erfolgsfaktor für einen geglückten Vertrauensaufbau.

- **Führt diese Betätigung zu einer stärkeren Identifikation mit der Gewerkschaftsbewegung?**

Für „einfache" Mitglieder führte dieses Projekt zu einem stärkeren Einblick in die Wirkungsweise der Gewerkschaft und deren gesellschaftsverändernden Anspruch. Sie erlebten wie sie mit dem Auftreten im Rahmen des Unterstützer_innennetzwerks plötzlich ein unmittelbarer Teil der Bewegung waren. Dies führte sogar zu inneren Konflikten, da sie den höheren moralischen Anspruch verspürten, der damit einher geht, wenn man für eine Organisation in Erscheinung tritt, die für humanistische Werte und Solidarität eintritt.

Für Betriebsrät_innen, Funktionär_innen und Hauptamtliche stellte das Engagement eine Erweiterung des gewerkschaftlichen Wirkungskreises dar. Die Identifikation mit der Gewerkschaftsbewegung blieb unverändert hoch.

Partizipation:

- **Wie viel Partizipation innerhalb des Projekts/der Organisation wird gewünscht?**

Diese auf Solidarität aufgebaute Initiative entwickelte bei den Teilnehmer_innen keinen verstärkten Wunsch nach Partizipation innerhalb der GPA-djp auf. Innerhalb des Projektteams verfolgten wir eine basisdemokratische Kultur. Da die Aktivitäten auf Freiwilligkeit basierten und sich auf ein Feld außerhalb der GPA-djp bezogen, konnten innerhalb des Forschungszeitraums keine diesbezüglichen Ansprüche oder Konflikte festgestellt werden.

- **Welche Rahmenbedingungen sind notwendig, um sich in der Rolle als „Ansprechpartner_in“ wohl zu fühlen?**

Als wichtige Rahmenbedingungen für Ansprechpartner_innen erwiesen sich der vorhandene regelmäßige Einkauf in der Filiale, die Informationen über die Entwicklungen in der Branche und die Versorgung mit gewerkschaftlichem Kampagnenmaterial. Die hohe Fluktuation von Personal machte es nötig, seine Funktion durch Aktivität regelmäßig zu verdeutlichen, wobei eben das gewerkschaftliche Verteilmaterial unterstützte. Es war für die Unterstützer_innen wichtig, jederzeit eine/n Ansprechpartner_in zu haben. Informationen aufgrund von Nachfragen der Beschäftigten sollten innerhalb einer Woche verlässlich zur Verfügung stehen. Der persönliche Austausch zwischen den Forscher_innen/Unterstützer_innen war ein verbindendes und motivierendes Element. Durch ihn konnten auch Rückschläge überwunden werden.

Struktur:

- **Wann ist eine geeignete Zeit, um mit den Angestellten im Geschäft zu kommunizieren?**

Am geeignetsten stellte sich der Zeitraum zwischen 15:00 und 17:00 Uhr von Montag bis Donnerstag dar. Zu diesem Zeitpunkt waren bereits viele Beschäftigte in der Filiale, aber die Kund_innenfrequenz noch in einer Höhe, dass man eine kurze Konversation führen konnte.

- **Wie wird das Angebot angenommen? Welche Personen werden als Ansprechpartner_inner eher akzeptiert? (Männer, Frauen, alt, jung, …)**

Es konnten keine demographischen Unterschiede bezüglich der Akzeptanz der Unterstützer_innen festgestellt werden. Der entscheidende Parameter für eine erfolgreiche Etablierung einer Vertrauensbeziehung war das Auftreten der Unterstützer_innen. Die Teilnehmer_innen mit einer gewerkschaftlichen Funktion wurden nach den bereits erwähnten sechs Besuchen als Unterstützer_innen wiedererkannt und auch genutzt.

- **Welche Kommunikationskanäle werden von den Beschäftigten in den Filialen wahrgenommen?**

Es wurde ausschließlich die persönliche Kommunikation genutzt. Von der ebenfalls angebotenen Möglichkeit, eine E-Mail zu schreiben, wurde nicht Gebrauch gemacht.

- **Wie muss innerhalb des Unterstützer_innennetzwerks kommuniziert werden?**

Es ist darauf Wert zu legen, regelmäßig neue Informationen zu kommunizieren. Die Möglichkeit des persönlichen Austausches muss gegeben sein. Die Herausforderung, auch die Rolle des Repräsentanten der GPA-djp auszufüllen, bedarf einer zeitnahen Information über aktuelle Angebote, Ereignisse und Positionen der GPA-djp.

Monatliche Treffen haben sich als nützlich erwiesen. In zweistündigen Sitzungen konnten aktuelle Entwicklungen, Erfahrungen und Fragen ausgetauscht bzw. beantwortet werden. Protokolle der Sitzungen halfen den verhinderten Unterstützer_innen auf dem Laufenden zu bleiben. Telefonischer Kontakt muss kurzfristig möglich sein, da die Unterstützer_innen mit Fragen und Situationen konfrontiert werden können, welche hauptamtlicher Unterstützung bedürfen.

Mitgliederwerbung:

- **Wie würde es den Unterstützer_innen gelingen, das Themenfeld Mitgliederwerbung anzusprechen?**

Es war ausschließlich für die Unterstützer_innen mit ehemaliger oder aktueller gewerkschaftlicher Funktion möglich, das Themenfeld Mitgliedschaft persönlich anzusprechen. Die gewerkschaftlichen Verteilmaterialen behandelten dieses Thema allerdings regelmäßig und so kann davon ausgegangen werden, dass durch Etablierung eines Unterstützer_innennetzwerks Mitgliederwerbung durch regelmäßige Impulse vorangetrieben werden könnte.

7. Schlussfolgerungen

7.1 Perspektiven für Betriebsratskörperschaften

Betriebsratskörperschaften können durch die gewonnenen Erfahrungen der Unterstützer_innen einen detaillierteren Überblick über die Situation in den einzelnen Filialen bekommen. Wie die geschilderte erfolgreiche Intervention L. T. zeigt (siehe S. 99) kann ein externer Informationsgeber zur Verbesserung der Arbeitsbedingungen beitragen. Entscheidend ist, ein Netzwerk der unterstützenden Kund_innen als zusätzliches Instrument der Interessenvertretung und nicht als Gefahr oder Konkurrenz zu betrachten.

7.2 Perspektiven für die GPA-djp

Die Gesellschaft befindet sich seit Ende der 1980er Jahre in einem sich immer rapider abzeichnenden Wandel. „Nicht zuletzt durch den intensiven Umgang mit Medien lässt sich die junge Generation als ein Sozialisationstyp der flexiblen Realitätsverarbeitung beschreiben, charakterisiert durch ein Persönlichkeitsprofil mit schneller Aufnahme verschiedenster Impulse und Anregungen und einer vielfältigen, oft parallel verlaufenden Kombination von Handlungen und Eindrücken zur selben Zeit, um den kulturellen und gesellschaftlichen Bedingungen gewachsen zu sein. […] Die soziale Entwicklung geht mit einem Abbau von sozialen Traditionen und Rollenvorschriften einher und bietet somit erhebliche Freiheit und auch Notwendigkeiten für die Gestaltung des eigenen Lebens." ([Hurrelmann, 2006], 260 f) Die Gesellschaft ist trotz neoliberaler Indoktrination und damit einhergehender versuchter Endsolidarisierung an einer guten Qualität des sozialen Zusammenlebens interessiert. Diese Grundhaltung ist an der breiten Beteiligung an bürgerschaftlichem Engagement zu erkennen. (Siehe ab Kapitel 5.9.2.3)

Im Abnehmen ist die Beteiligung bei traditionellen Organisationen, Vereinen und Verbänden, Parteien, aber auch den Gewerkschaften begriffen. Im Unterschied hierzu ist die Beteiligung an informellen gesellschaftlichen und politischen Gruppierungen bei z. B. Jugendlichen in den letzten zwanzig Jahren gleich stark geblieben. (Vgl. auch Kapitel 5.9.2.6) Zugenommen hat *„die Beteiligung an punktuellen politischen Aktivitäten, die in der Regel keine oder nur eine vorübergehende Mitgliedschaft in einer Organisation mit sich bringen. Zu diesen Aktivitäten gehören Unterschriftensammlung, Teilnahme an genehmigten Demonstrationen, an öffentlichen Diskussionen, Boykott von Geschäften und Institutionen, Schreiben von Leserbriefen, Teilnahme an nicht genehmigten Demonstrationen, Spenden für politische Zwecke und Briefe an Politiker_innen.“* ([Hurrelmann, 2006], 263) Die dauerhafte Beteiligung an z. B. gewerkschaftlichen Aktivitäten oder sozialen Strukturen stellt allerdings ein wichtiges Verbindungselement einer stabilen Gesellschaft dar.

Es steht also auch für die GPA-djp an, die Formen der Beteiligung, Mitbestimmung und Mitgestaltung zu erweitern. Schnellerer Informationstransfer und eine kürzere Verweildauer sind Herausforderungen und Chancen. Es ist leichter und kostengünstiger, viele Menschen zu erreichen, es ist allerdings auch schwieriger kontinuierliche Beteiligung attraktiv zu halten.

Eine Beteiligungsschiene von solidarischen, bewussten Konsument_innen kann für Mitglieder jeder Altersschicht und Mitgliedsdauer interessant gestaltet werden.

Es hat sich allerdings im Rahmen dieser Forschung herausgestellt, dass die Überreichung von gewerkschaftsspezifischem Verteilmaterial eine Hürde darstellt, dass sich die Unterstützer_innen vor Gesprächen über die fachspezifischen Themen scheuen und es hat sich gezeigt, dass die veränderte soziale Position als Repräsentant_in der GPA-djp die subjektiv empfundene Freiheit einschränkt und deswegen demotivierend wirken kann. (Siehe Kapitel 5.10.9)

Es wurde aber in einer IMAS-Umfrage 2011 für die GPA-djp Wien erhoben, dass der Beitritt zur GPA-djp überwiegend (52 Prozent) proaktiv passiert. Lediglich 25 Prozent wurden von einem Mitglied des Betriebsrates geworben. Das bedeutet, dass gewerkschaftliche Aktionen und die Information über gewerkschaftliche Aktivitäten momentan die entscheidenden Faktoren einer gesunden Mitgliederentwicklung darstellen.

Die GPA-djp hat also die Chance und meines Erachtens auch den politischen Auftrag, weitere attraktive Angebote für freiwilliges Engagement zu etablieren. Was die Betreuung des Feldes filialreicher Einzelhandel anbelangt, könnten ehemalige Funktionäre_innen oder Hauptamtliche, aber auch aktive, engagierte Betriebsratsmitglieder eine neue Rolle einnehmen und im Rahmen einer niederschwelligen Beteiligungsschiene, wie es ein FAIR HANDELN Netzwerk darstellt, entscheidend zum Ausbau der organisatorischen Stärke und Erhöhung des Mitgliederstandes beitragen. Um das zu bewerkstelligen, ist es notwendig, dauerhafte Ansprechpartner_innen in den Filialen zu finden. Anknüpfend an die Erfahrungen der Expert_innen (siehe Meinl S. 46) ist es zu empfehlen, eine Verbindung zu den Filialleiter_innen aufzubauen. Sie sind meist Vollzeit angestellt und ihre Dienstverhältnisse dauern länger. Ihre Bezahlung ist meist nicht wesentlich höher als die der normalen Angestellten im Verkauf, die Belastung aber meistens schon. Wenn es gelingt, zu ihnen eine Vertrauensbeziehung herzustellen, könnten sie den Schlüssel zu den restlichen Arbeitnehmer_innen darstellen.

Wenn man die Thematik aus einer betriebswirtschaftlichen Kosten/Nutzen-Perspektive betrachtet, so muss der Aufwand für die Gestaltung eines Freiwilligennetzwerkes selbstverständlich klar kalkuliert werden. Es bedarf dabei der Aktivierung, Schulung, Ausstattung, Betreuung von ehrenamtlichen Unterstützer_innen. Außerdem ist die ständige Kommunikation ein Schlüsselfaktor für die Schaffung einer aktiven Gemeinschaft. Das Netzwerk muss eine attraktive Bereicherung für die beteiligte Person darstellen. Dabei kann soziales Prestige ein wichtiges Element darstellen. (Siehe Kapitel 5.9.1.2)

Demgegenüber ist die Verwendung von hauptamtlichen Ressourcen in der Fläche des filialreichen Einzelhandels in Form von gut ausgebildeten Regionalsekretären zu stellen. Es sind die regionalen Notwendigkeiten für die Mitgliedererhaltung zu berücksichtigen. Dazu gehören hauptsächlich die Beratung der Betriebsrät_innen und Mitglieder vor

Ort und in den Regionalgeschäftsstellen, die Gremienarbeit, die rechtliche Interventionstätigkeit, aber auch das Referieren auf Betriebsversammlungen und Betriebsratskursen. Um diese Arbeit leisten zu können, bedarf es einer ständigen Weiterbildung, da sonst die Qualität leidet.

Meiner Einschätzung nach ist es die Aufgabe des Regionalsekretärs Mitgliedergewinnung zu organisieren. Dabei kann ein Schlüssel eine aktive Betriebsratskörperschaft sein. Leider sind auch diese in den meisten filialreichen Einzelhandelsbetrieben nicht in der Lage, flächendeckend mit ihren Kolleg_innen/Wähler_innen zu kommunizieren. In vielen Betrieben fehlen aber leider auch aktive Betriebsratskörperschaften. Hier könnte ein von einem Gewerkschaftssekretär betreutes Netzwerk gewerkschaftliche Präsenz schaffen.

Abseits der nüchternen betriebswirtschaftlichen Betrachtung ist festzuhalten, dass die GPA-djp durch die Etablierung eines Unterstützer_innennetzwerks auf Basis von interessierten Betriebsrät_innen und vor allem ehemaligen Sekretär_innen und Funktionär_innen eine effektive Erweiterung des gewerkschaftlichen Aktionsradius erreichen und damit zur weiteren Verbesserung der Arbeitsbedingungen zehntausender Menschen beitragen könnte.

Abschließend denke ich, dass es wichtig ist, das gewerkschaftliche Mandat generell zu erweitern. Die Aktionsfläche sollte über die betriebliche Ebene hinausreichen. Solidarische Initiativen lokalen Charakters können dafür ein Werkzeug sein.

8. Literaturverzeichnis

Ackermann, 1969; Manfred Ackermann; Karl Pick – Erwecker und Lehrer der Angestellten; Österreichischer Gewerkschaftsbund, Gewerkschaft der Privatangestellten; Wien

Affenzeller, 2009; Mag. Sabine Affenzeller; ArbeitnehmerInnenschutz in Handelsbetrieben; Forschungsbericht;
Mag. Dieter Daume (Hg.); Linz

AK Wien, 2009; Dr. Peter Huber (WIFO), Georg Michenthaler (IFES); Beiträge zur Wirtschaftspolitik – Nr. 22 „Beschäftigung im Handel"
Eine Studie von WIFO und IFES im Auftrag der Kammer für Arbeiter und Angestellte für Wien; Forschungsbericht;
Kammer für Arbeiter und Angestellte für Wien,
Abteilung Wirtschaftspolitik; Wien; 978-3-7063-0366-8

AK Wien, 2011; MMag. Ines Hofmann; Die wirtschaftliche Lage des Handels; Studie; Kammer für Arbeiter und Angestellte für Wien, Abteilung Betriebswirtschaft; Wien

Angermann/Sittermann 2010; Anette Angermann, Birgit Sittermann; Bürgerschaftliches Engagement in Europa – Überblickspapier zur Europäischen Union; Forschungsbericht; Institut für Sozialarbeit und Sozialpädagogik e. V. (Hg.); Frankfurt a. M.

Arbeitsklimaindex 2009; Georg Michenthaler; Die Beschäftigten im Handel, Ergebnisse einer Sonderauswertung des Arbeitsklimaindex im Auftrag der AK Wien;
Institut für empirische Sozialforschung; Wien

Autengruber, 2010; Peter Autengruber; Geschichte der österreichischen Gewerkschaftsbewegung bis 1945;
Verlag des ÖGB GmbH, Wien; 2010

Beck, 1998; Ulrich Beck; Politik der Globalisierung Frankfurt;3-518-40915-8

Becksteiner, Steinklammer, Reiter 2010; Mario Becksteiner, Elisabeth Steinklammer, Florian Reiter; „Betriebsratsrealitäten" Betriebliche Durchsetzungsfähigkeit von Gewerkschaften und Betriebsräten im Kontext der Globalisierung; ÖGB Verlag; Wien; 978-3-7035-1438-8

Bode, 2007; Bode, Thilo; Abgespeist. Wie wir beim Essen betrogen werden und was wir dagegen tun können; Hamburg

Bourdieu, Passeron, 1971; Pierre Bourdieu, Jean-Claude Passeron; Die Illusion der Chancengleichheit; Klett; Stuttgart; 3-12-921120-9

Bröckling, 2007; Ulrich Bröckling; Das unternehmerische Selbst; Suhrkamp; Frankfurt am Main; 3-518-29431-1

Bronfenbrenner, 1981; Urie Bronfenbrenner; Die Ökologie der menschlichen Entwicklung; Klett-Cotta; Stuttgart

Bsirske, 2010; Frank Bsirske; Geleitwort in Ihr kriegt mich nicht klein; Kiepenheuer&Witsch; Köln; 978-3-468-04185-9

Castel, 2011; Robert Castel; Die Krise der Arbeit – Neue Unsicherheiten und die Zukunft des Individiums; Hamburger Edition; Hamburg; 978-386854228

CCC, 2008; Khorhsed Alem, Evelyn Bahn,Sarah Bormann, Gisela Burckhardt, Gudrun Giese, Dirk Saam, Christina Schröder, Uwe Wötzel; Kampagne für „Saubere" Kleidung; Berlin

D.H.E.P.S., 2009; AK OÖ; Ein praxisorientiertes Projektstudium zur internationalen und sozialwissenschaftlichen Qualifizierung von Führungskräften im interessenspolitischen und sozialen Dienstleistungssektor; Linz

Dribbusch, 2003; Heiner Dribbusch; Gewerkschaftliche Mitgliedergewinnung im Dienstleistungssektor Ein Drei-Länder-Vergleich im Einzelhandel; Hans-Böckler-Stiftung; Edition Sigma; Berlin

Dribbusch, 2003a; Heiner Dribbusch; Gewerkschaftliche Mitgliedergewinnung – eine Herausforderung; Tagungsbericht; Linz

Durkheim, 1988; Emile Durkheim; Über soziale Arbeitsteilung. Studie über die Organisation höherer Gesellschaften; Suhrkamp; Frankfurt am Main; 3-518-57895-2

Engstfeld, 2011; Tina Engstfeld; Die Beitrittsgründe der Neumitglieder kennen hilft, noch mehr zu gewinnen – Ergebnisse der Telefonbefragung zum Thema Beitrittsgründe der GPA-djp-Neumitglieder; Forschungsbericht; IFES – Institut für empirische Sozialforschung GmbH (Hg.); Wien

Flick, 2010; Uwe Flick; Qualitative Sozialforschung; Rowohlt Verlag GmbH; Reinbek bei Hamburg; 978-3-499-55694-4

Fromm, Horkheimer, Mayer, Marcuse, 1936; E. Fromm, M. Horkheimer, H. Mayer, H. Marcuse; Studien über Autorität und Familie; Alcan; Paris

Giddens, Fleck, Egger de Campo, 2009; Anthony Giddens, Christian Fleck, Marianne Egger de Campo; Soziologie; Nausner & Nausner; Graz; 978-3-901402-16-6

Goffman, 2009; Erwin Goffman; Wir alle spielen Theater; Piper; München

GPA-djp, 2006; GPA-djp, GEP; Anforderungsprofil Regionalsekretärin

GPA-djp, 2006a; GPA-djp, GEP; Anforderungsprofil WB Sekretärin

GPA-djp, 2007; Mag. Clara Fritsch; SOS Stress; Gewerkschaft der Privatangestellten, Druck, Journalismus, Papier; Wien

GPA-djp, 2010; Unterlagen, Anträge zum Bundesforum der GPA-djp 2010 UMDENKEN GEGENLENKEN; Wien

GPA-djp, 2011; Metallindustrie Gehaltsabschluss zum Kollektivvertrag 2012; Folder, Wien

GPA-djp, 2012; Manfred Wolf; Präsentation vom Bundesausschuss WB 12 Handel, 23. März 2012; Tagungsbericht; Wien

GPA, 1982; Die österreichischen Angestellten und ihre Gewerkschaft; Gewerkschaft der Privatangestellten (Hg.); ÖGB Verlag; Wien; 3-7035-0256-8

Handel AK, 2010; MMag Ines Hofmann; Die Wirtschaftliche Lage des Handels, Ausgabe 2010; Studie; Wien

Heitmeyer, 1991; Wilhelm Heitmeyer; Politische Sozialisation und Individualisierung; Juliane Jacobi (Hg.); Weinheim; 3-7799-0417-9

Hellmann, 1998; Kai-Uwe Hellmann, Ruud Koopmans; Paradigmen der Bewegungsforschung – Entstehung und Entwicklung von neuen sozialen Bewegungen und Rechtsextremismus; Westdt. Verl.; Opladen; 3-531-13250-4

Hereth, 1996; Anita Hereth; Parameter politischer Partizipation in Gruppen der neuen sozialen Bewegungen; Lang; Frankfurt/Main; 3-631-30168-5

Hradil, 1999; Stefan Hradil; Soziale Ungleichheit in Deutschland; Leske+Budrich; Opladen;

Hurrelmann, 2006; Dr. Klaus Hurrelmann; Einführung in die Sozialisationstheorie; Beltz Verlag; Weinheim und Basel; 978-3-407-25440-5

Joest, 2002; Anja Joest; Politisches Engagement jenseits von Parteistrukturen (Exemplarische Studien 1997-2002); Bergisch Gladbach

Kannonier-Finster/Ziegler,1998; Waltraud Kannonier-Finster; Exemplarische Erkenntnis; Meinrad Ziegler (Hg.); Studien Verlag; Innsbruck, Wien; 3-7065-1257-2

Kaufmann, 1984; Franz-Xaver Kaufmann; Solidarität als Steuerungsform – Erklärungsansätze bei Adam Smith, Artikel in Markt, Staat und Solidarität bei Adam Smith; Hans-Günter Krüsselberg (Hg.); Frankfurt/New York

Klenner/Pellar, 1999; Fritz Klenner, Brigitte Pellar; Die österreichische Gewerkschaftsbewegung. Von den Anfängen bis 1999; ÖGB Verlag; Wien; 3-7035-0765-9

KMU Forschung Austria, 2009; Ernst Gittenberger, Andrea Dorr, Brigitte Vogl; Konsum- & Freizeittrends; Forschungsbericht; Austrian Institute for SME Research; Wien

KMU Forschung Austria, 2010; Ernst Gittenberger, Christine Maria Talker; Stationäre Einzelhandelsgeschäfte, Großhandelsgeschäfte und Ladengeschäfte von Herstellern; Austrian Institute for SME Research; Wien

Kühl, Strodtholz, Taffertshofer, 2009; Stefan Kühl, Petra Strodtholz, Andres Taffertshofer; Handbuch Methoden der Organisationsforschung – Quantitative und Qualitative Methoden; VS Verlag für Sozialwissenschaften/GWV Fachverlage GmbH; Wiesbaden; 978-3-531-15827-3

Mazal, Buchebner-Ferstl, Dörfler, Haas, Niksova, 2011; Wolfgang Mazal, Sabine Buchebner-Ferstl, Sonja Dörfler, Marita Haas, Diana Niksova; Teilzeit Eine Studie zu betrieblichen Effekten von Teilzeitbeschäftigung; Forschungsbericht; Wolfgang Mazal (Hg.); Österreichisches Institut für Familienforschung; Wien

Negt, 2005; Oskar Negt; Wozu noch Gewerkschaften – Eine Streitschrift; Steidl Verlag; Göttingen; 3-86521-165-8

Negt, 2010; Oskar Negt; Der Politische Mensch – Demokratie als Lebensform; Steidl Verlag; Göttingen; 978-3865215611

OGM, 2009; Österreichische Gesellschaft für Marekting; Reale Kaufkraft 2008, Einkommen unter Berücksichtigung des regionalen Preisniveaus; Forschungsbericht; Wien

Opp, 1984; Karl-Dieter Opp; Soziale Probleme und Protestverhalten; Westdt.-Verl.; Opladen; 3-531-11721-1

OrKA, 2007; Kirsten Huckenbeck, Anton Kobel, Uli Wohland; Kampagnen. Eine Kampfform der Gewerkschaften und Sozialen Bewegungen – Konzepte, Beispiele, Erfahrungen; Frankfurt a. M.

Parsons, 1976; Talcott Parsons; Zur Theorie sozialer Systeme; Stefan Jensen (Hg.); Westdt. Verlag; Opladen; 3-531-21126-9

Patzelt, 2003; Werner J. Patzelt; Einführung in die Politikwissenschaft; Wissenschaftsverlag Richard Rothe; Passau

Pernicka, Stern 2011; Susanne Pernicka, Sandra Stern; Von der Sozialpartnergewerkschaft zur Bewegungsorganisation? Mitgliedergewinnungsstrategien österreichischer Gewerkschaften; Österreichische Gesellschaft für Politikwissenschaft (ÖGPW) (Hg.); facultas.wuv Verlag; Wien

Peters/Heinrichs, 2004; Hans Peter Peters, Harald Heinrichs; Interpretation des globalen Klimawandels durch die Öffentlichkeit – Konsequenzen für die Risikowahrnehmung und die Implementierung eines vorbeugenden Küstenschutzes; Jülich

Ruh, 2011; Hans Ruh, Ordnung von unten – Die Demokratie neu erfinden; Zürich; 978-3-03909-198-0

Schipperges, 2006; Michael Schipperges; Die Sinus-Milieus: Eine strategiesche Landkarte für Marketer; Sinus Sociovision GmbH (Hg.) Heidelberg

Schmid, 1989; Schmid Michael; Arbeitsteilung und Solidarität. Eine Untersuchung zu Émile Durkheims Theorie der sozialen Arbeitsteilung; Kölner Zeitschrift für Sozialpsychologie 3; Köln

Schramm-de Robertis, 2010; Ulrike Schramm-de Robertis mit Daniel Behruzi; Ihr kriegt mich nicht klein!; Kiepenheuer & Witsch; Köln; 978-3-462-04185-9

Schwarz, 2005; Peter Schwarz; Management in Nonprofit Organisationen; Haupt; Bern/Stuttgart/Wien; 3-258-06885-2

Simsa, 2001; Ruth Simsa; Die Zivilgesellschaft als Hoffnungsträger zur Lösung gesellschaftlicher Probleme? Zwischen Demokratisierung und Instrumentalisierung gesellschaftlichen Engagements; in Europäische Integration als Herausforderung: Rolle und Reform der sozialen Dienste in Deutschland; Institut für Sozialpädagogik (Hg.); Frankfurt

Spicker, 1992; Paul Spicker; Equality versus Solidarity in Government and Opposition; Wiley Online Library

Staemmler/Merten, 2006; Frank-M. Steammler/Rolf Merten; AGGRESSION, SELBSTBEHAUPTUNG, ZIVILCOURAGE – Zwischen Destruktion und engagierter Menschlichkeit; EHP – Verlag Andreas Kohlhage; Bergisch Gladbach; 3-89797-036-8

Statistik Austria, 2008; Mag. Jaenette Klimont, Petra Ihle, Dr. Erika Baldaszti, Univ.-Doz. Dr. Josef Kytir; Sozio-demographische und sozio-ökonomischeDeterminanten von Gesundheit. Auswertungen der Daten aus der Österreichischen Gesundheitsbefragung 2006/2007; Forschungsbericht; Statistik Austria Bundesanstalt Statistik Österreich; Wien; 978-3-902611-12-3

STATISTIK AUSTRIA, 2008; Mag. Markus Bönisch, Hofrätin Mag. Inge Gross; Struktur und Volumen der Freiwilligenarbeit in Österreich; Bundesministerium für Soziales und Konsumentenschutz (Hg.), Wien

Stroebe, Hewstone, Codol, Stephenson, 1991; W. Stroebe, M. Hewstone, J-P Codol, G. Stepehson; Sozialpsychologie: Eine Einführung; Springer; Berlin; 3-540-55662-1

SV, 2012; Mag. Michael Aichinger; Die österreichische Sozialversicherung, Präsentationsunterlage; Wien

Teske, Wiedemuth, J.; U. Tekse, J. Wiedemuth; Arbeitszeit im Einzelhandel – Humane Gestaltung und Flexibilisierung; WSI-Mitteilungen, 39 (5); 1986

Tranow, 2010; Ulf Tranow; Das Konzept der Solidarität – Handlungstheoretische Fundierung eines soziologischen Schlüsselbegriffs; Springer VS; Wiesbaden; 978-3-531-93370-2

Uehlinger, 1988; Hans-Martin Uehlinger; Politische Partizipation in der Bundesrepublik – Strukturen und Erklärungsmodelle; Westdt. Verl.: Opladen; 3-531-11852-8

Unia, 2010; Let's organize – von der Profi-Gewerkschaft zur Gewerkschaft der Aktivist/-innen; Konferenzbericht, Linz

ver.di, 2004; Andreas Hamann, Gudrun Giese; Billig auf Kosten der Beschäftigten SCHWARZ-BUCH LiDL; ver.di gmbh medien buchhandel verlag; Berlin; 3-932349-12-1

Vierkandt, 1972; Alfred Vierkandt in Wörterbuch der Soziologie; Wilhelm Bernsdorf (Hg.); Frankfurt/M.

Weber, 1922; Max Weber; Wirtschaft und Gesellschaft: Grundriß der Verstehenden Soziologie, Viewlit V.2.6 – Karsten Worm; Werke auf CD-ROM – Abschnitt: Wirtschaft und Gesellschaft

Wilkinson, 2010; Richard G. Wilkinson, Kate Pickett; Gleichheit ist Glück – Warum gerechte Gesellschaften für alle besser sind – Präsentation für das GPA-djp Bundesforum 2012; Konferenzpräsentation, Wien

Wirth, 1994; Carsten Wirth; Die neue Unübersichtlichkeit im Einzelhandel: Belegschaftsstrukturen, Externalisierung von Arbeit und Interessenvertretung; Westfälisches Dampfboot; Münster; 3-924550-91-3

Zenker, 1897; Ernst Victor Zenker; Wiener Revolution 1848 in ihren socialen Voraussetzungen und Beziehungen; A. Hartleben's Verlag; Wien. Pest. Leipzig

Zoll, 2000; Rainer Zoll; Was ist Solidarität heute?; Suhrkamp; Frankfurt am Main; 3-518-12164-2

9. Interviewverzeichnis

Interview Felix Hinterwirth	22. September 2011
Interview Manfred Wolf	25. September 2011
Interview Erich Reichelt	5. Juni 2012
Interview M F	27. Februar 2012
Interview R G	28. September 2011
Interview F S	28. September 2011
Interview P G	14. September 2010
Interview C G	12. November 2010
Interview I L	13. September 2010
Interview A S	17. Oktober 2010

10. Radiobeiträge/Transkriptverzeichnis

Hensel, 2012; Interviewtranskript; Saldo – Das Wirtschaftsmagazin – Ö1 – Vorstandsvorsitzender von REWE International Frank Hensel, Wien; 6. April 2012

RK, 2011a/Transkript, 060711; Arbeit im Lebenslauf – Normalität in historischer Perspektive v. Marlene Nowotny; Ö1 Radiokolleg, 6. Juli 2011; Wien

RK, 2012/Transkript, 130312; Lisa Mayr; Stress, Armut, Gesundheit, Ö1 Radiokolleg 2, Transkript vom 13. März 2012, Wien

SNS, 2012/Transkript, 2012; Tanja Malle, Elisabeth Nöstlinger; Solidarität – Erkundigungen über eine Haltung – Salzburger Nachtstudio, 22. Februar 2012 – Transkript; Salzburg

RK, 2011/Transkript, 040511; Margarethe Engelhardt – Krajane; Und lässt sich Zivilcourage lernen? – Radiokolleg Ö1 – 2. bis 5. Mai 2011; Wien

SNS, 2011/Transkript; Johannes Kaup; Der europäische Wertediskurs im Wandel, Worauf vertraut die österreichische Bevölkerung – Salzburger Nachtstudio vom 7. Dezember 2011 – Transkript; Salzburg

11. Abbildungsverzeichnis

12. Protokollverzeichnis

Protokoll Arbeitnehmer_innenberatung 24. September 2009 (Schlecker online kauf)

Gesprächsprotokoll Koll. Mikolasch 17. November 2010 (Kosumverhalten der Pensionist_innen)

Protokoll Betriebsratsberatung im Dezember 2010 bzw. September 2011 (Personalsektorentwicklungen)

Protokoll Arbeitnehmer_innenberatung 22. Februar 2009 (Arbeitslosigkeit)

Protokoll Betriebsratsberatung 10. Februar 2012 (ungesunde Arbeitsbedingungen)

Protokoll Betriebsratsberatung 23. Mai 2011 – Ausbildung der Führungskräfte

Protokoll Arbeitnehmer_innenberatung 10. Oktober 2011 (Stundenmanipulation)

Protokoll Arbeitnehmer_innenberatung, 3. Februar 2012 (Kassiertätigkeitskontrolle)

Protokoll Betriebsratsberatung, 5. Dezember 2010

Protokoll Betriebsratsberatung, 12. Oktober 2011

Protokoll Betriebsratsberatung, 12. April 2012

Protokoll Arbeitnehmer_innenberatung 21. Oktober 2010

Protokoll Arbeitnehmer_innenberatung 18. Februar 2010

Protokoll Arbeitnehmer_innenberatung 15. Juni 2010

Protokoll Arbeitnehmer_innenberatung 2. Februar 2012

Protokoll Arbeitnehmer_innenberatung 15. Juni 2010, 20. Juli 2010, 1. September 2010

Protokoll Arbeitnehmer_innenberatung 27. Jänner 2011

Protokoll Arbeitnehmer_innenberatung 10. Oktober 2011

Protokoll der WB 12 Konferenz GPA-djp Wien vom 21. März 2011

Protokoll Arbeitnehmer_innenberatung 18. März 2012 (Einstufungsbetrug)

Gesprächsprotokoll KV Verhandlungen 11/11 (hoher Organisationsgrad)

Beobachtungsprotokoll Basisseminar II, Februar 2012

Gesprächsnotiz: IT-Techniker 12. September 2011 (Bereitschaftsbekundung)

Protokoll der ersten Forscher_innengruppensitzung, 28. Jänner 2011

Protokoll der zweite Forscher_innengruppensitzung, 14. März 2011

Protokoll der dritten Forscher_innengruppensitzung, 18. April 2011

Protokoll der vierten Forscher_innengruppensitzung, 31. Mai 2011

Protokoll der fünften Forscher_innengruppensitzung, 18. Juli 2011

Protokoll der sechsten Forscher_innengruppensitzung, 29. September 2011

Protokoll Feldforschung 22. September 2011

Protokoll der siebenten Forscher_innengruppensitzung, 7. November 2011

Protokoll der achten Forscher_innengruppensitzung, 12. Dezember 2011

Weitere Auswertungen:

Transkript Forscher_innengruppenworkshop, 13. Februar 2012

Auswertung Forscher_innengruppenworkshop, 13. Februar 2012

Unterstützer_inneninterviewauswertung

Der Autor

Georg Grundei, dipl., 1978 in Wien geboren, startete seine Karriere als Interessenvertreter bereits in der Handelsakademie, wo er sich als Schulsprecher und später als Mitglied der LandesschülerInnenvertretung betätigte. Nach der Matura machte er als Landessekretär/ Geschäftsführer der AKS Wien (einer schulpolitischen Organisation) erste hauptberufliche Gehversuche. In dieser Zeit schöpfte er Erfahrungen im Bereich Kampagnenarbeit, Demokratisierungsprojekte, ehrenamtliche Arbeitsstrukturen, Öffentlichkeitsarbeit, Streik, etc.

2001 startet die Laufbahn in der Gewerkschaft der Privatangestellten. Als Regionalsekretär organisierte, schulte und coachte er Betriebsräte und Gewerkschaftsmitglieder verschiedenster Branchen, entwickelte aber die größten Aktivitäten im Wirtschaftsbereich Handel. Kampagnen bei den Unternehmen Schlecker, KiK, Veloce und IKEA erlangten öffentliche Aufmerksamkeit.

Nach Absolvierung des Studiums der praktischen Sozialforschung/ recherche-action an der Université de Strasbourg, auf Basis dessen diese Studie entstand, wechselte er in den Geschäftsbereich Interessenvertretung der GPA-djp, wo er seitdem für Kollektivvertragsverhandlungen und Branchenpolitik zuständig ist.